アイヌがまなざす

アイヌがまなざす

痛みの声を聴くとき

石原真衣
Ishihara Mai

村上靖彦
Murakami Yasuhiko

岩波書店

カバー・表紙・扉作品／結城幸司

目　次

凡　例

引用に関して

- （　）は原文における補足を、〔　〕は引用者による補足・省略を示す。
- 原文におけるアラビア数字について、特に断りを入れず漢数字に変更した箇所がある。

インタビュー箇所に関して

- 〔　〕は聞き手による補足・省略を示す。
- （1）（1b）等、文末の数字は逐語録データの順序を示す。インタビューの前後関係や位置を把握するために参照いただきたい。
- 「　」は実際の発話を、インタビュー対象者の『　』は心情・想起を示す。

序章

まなざされるアイヌとまなざし返すアイヌ

私がメーデーに参加しようと思ったのは、メーデーそのものより常々どこか、大衆の場で「アイヌ宣言」をしようと考えていたからでした。〔……〕私がアイヌであるということを私の友人の何人かも知ってはいるが、私が自らの意志によって「私はアイヌです」と正面きって言ったことはないように思う。
――石原イツ子「アイヌ宣言」『アヌタリアイヌ　われら人間』第一六号、一九七五年五月三〇日

1　植民地化としての北海道開拓

二〇一八年、北海道が命名され一五〇年が経過したことを祝い、北海道各地で「北海道一五〇年」事業が実施された。その際に主として謳われたのは「共生」や「開拓」だった。その一年前である二〇一七年は、カナダ建国一五〇周年であった。ＣＢＣ（カナダ放送協会）や The Guardian を始めとする各大手メディアが、先住民やその支援者による一五〇周年記念事業へのプロテストを報じたことも記憶に新しい。「開拓」や「建国」から一五〇年が経過したことを文明の偉業とするか、先住民への暴力とするかは、どの視点からその歴史や経緯を評価するかによって変わる。

北海道では遡って五〇年前の一九六八年、「北海道一〇〇年」の際に芸術家の砂澤ビッキや、詩人の戸塚美波子らによる批判的な実践があった。しかしそれから五〇年後の二〇一八年には、アイヌ民族による集団としてのプロテストは起こらなかった。アイヌから見た北海道一五〇年を描こうとする実践に対して「この流れに水を差したくない」というアイヌもいた。この五〇年という時間、さらに、

先住民政策や先住民研究の先進国であるカナダを始めとする諸地域との相違は一体何であろうか。

本書で問うのは、こうした時空間における先住民の変異と消滅、そしてそれぞれが到達した現在を、アイヌの語りからあぶり出すことである。植民地支配としての歴史、そして世界からのまなざしが今を生きるアイヌの人たちにどのように刻み込まれているのか、またアイヌは世界をどのようにまなざし返しているのか、アイヌの出自を持つ人たちの語りのさまざまな襞から考えていく。

北海道開拓一五〇年は、アイヌへの植民地支配一五〇年の歴史でもある。一六六九年のシャクシャインの乱を始めとして歴史上なんども生じた軍事衝突、江戸時代以降の不平等な商取引というように、アイヌは数百年にわたって日本からの加害を被ってきた。『アイヌ通史』の日本語版への序文でリチャード・シドルは他の帝国による植民地支配との類似性を指摘している。

もちろん、北海道はオーストラリアや北米ではなく、スペインやポルトガルの帝国の植民地でもなかった。地域のローカルな文脈において多くの大きな違いがあったし、現在もある。しかし私を驚かせたのは、搾取と収奪と周辺化という大まかな物語[narrative]の本質的な類似性であり、特に、近世と近代における植民者と「ネイティブ」の交流のあり方を形作った文明と野蛮という包括的な概念の類似性なのである。(1)

アイヌが人種化・従属化された集団になった歴史的・物質的な状況とは植民地主義であった。〔……〕今日ではほとんどの日本人は北海道を植民地とは認識していないが、先住の民に対して確立された一八六八年以降の物質的・イデオロギー的支配関係は、ベケットのいうところの植民地

秩序[colonial order]の定義に明確におさまっている。(2)

明治維新直後の一八六九年に開拓使が置かれて「処女地」北海道の開拓が始まった……、このように語られる歴史の内実は、アイヌへの植民地化である。土地の簒奪、強制労働と強制移住、強引な同化政策による言語・文化の抹消、といった典型的な植民地政策とともに、社会の最下層に置かれたアイヌへの差別が継続した。特に一八九九年に制定された北海道旧土人保護法は、アイヌの共有地を没収し、入植した和人に分配することで、アイヌを収奪し貧困に閉じ込める手段となった。伝承者として名を残す山本多助は一九七五年に行った講演で次のように語った。

日本は法治国家でございます。にもかかわらず、国内において、同一日本人に対して〝旧土人〟という呼称を今だに残しているということは、はなはだしい差別につながるのではないでしょうか。〔……〕

謀略、殺人、婦女強姦などというのは全く現代社会では、言うだにも嫌でしょう……聞くにも嫌でしょう……。

ところが、事実、繰り返し行われたのが本当のことです。(3)

この法律は一〇〇年後にようやく廃止された。一九九七年のアイヌ文化振興法、二〇一九年のアイヌ施策推進法においては、もはや問題が解消されたかに見えるかもしれない。アイヌ施策推進法でアイヌは「先住民族」として位置付けられ、民族共生象徴空間（ウポポイ）が開館したことで状況は大きく変わったと言われる。漫画『ゴールデンカムイ』(野田サトル作、二〇一四―二〇二二年連載)のヒットもあり、もしかするとアイヌブームとすら呼べる状況が生じた。
しかしこれはアイヌをおしゃれに消費するまなざしでもある。文化振興に注力することによって、隠蔽されている何かがある。

2　アイヌ文化とまなざし

そもそも「アイヌ文化」なるもの自体、和人が研究や観光という植民地主義的なまなざしのもとで規定したものである。北海道博物館の学芸員であり歴史学者の大坂拓はアイヌ文化振興法(4)が「「アイヌ文化」を「アイヌ語並びにアイヌにおいて継承されてきた音楽、舞踊、工芸その他の文化的所産及びこれらから発展した文化的所産」(同法第二条)と規定した」と述べる。そして音楽、舞踊、工芸などの「文化」が和人の鑑賞や観光のために用いられた例を挙げる。

長年にわたって和人が愛好してきたものが、アイヌが継承していくべきものとして現在の日本社会に承認され、法による振興の対象となる「文化」の主要な構成要素として掲げられていることの意味を軽視することはできない。

つまりアイヌ文化なるものも和人のまなざしを含みながら形成されており、アイヌ文化と呼ばれるものにアイヌ自身の多様な経験や生活の全てが包摂されるわけではない。

筆者〔大坂〕が知る範囲でも、法が規定するようないわゆる「アイヌ文化」と一切の関りを持たず、アイヌとして表立って発言することを避ける人々の中にも、自身を明確にアイヌと位置付けている人々がいる。アイヌかと問われれば「自分はアイヌではない」と応えつつ、他者にはアイヌという意味としか取れない「私たち」という表現を用いる人々は少なくない。相手を選び、アイヌである、あるいはアイヌではないがアイヌの子孫であるという自認を伝えるべきか否か慎重に見極めようとする態度に出会うこともしばしばである(5)。

「自分はアイヌではない」がしかし「私たち」と言うときにアイヌの出自を持つ人々の集団を指す人もいる。アイヌの出自をめぐってはさまざまなありようが当事者のなかにある。

アイヌへのまなざしは、このような複雑な状況を単純化する。「まなざされる」対象であることへの違和は、一九七〇年代前半にアイヌの批評家として活動した佐々木昌雄が「〈アイヌ学〉者の発想と論理――百年間、見られてきた側から」のタイトルで論じて以来続いているもどかしさである(6)。

アイヌがまなざされる対象としてありつづけた結果は、例えば現在も続く遺骨の盗掘と返還の問題にかかわる。遺骨は研究の標本としてまなざされてきたからだ。そしてヘイトクライムが現在でも執拗に繰り返される現実は、まなざしをめぐる問題が解決していないことを示す。

あるいは『アイヌ神謡集』の作者・翻訳者として知られる知里幸恵〔一九〇三―一九二二〕は、特別なまなざしで現在でも消費され続けている。国語学者金田一京助によって知里は東京に移住させられ、早逝した。当時と現在の二重の消費のなかに知里は置かれている(7)。

まなざすことは人を人でないモノへと押し込める。[8] まなざされる存在としてのアイヌを象徴するのが、一九〇三年に大阪で開かれた第五回内国勧業博覧会における「人類館事件」だろう。学術人類館には七名ないし一七名のアイヌが「陳列」された。[9] 監修したのは日本初の自然人類学者である東京帝国大学教授坪井正五郎だったが、「内地に最も近い異種人すなわち、アイヌ、台湾の生蕃、琉球、朝鮮、支那、インド、ジャワの七種の土人を集め〔……〕[10]」と、人類学的な意図をもって、日本人に近接すると彼が考えた「人種」を集めたことがわかる。

坪井のまなざしは、東京帝国大学で言語学講座を率いた上田万年が日本語の起源を探索するために弟子たちに近隣の言語を研究させたまなざしと同じである（弟子の一人金田一京助がアイヌ語研究を担当し、金成マツや知里幸恵を情報提供者《インフォーマント》とした）。劣位にあると考えた近隣諸国との対比のなかで自国の起源を探るのは植民地主義のまなざしだ。学問と植民地主義、そしてまなざしは結託する。「博覧会に「生身の人間」の展示として参加をしたアイヌ民族は、北海道や樺太の原産物と同様に「改良」させ「発展」させるための対象であった[11]」と長谷川由希は記している。

「人類館事件」から約八〇年後の一九八五年に、『アイヌ民族誌[12]』に無断で使用された自らの写真をめぐって、チカップ美恵子は肖像権裁判を提訴した。肖像権をめぐる裁判は、まさにまなざされることをめぐる闘争だ。チカップは一九八九年に行った講演のなかで語る。

アイヌ研究というのは、アイヌ研究という名のもとに、アイヌの墓を勝手に学者たちが掘り起こし人骨を持ち去ることなんです。死亡直後の遺体を持ち去ったり、一緒に埋葬されていたアイヌの民族衣装や民具もついでに学者たちは持っていったわけです。アイヌは民族的な儀式で死者を送って、埋葬してからは墓には近づかない風習があったわけです。それは霊魂にとりつかれないためとか、そういうことがあるからなんですね。それを学者たちは、アイヌのそうした風習を知らないわけではないのにアイヌが近寄っちゃいけないよっていわれる場所、墓に入り込んで人骨を持ち去り、あるいは一緒に埋葬されていた衣装であるとか民具を一緒に持っていって収集し始めたんですね。

それがアイヌ研究の一番の許せないことだったわけです(13)。

アイヌと収奪されたアイヌ遺骨をつなぐのは、「アイヌ研究」なるものの暴力的で不躾なまなざしだ。チカップは刺繡作家であり、権利回復のために運動する活動家でもあった。植民地化のもとでの学術と観光のまなざしにより成立した「アイヌ文化」は、一九七〇―一九八〇年代になってようやくチカップらにより、再度アイヌ自身によって自らまなざし返すための手段として奪いかえされた。

アイヌ女性たちの闘いの表現だった民族衣装を当てこすった国会議員の杉田水脈によるヘイトスピーチもまた、まなざしの問題だった。第4章の語り手である多原良子さんが法務局に人権救済を求め二〇二三年に認められた事件は、二〇〇八年から深刻になっていたアイヌへのヘイトスピーチが北海道外でも広く可視化された事件だった。

アイヌの文化が「かっこいい」ものとしてもてはやされる風潮に覆い隠されるように、今現在もアイヌの出自を持つ人たちが逆境や差別を被っている。多文化共生なるものは多数派にとって心地のよい範囲で承認される。多数派のコンフォートゾーンを切り崩すかのようにみえてしまうマイノリティの主張は許容されないからだ。差別については解消しようというおおまかな合意が社会にあるが、北海道の土地をアイヌに返還するという選択肢は生じないだろう。のちに国会議員となった萱野茂は、一九七三年に福祉政策の充実を求める場で、「当然の要求としていう。我々〔アイヌ〕の国土、北海道の年貢をシャモ〔非アイヌの多数派日本人〕は払うべきだと思う。この島の値段を考えてみてほしい」と発言している。(14) 土地収奪は先住民の問題と他のマイノリティの問題のあいだで大きく違う点だ。法律で「先住民族」として認定されたとしても、かつて日本人が収奪した土地が返還されるわけでも、強制移住について賠償されるわけでもない。漁業権すら奪われたままである。

しかも今現在も日本全体がアイヌからの収奪の恩恵に浴していることは、資源や農産物・畜産物・水産物、日本の他の土地には存在しない大規模な自衛隊駐屯地の存在を見ても明らかだろう。狩猟採集民・漁民でありほとんど農業を行わなかったアイヌは、日本人によって強制的に貧しい土地に移住させられた上で、日本人が日本人のために導入した農業に従事させられたのだった。

もちろんさまざまな境遇の人、さまざまな立場の人がいる。北海道に住む人もいれば、他の地域に住む人もいる。境遇が異なるだけでなく、自分がアイヌの出自を持つことを明らかにしない人は少なくない。子どもに伝えていない人、それゆえ自分がアイヌの出自を持つことを知らない人も多いと思われる。アイヌが住民のマジョリティを占める自治体が存在しないほどに、同化の強制と物理的な共同体の破壊は徹底的であった。逆境ゆえに人口が減り、居住地を失い、さらに現在は、言説上も「アイヌ差別などない」「アイヌはもういない」というヘイトスピーチのレトリックで消滅させられる現状がある。アイヌを商品化するまなざしとアイヌ否定論のまなざしは、その歪みにおいて裏表の関係にある。この点もアイヌ固有の逆境だろう。

本書に登場する人たちももちろん一人ひとり異なる経験と思想を持っている。しかし逆境や差別の残響は、当事者のアイデンティティや帰属意識にかかわらず、アイヌの出自を持つ人々に共通する。同時に、アイヌ自身からまなざされた世界は、差別や逆境だけに還元されるわけではない。本書は、一五〇年来の歴史が今生きているアイヌの人たちの身体と思考、そしてアイヌを取り巻く社会状況のなかにどのように刻み込まれているのか、あるいはアイヌ自身がまなざしをどのように形成するのかを、アイヌ本人たちの語りを通して浮かび上がらせていく。

3　本書の構成

本書の目的は、研究や観光、あるいは多数派によるコスメティックな消費のなかでまなざされるアイヌではなく、まなざす主体としてのアイヌを今現在において提示することである。知里幸恵、知里真志保、違星北斗、結城庄司、佐々木昌雄、貝沢正、チカップ美恵子、萱野茂、といった、言論を作り出し、和人を照らし返すまなざしを持ったアイヌたちの系譜に、本書は自らを位置づける。

本書は、アイヌの出自を持つ人へ石原・村上が行ったインタビューを村上が分析したテキストと、石原による論考を交互に提示する。インタビュー協力者の皆さんは石原の旧知の人たちである。全体は、法律や国家が規定するようなアイヌ文化に還元し得ない三つの主題を軸に構成される。

- 遺骨返還運動と、北海道が植民地であるという事実が不可視化されてきたなかでどのように新しい動きを作るのかという問題
- アイヌの出自を持つ女性がアイヌ社会、そして日本社会のなかで被る複合差別・インターセクショ

ナリティと、それに対抗する運動
・アイヌを文化継承やアイデンティティ回復の問題へと還元するイデオロギーとして機能してきた学術界に抗して、どのように別の言葉を作るのかという問題

という三つだ。

本書で登場するアイヌは、平取アイヌ遺骨を考える会共同代表の木村二三夫さん、北大に盗掘された親族の遺骨を返還請求したBさん、杉田水脈による差別的なブログ投稿に対して札幌法務局に人権救済を申し立てた多原良子さん、二風谷ダム訴訟を牽引した貝沢正の孫として、アイヌによる諸運動の創造性について研究している新井かおりさん、現代アートとしてアイヌの創造性を問う美術家結城幸司さんである。

それぞれのインタビューが指し示した社会課題を、ひきつづき石原の論考がより大きな文脈のなかに位置づけ、それぞれの問題が届きうる射程を照らし出す作業を試みる。石原の論考はそれぞれ、

・先住民研究からみた、「憲法」や「国連憲章」といった人権概念の落とし穴
・ブラックフェミニズムや第三世界フェミニズムにあたるものが不在である日本における、民族および人種的マイノリティ女性の現状
・周辺化された当事者や被植民者を学術において記号化し消費することで、当事者の様々な困難をケアする契機を逃してしまう事実とその倫理的課題

を論じている。

アイヌは決して一枚岩ではない。本書のなかでも登場人物間で意見の相違が見られる。本書が提示するのは、ステレオタイプな「自然と共生するアイヌ」のイメージに閉じ込めることが不可能な裂開であり、本書の外側にも無限に多様な経験と思考と行動が存在する。このこと自体が均質な文化政策によって隠蔽された社会課題と困難のリアリティ、言葉とまなざしの力を示すのだ。

(1) リチャード・シドル『アイヌ通史』マーク・ウィンチェスター訳、岩波書店、二〇二一年、ix頁。
(2) 同書、五頁。
(3) 『アヌタリアイヌ』第一六号、一九七五年五月三〇日。
(4) 「アイヌ文化の振興並びにアイヌの伝統等に関する知識の普及及び啓発に関する法律」、衆議院、一九九七年施行。https://www.shugiin.go.jp/internet/itdb_housei.nsf/html/houritsu/14019970514052.htm：二〇二四年二月二一日最終閲覧。
(5) 大坂拓「アイヌに対する「認知」の空白と博物館・美術館展示」、岸上伸啓編『北太平洋の先住民文化――歴史・言語・社会』臨川書店、二〇二四年。
(6) 佐々木昌雄『幻視する〈アイヌ〉』草風館、二〇〇八年、二〇六―二一八頁。一九七〇年代に起きたまなざされることとまなざすことをめぐるせめぎ合いについては木名瀬高嗣「他者性のヘテロフォニー――現代のアイヌイメージをめぐる考察」『民族學研究』第六三巻第二号、一九九八年を参照。
(7) 安田敏朗「知里幸恵と帝国日本言語学」、西成彦・崎山政毅編『異郷の死――知里幸恵、そのまわり』人文書院、二〇〇七年。
(8) ジャン＝ポール・サルトル『存在と無』松浪信三郎訳、ちくま学芸文庫、二〇〇九年。
(9) 長谷川由希「アイヌ民族と植民地展示――一九〇三年～一九一三年の博覧会から」、演劇「人類館」上演を実現させたい会編著『人類館　封印された扉』アットワークス、二〇〇五年、八一頁。

(10) 朝鮮人については国からの抗議で撤回され、中国人も留学生からの抗議で撤回、沖縄の女性も強い抗議で解放された。同書、三七、四一頁。

(11) 同書、八八頁。ただし、差別と奇異でまなざされることを逆転する行動も見られた。「陳列」された伏根弘三は自らが設立したアイヌの子どものための学校の資金集めの募金活動を積極的に行い、アイヌの窮状を訴える演説をパビリオン内で行った(同書、八一―八二頁)。

(12) アイヌ文化保存対策協議会編『アイヌ民族誌』第一法規出版、一九七〇年。

(13) チカップ美恵子『風のめぐみ――アイヌ民族の文化と人権』御茶の水書房、一九九一年、一六九―一七〇頁。第7章の結城幸司さんも、祖母の元に久保寺逸彦のグループが葡萄酒を土産に訪れていたと語った。

(14) 『アヌタリアイヌ』第二号、一九七三年七月一日。

第1部

遺骨返還運動とアイヌ近代史

第1章

先人の尊厳と未来の教育

——遺骨返還運動にたずさわる木村二三夫さん——

まえがき

第1章は平取アイヌ遺骨を考える会共同代表としてアイヌ遺骨返還運動を牽引してきた木村二三夫さんの語りを導きとする。木村さんは自身の来歴と遺骨返還運動を中心に語ったが、本書全体のイントロダクションとなるように、歴史的な経緯について補足を加えていきたい。

アイヌ遺骨は一八六五年からアマチュアの考古学者でもあった政府のお雇い外国人たちによって[1]、そして一八八八年からは東京帝国大学教授の小金井良精によって盗掘が始まった。一九二四年には京都帝国大学教授の清野謙次による樺太アイヌの遺骨盗掘がある（清野の弟子に七三一部隊を率いた石井四郎がおり、清野は多数の教え子を石井機関に送り出した）[2]。さらに一九三〇年代から一九五〇年代にかけて北海道大学医学部教授児玉作左衛門を中心として東大・京大・阪大・札幌医大などによって組織的に研究目的での盗掘が行われた。一九三四年から三八年の発掘は、日本学術振興会第八小委員会の調査研究である[3]。晩年の児玉の述懐は、自身の暴力を自覚していたことを示す。

実にこの屍体蒐集にたいする困難は言語に絶し、また提供者にむけられた部落の非難と妨害は苛烈をきわめたが、ついにこれだけの遺体が集まったことは学会のために感謝に耐えないこととおもう。[4]

一九八〇年一一月に海馬沢博が北海道大学学長宛に抗議文を送付したことを契機に遺骨問題は取り上げられるようになった。(5) 北海道ウタリ協会の要請により調査した北大は、一九八二年に一〇〇四体が保管されていることを公表した。(6) 二〇〇七年に国連で先住民族権利宣言が採択されたのち、二〇〇八年に北大への遺骨返還要求が行われ、二〇一二年には杵臼のアイヌによる提訴がある。これに対して二〇一四年に「個人が特定されたアイヌ遺骨等の返還手続に関するガイドライン」が閣議決定によって定められ、その後、二〇一八年に「大学の保管するアイヌ遺骨等の出土地域への返還手続に関するガイドライン」が定められた。二〇一九年に白老のウポポイに慰霊施設が作られ、各地の遺骨が収められ始めている。

木村さんとのインタビューは二〇二三年夏に荷負にあるご自宅で行われ、そのあと一一月末にインタビューで登場するいくつかの土地を案内していただいた。札幌から車で向かうと平取の向こう隣にある二風谷地区から、さらに奥に入った、周囲を森に囲まれた集落の一角に木村さんのご自宅はあった。近くには子どものころに水を汲んだ湧き水もあり、清涼な場所である。お昼に伺うと、ご自宅前のガレージで木村さんの夫人妙子さん、町会議員のＩさんとともにまず羊肉のジンギスカンをごちそうしてくださった。途中で、四〇歳過ぎの近所の男性が、木村さん宅で冬の薪に使う丸太をトラックの荷台に載せて運んできて昼食に合流した。会話の中で、この地域の厳しい雇用状況や、隣町のパチンコぐらいしか娯楽もない土地で暮らすことの難しさも話題になった。

昼食の後、ご自宅の居間でお話を伺った。まず、亡くなった父母と祖母の写真が宗教儀礼に用いられる木製の道具であるイナウとともに飾られている奥の部屋に案内された。祖母は口にシヌイェと呼ばれる入れ墨をしている。六歳の父と三歳の叔父の手を引いて新冠から一〇キロの道のりを歩いて、現在の木村さんの居住地に強制移住させられたとのことだった。

強制移住の歴史と「先人」がインタビューのキーワードとなるので、両親と祖母の写真（写真1）を見せてくださったことは大きな意味がある。

1　差別の歴史

1-1　侵略的外来種としての日本人

木村さんは、アイヌモシリ（アイヌ語で「人間の大地」すなわちアイヌが住む土地）を侵略した主体を「和人」ではなく「日本人」と呼ぶ。

木村　明治に入ってからね。俺、最近よく言う、何だっけ。侵略的外来種。

石原　和人がね。

木村　うん。これが入ってきてもうめちゃくちゃになったよね。アイヌモシリ、北海道はカムイ（神様）と共に生きてきた素晴らしい土地でもあるんだよね。それが日本人が入ってきておかしくなってきたよな。アライグマと一緒だよね。侵略的外来種。在来種が脅かされて、隅に追いやられて。アイヌと同じパターンだよね。『すごい時代だな』と思いながらいて。それでもそういった文化が入ってこなきゃ、アイヌたちはそれなりの生活で満足したわけよ。外来種が入ってきてめちゃくちゃにされてしまったよね。明治二年（開拓使設置の年）ぐらいからかな。北海道を日本政府がわが物顔であれしたよね。そんな時代だったんだけどな。

『文字のなかったアイヌたちは、どんな思いで何を思って、みんな死んでいったのかな』と思いながらいてね。日本人は本当に悪いよ。アイヌから植民地政策を学んで、朝鮮半島、中国、台湾、アジアへ行って、中国なんかでは殺し尽くす、焼き尽くす、奪い尽くす。何て言ったかね、あの言い方。そんなことをアイヌから学んでいったよね。

〔……〕歴史を国民に知らせなきゃ駄目だわ、これ。政府が悪いんだけど、不都合はみんなふたをして、遺骨の問題でも白老〔ウポポイの慰霊施設〕に集約して、それで終わらせようっていう魂胆だからさ。（2）

写真1

日本人が入植するよりも前、「アイヌモシリ、北海道はカムイと共に生きてきた素晴らしい土地」だった。つまり近代化以前の北海道がユートピアとして設定されている。日本人がアイヌが生きる土地を収奪し、明治二年（一九六九年）に北海道開拓使が設置されて以降は強制移住・強制同化を行った。アイヌが強制移住と差別ゆえに困難を継承したことについて、木村さんは「侵略的外来種」という強い言葉で「すごい時代だな」という強調とともに形容している。インタビューでは一貫して、「日本人が入ってきて」「日本人は本当に悪い」というように、侵略の行為主体として「日本」あるいは「日本人」が主語で使われる。この言葉づかいはアイヌにとっては日本は外国であり、その日本に侵略されたという意識を示すだろう。

収奪と強制移住の中で非常な困難をかつてのアイヌは経験しているはずだが、これに対し、「文字のなかったアイヌたちは、どんな思いで何を思って、みんな死んでいったのかな」と言う。アイヌ語は文字がないがゆえに、アイヌ語を母語としていた当時のアイヌが経験した苦境は書き残されていないのだ。つまり文書資料という植民側が用いる継承は困難であり、切断を余儀なくされるというスタートラインから始まる継承だ。

木村さんの語りの中で「アイヌたちは」というように行為の主体として「アイヌ」「アイヌの人」が主語に立てられたのはこの箇所だけである。「日本人」が加害行為の主体として頻出するのに対して、集団としての「アイヌ」は語ることなく死んでいったので行為主体となってこなかったのだ。木村さんがアイヌの人を主語に置いて語るときはほとんどの場合、集団としてのアイヌではなく特定の誰かが主語になる。

アイヌへの侵略はその後の植民地政策のモデルになる、と木村さんは語る。一九世紀末の日本は、アイヌ支配のためにアメリカにおける先住民政策を学んでいる(7)。さらに日本政府がアイヌ支配から継承したのは、「アイヌから植民地政策を学んで、朝鮮半島、中国、台湾、アジアへ行って、中国なんかでは殺し尽くす、焼き尽くす、奪い尽くす」という植民地化と収奪の方法だ。日本はアイヌを収奪し、その経験をもとにアジア諸国を侵略したことになる。

植民地支配の記憶において切断が起きているだけではない。「不都合はみんなふたをして、遺骨の問題でも白老に集約して、それで終わらせよう」というように、現在の政府の姿勢も過去との切断を促し、歴史の継承を妨げる力となる。それゆえに「歴史を国民に知らせなきゃ駄目」と木村さんは強く言う。教育の必要性については、第3節で話題になる。

さて、このような「侵略」の結果、差別が生まれる。

木村　今七四。〔生まれたのが〕昭和二四年（一九四九年）だからね。ここへ来て、あなたたら分かるかどうか分かんないけども、二風谷地区とこの辺じゃ、荷負村とか、マジョリティーとマイノリティーの差があり過ぎるんだよな。二風谷はアイヌがマジョリティーで、日本人がほんの少数。だから、差別というものはなかったかも分かんないけどもね。

この荷負、今、俺の住んできたコタン〔集落〕、ここも八〇％がアイヌがマジョリティーだったけども、学校の地域は違ってたね。ここから四キロ奥の貫気別っちゅう所の学校へ通ったんだけども、ここはひどかった。男でも感じてるわけだから、『女の子らはかわいそうだな』と思いながら。妹なんかいたからさ。妹の友達なんかとよく。多毛だから、アイヌはね。女の子だってあれだから、俺たちはそうではなかったけども。

でも学校行ってても身体検査が一番、苦痛だったよね。裸になるわけだから、上半身はね。毛引っ張るわけだから、こうやって。こんな時代だったな。幼少期の時代はね。中学卒業するまではね。中学入ってからは、さすがにそれは遠慮してたようだけどもね。日本人たちもね。（1）

木村さんは、子どものころに直接受けた差別の経験から語り始めた。木村さんが住む荷負は平取町の中でも二風谷よりも山寄りに奥に入ったところにある。貫気別はさらに山側に入る。学区が異なるために、クラス内のアイヌの割合が異なり、それゆえに差別の経験が異なるという。「マジョリティーとマイノリティーの差」という言葉は、実のところ複雑である。単純に日本人がマジョリティでアイヌがマイノリティであるということではない。二風谷では学校でもアイヌがマジョリティであったために差別が生じにくかった。木村さんが住む荷負では住人はアイヌが多かったものの、貫気別の学校ではアイヌの人数が少なかったために差別が厳しかったというのだ。その中でも「『女の子らはかわいそうだな』と思いながら」と、女性に対する差別が厳しかった事実が語られる。この点は本書の中で今後も何度か登場する。

次の語りで侵略と差別の関係が話題になる。

村上　おばあちゃんの頃から新冠から強制移住させられて、どういうふうな苦労されてきたのかということ?

木村　おやじなんかは七歳かそこらでこっち来てるわけだから、最初にこの家に入ってきた、開拓で入ってきた日本人たちの雇いに入るよね。仕事ないし。まだ七歳かそこらだからね。そして食い物ったら、犬も食わないようなものを与えたって。これは強烈な話だなと思いながら。（9a）

木村さんの祖母は強制移住によって、二風谷から奥に何キロか入ったところにある上貫別に、子どもの手を引きながら移住してきた。言い換えるとこの土地はアイヌがもともと住んでいた土地ではない。明治維新で地位を失った武士階級が本州から入植した。アイヌは子どもの頃からその下働きに雇用されたのであった。武士階級自体が明治維新の敗者だった。武士階級の下で東北地方の困窮した和人が労働し、アイヌはさらに搾取されるという構図が、江戸時代からあり、明治期に入ると囚人が労働者として北海道に移住させられている。(8) あるいは炭鉱で朝鮮人の強制労働も行われた。つまり社会の中で周縁に置かれ差別された人が多く北海道に移住を強いられていた。そのヒエラルキーの末端に、木村さんの親の世代は昭和になったとはいえ位置していたのだ。

「犬も食わないようなものを与えた」という人間と見なさない扱いは、インタビューに通底する搾取と差別の表現だ。アイヌの困難は、言語と文化を奪う同化政策だけでなく、この強制移住をともなう収奪という植民地主義の典型的な暴力にあり、それが祖母や父親という身近な身内の記憶の中に生き続けている。

木村　農家の人たちも。あっちゅう間に勢力伸ばして、アイヌを雇いに使ったりして。だから、そういう人たちの子どもたちは、親を見てるから差別はきついわ。〔差別語の〕アイヌ三文字は今でもここにあるんじゃない？　平取のシャモたちはみんなね。表面的にはそれは調子のいいこと言ってるけども、「あ、イヌだ」ってのは俺は子どもの頃、何度も言われたわけだから。「あ、イヌ」ね。俺より年上の人なんだけど、三歳くらい年上の人。今だったら全然、違うんだよね。見方が。反省してるのか、俺が恐ろしいのかは分かんないけどもね。「フミ！」って親しくして付き合ってるけどね。そういう時代だから、アイヌなんか人間扱いしてないんだから、さっきみたいに宇宙人じゃないけどもね。

だから、うちのおやじなんかは、その頃から家族を養わなきゃならないから、学校なんか行っ

てる暇なんかないよね。（9b）

一段落目は親と祖母世代の収奪と就労についての伝聞と知識、二段落目は木村さん自身の子ども時代の差別経験だ。そして三段落目でまた親の就労が話題となる。世代をまたがって状況が変化しつつも差別が連続する。「子どもたちは、親を見てるから差別はきつい」と、親の世代の収奪から子ども世代の差別への連続である。このあとも断絶を孕んだ連続が何度か登場する。過去の差別がなかったかのように、現在知人が振る舞う様子も、断絶の中の連続を示すだろう。

「あ、イヌ」という差別表現も「アイヌなんか人間扱いしてない」。人間ではないのだから人権で守られる必要がないことになる。父親が「学校なんか行ってる暇なんかない」のは、人間扱いされない状況と、その中で生き残るための格闘とを同時に示している。

村上　子どもの頃から雇いって言ったら、働いてらっしゃったんですか。

木村　雇いだよね。農家の雇いに入って、十幾つくらいになって、どっかで金出してもらう、で、面取り〔?〕できるようになってから、初めて〔就職〕したよね。この部落はそういった人が八割くらいのアイヌコタンだよね。大変だったんじゃない？　何も言わない。俺は聞かされてないけど、おやじにはね。（10a）

木村さんの父親は、幼少時から「農家の雇い」として働いていたので学校に通うこともできなかった。しかし父親は困難を木村さんには語らなかったという。それゆえ自分の世代の差別はリアルだが、上の世代の経験は推測するか知識で補うしかない。困難の経験を次の世代に伝えない、と次章のBさんも語った。困難を語らない切断こそが困難の世代間連鎖の中に組み込まれている。父も沈黙しているが、母親の言葉ものちほど登場するように継承を拒む。両親が木村さんに困難を語らなかった切断と、日本人の友人が子ども時代に木村さんに放った差別語を今ではなかったことのように振る舞う断絶とは並行関係にある。

1-2　差別への反発

このようにアイヌも日本人も過去について沈黙する。しかし木村さんの特徴は差別されても沈黙することなく反発したことだ。

木村　親の背中見てるから、その子どもたちはいやらしかった。差別問題に。露骨だったわ。中学卒業して、学校時代は背もちっちゃくて貧弱だったから〔無抵抗〕だったけど、卒業して体もでかくなってから、あだ討ちしたの、三人ほど。あいつら定時制にいたから。「フミ、もうやめれ」って、先生も分かってたからね。ある程度やらして、「フミ、もうやめれ」って、「もういいべ」って。こうやって言ったもんだ。今でもその先生覚えてるわ。いい先生だったわ。
そして卒業して、当時はもう俺なんかは特に勉強もしたくない、できなかったから、中学卒業したらすぐ仕事に出るよね。苫小牧の修理工場、中卒の子どもたち五、六人いたわ。その中でも平気で差別があるんだよね。驚いたな。屋根裏で六人、七人ぐらい寝泊まりして。(11a)

「親の背中見てるから、その子どもたちはいやらしかった。差別問題に。露骨だったわ」と再び、差別の継承が話題となる。子どもにおいて差別は隠されることなく大っぴらなものになる。

差別を受けて、それに対して反発したという木村さんの行動は繰り返され、現在の遺骨返還の活動にまでつながる。アイヌの出自を公にせずに暮らす人が多い中で、積極的に活動する行動パターンの下地と言ってもよいだろう。

続けて就職先での共同生活が話題になる。親の世代は農家の「雇い」で入ったと語られた。中学を出た木村さんは劣悪な雇用条件のもと会社の寮に住み込む。雇用の形態は変化しつつも不利な就労状況は連続する。そして就労先でも差別を受ける。

2　遺骨問題と木村さん

2-1　雷に打たれる

さて、木村さんの子ども時代は日常的にアイヌ語が聞こえる環境だったそうだ。

木村　物心ついてから、母親によく言われたもんだわ。「おまえたちもうアイヌはいいから」って言われたもんだよ。さっき写真を見たばあちゃんは日本語ほとんどできないから。だから、俺いい環境にあったと思うんだよね。アイヌ語勉強するのにね。隣のばあちゃんも同じようなばあちゃんが、よくうち来て、アイヌ語でよく話してた。耳に残ってるのは、「ワッカエンコレ」って。「水取ってくれ」ってばあちゃんがそう言ったね。(20b)

祖母はアイヌ語話者であり日本語が不自由な人だった。だから木村さんの耳にはアイヌ語が残っている。しかし同時に母親は「おまえたちもうアイヌはいいから」と、アイヌ語やアイヌ文化を引き継ぐことを望まなかった。日本人側の差別だけでなくアイヌ側も、継承と断絶が同居する。

親は言語と文化を継承させず、木村さんも継承しなかったが、先祖の尊厳を回復する運動というしかたでアイヌであることを継承した。これが遺骨返還運動だ。そのためか、アイヌ語を継承しなかったと言いつつも、遺骨問題を語るときにはアイヌ語が再三登場する。

文化は継承しないという切断とともに遺骨返還運動という継承を木村さんは開始するのだが、この切断をともなう継承にはきっかけが必要だった。

木村　まず遺骨の問題に取り組んだことから話していきましょうか。二〇一〇……。

村上　一六年。

木村　一六年か〔実際には二〇一五年だった〕。俺それまでアイヌ協会に入って副会長やったの。だから、そのときに浦河の帰りかな。友達と何の気なしに違う帰り道を選択したよね。それが新冠の。これ偶然というのかね。神のお告げっていうのか分かんないけど、帰り道、しょんべんしたくなったもんだから、車を停めて用を足そうとしたら、アイヌの旧土人学校跡地っちゅう看板があった〔写真2〕。慰霊碑があったわ。そこにいろんなことが書いてあってね。そのときに、アイヌ語もよく勉強もしてなかった、アイヌ文化もしてなかったけど、カンナカムイって雷。雷にでもガーンと打たれたようなショックを受けたね。『これは俺がやらんきゃならん問題だな』と思いながらいてね。

強制移住問題は当然、俺の先祖がたどった道であるわけだから、それと遺骨の問題について、そのとき、『これはやらんけ駄目だな』と思ったよね。それで今、言ったように副会長になったから、ある程度、発言権もあったから、平取アイヌ協会でシンヌラッパ〔先祖供養〕をやらなきゃ駄目だって。強制移住で奥へ来てるわけだから、いっぱいね。（３ａ）

「雷にでもガーンと打たれたようなショック」でいわば回心し、「カンナカムイ」すなわち神＝カムイからの命で、木村さんは「これは俺がやらんきゃならん問題だな」と遺骨問題に取り組む。

課程を四年に制限し、質の低い教育にとどめた旧土人学校は政府による同化政策を特徴づける事業であり、この学校での虐待や死亡事例が問題になる。しかしこれ自体は大学によって行われた遺骨問題と直接は関係がない〔間接的には、日高地方が強制移住と遺骨盗掘をともに経験している場所だというつながりはある〕。旧土人学校の跡地を見たことから遺骨返還の活動を始めることの中にも、切断をともなう継承がある。植民地政策を遺骨の問題として木村さんは引き受けるのだが、これは「先祖」というリンクによるのだ。

それゆえ木村さんはまずはじめにシンヌラッパを始める。インタビューのあと帰り際に、ご自宅のそばにある湧き水の上で行われたその場所を案内していただいた。遺骨の問題は先祖が冒瀆されたという問題であり、先祖の供養へと直結している。ともあれ、インタビューでは突然遺骨問題への関わりが開始されることが強調された。

ここで少し控えて座っていた妙子夫人が口をはさむ。

妙子　雷がどうのこうのってさっき言った、あれがなかったら、本当に普通の、ただのアイヌ民族として、そういった生活を送ってたんじゃないかしら。今みたいに、いろんなことでもめたりしないでね。いや、本当に。

石原　そう思う。

妙子　たまたまね、そういうきっかけっていうか、あって、今に至ってるけど、そうじゃなかったら、全然、恐らく今でも無関心でいたんじゃないかしら。

木村　アイヌ語でカント・オロ　ワ　ヤク・サク・ノ・アランケ　プ・シネプ・カ・イサム。「天から役目なしに下ろされたものは、何一つない」と。俺もその一人かなと思いながら。

写真2

あと、北海道のホロテウカムイ、エゾオオカミ。三〇〇〇頭、これ天皇の名の下で、抹殺されたよね。すごい犯罪だよ、これ。生態系を壊したね。それがこれ、今だから。これは世界的に繰り返してるんだからね。そういったことを。俺はものすごい大変なことだなと思って、今、昔のことだけども、これはすごいなと思いながらいるね。

あなたも、カント・オロ　ワ　ヤク・サク・ノ・アランケ　プ・シネプ・カ・イサム。それ

ぞれに、役目を持って下ろされているんだなとも思いながら、俺は偉そうなことを言うの、これだけ。(18)

妙子さんは、この場面から積極的に会話に参加された。

妙子さんが「雷」がなかったら遺骨問題に関わってもめごとを抱えることはなかったと語ったのに続いて、木村さんは、天命であったと語る。「俺は偉そうなことを言うの、これだけ」と、召命についてこだわりを示した。つまり雷の神(カンナカムイ)や天というきっかけが、木村さんの切断をともなう継承を説明する理由となるのだ。ここでも遺骨返還運動とともにアイヌ語が想起される。

ところで、「天から役目なしに下ろされたものは、何一つない」は普遍性を指し示す。和人である「あなたも」その役目を負うのだ。つまり「人として」という普遍性の中で、倫理が生じ、加害責任も生じる。アイヌのことわざに導かれて導入された「人として」という普遍性に照らして、木村さんの運動と日本人の責任とが規定される。

一九七〇年代からアイヌ自身が先住民族としての意識を持つようになり、カナダやアメリカの先住民と交流し訪問する中で、普遍的な人権のもとで自らの権利を考えるということが始まった。(9) 保守的だったウタリ協会の幹部たちも一九八〇年代前半にかけて先住民としての意識を強く持つようになる。

ここで話題は唐突に、牧場ゆえに懸賞がかけられて絶滅させられたエゾオオカミから自然環境の破壊へと転じた。インタビューは暑い日に行ったが、お昼をごちそうになっているあいだも、トンボやミツバチがいなくなったことが話題になっている。厳しい寒さに襲われるこの地域においても暑さが厳しかったため、気候変動についても語られた。木村さんは、北海道(アイヌモシリ)の生態系の破壊が、地球全体の環境破壊へと拡大したという語り方をする。これはアイヌへの侵略がその後の日本によるアジア諸国への侵略のモデルとなったという先ほどの議論と同じく、アイヌを起点として世界に拡大するロジックである。アイヌに対してなした害悪が、世界への害悪のモデルなのだ。

冒頭の引用で日本人を「侵略的外来種」と呼んだメタファーが、ここでアイヌへの侵略と環境破壊双方をつなぐことになる。唐突な話題転換にも意味がある。かつてのアイヌは狩猟採集と漁業で循環型の生活をしていたため、環境への負荷は最小限だった。農業と牧畜を導入して「開拓」することで樹木を切り倒し、オオカミを滅ぼし、ダムを建設したのは和人だ（アイヌの集落を水没させてできた二風谷ダムは木村さん宅のそばにある）。

木村さんは、何度かお会いする中で必ず環境問題を語った。先住民コミュニティの破壊と自然環境の破壊がリンクしていることはむしろ常識であろう。この点について、少し脇道に逸れたい。和人が絶滅させたのはエゾオオカミだけではない。アンエリス・ルアレンは北海道西部の小さな町である寿都に注目し、江戸時代に和人から流入した天然痘によってアイヌコミュニティが崩壊し、それによって和人による漁場の簒奪が容易になったこと、同じ土地で現在核のごみ最終処分施設の建設をめぐって議論が進んでいることを論じる(10)。植民地化と生態系の破壊は連動しており、江戸時代から現在における核開発まで連続するのだ。最近では石山徳子が『「犠牲区域」のアメリカ』で論じたように、先住民の居住地で核実験施設やさまざまな核施設が作られ、先住民の生活及び健康を犠牲にしてきた(11)。

2-2　一通の嘆願書

さて、木村さんはもう一つ不思議なきっかけを経験している。

「一通の嘆願書」

写真3

村上　その旧土人学校の跡をご覧になったのは（浦河の遺骨返還を映した二〇一六年の）テレビよりも前？

木村　そう。二〇一五年か。その後に二、三日してから「一通の嘆願書」というのが、これが投函されたんだよな。『これも普通、考えられないことだな』と思いながらいてね。

石原　これ誰が書いたんですか。

木村　それも分かんないの。『なんで俺の所へ投函されてたのかな』と思いながらいてね。それこそ『神のお告げかな』と思いながら。『俺への叱咤激励かな』と思いながらいて。本当にね。そんな所なんか俺、立ち寄る気なんか全然なかったのにさ。何かのお導き。そして二、三日後これが投函されてるわけだから。『なんで？　誰が？』と思ったよね。それから遺骨問題に命懸けで言えるようになったよね。本当にこんなシンプルな問題、俺だって理解できるわけだから、できたからやり始めたわけだからね。（3b）

郵便受けに「一通の嘆願書」というタイトルの、一五ページの文書が投函されていた（写真3）。匿名のブログからコピーされたこのテキストには、新冠川・静内川流域に散在して暮らしていたアイヌが第四代御料牧場長黒岩四方之進によって新冠の姉去に、さらに第五代場長山下盛治のときに貫気別に強制移住させられ、そこで不当な労働を強いられたアイヌたちが一九二四年（大正一三年）に村長に提出した嘆願書をめぐる史実が書き留められている。ナチスや旧ユーゴスラビアにおける「ethnic cleansing（民族浄化）」を引き合いに出しながら、アイヌの強制移住を非難する文書である(12)（遺骨盗掘問題には触れられていない）。

たまたま出会った旧土人学校の石碑とたまたま投函されたテキストという二つのまったくの偶然にいざなわれて、木村さんは遺骨返還運動を開始する。「神のお告げ」のような不思議な出来事に導かれて、切断から継承へと変化していくことになる。

2-3　先人の思い

雷に打たれて遺骨返還運動を始めた木村さんを突き動かしているのは、おそらく「先人たちの思い」というしかたでのかつてのアイヌとの結びつきだ。

木村　本来であれば、日本人が声を出すべきだ。自分たちの責任としてね。そして大学、国、自治体でもって、再埋葬。再埋葬っていう言い方は好きじゃないけども、先人たちの思いを遂げてやらなきゃ。何一つ世界に対して言えないでしょ、これ。こんな大事な問題をほっといて。俺ほど大事な問題だって感じてはいないんだろうけどね。アイヌたちもね。(14)

木村　とにかく俺自身のためじゃないから。アイヌたちが、先人たちが何を望んでるかということを考えたら、やることは一つなのよ。人は土から生まれ土に返る。アイヌだってそうだったからね。そんな遺骨やなんかはどうでもいいっていうんじゃ、その辺に転がっててもどうでもい

いってことになるわけだから、そんなことはあっちゃならないよね。(41)

「先人たちが」と木村さんは語る。「アイヌが」という主語はほとんど登場しなかったが、何度か「先人」は登場した。主語として「先人」が語られるときは、「先人たちが何を望んでるか」という望みが問題になる。つまり、遺骨を盗掘された本人だったら何を望むか、問われている。カテゴリーとしてのアイヌではなく、その人が何を望み、それにどう応えるのかという視点の取り方になる。

他方「日本人が〔アイヌの権利回復のために〕声を出すべきだ」は、「〔明治期に〕日本人が入ってきて（2）収奪したことの帰結として要請されている、過去の日本人ゆえに責任を負う現在の日本人という関係だ。これに対して「先人たちの思い」に応えようとする木村さんたちが対置される。

3　遺骨問題と教育

3-1　遺骨と大学

さて、遺骨問題は、アイヌ社会そして日本社会全体との関係で位置づけられる問題だ。次に、この側面についての語りを考えていく。木村さんの語りは、いずれの場合にも教育に関わっていく。

木村　本当に幾千年か幾万年か知らないけども、人類が祖先との命のバトンを繰り返してきたよね。俺たちね。アイヌだって、日本人だってさ。その先人たち、大事な先人たちを侮辱する行為がずっと続いてるわけだから。さっきも言ったように東大然り、京大然り、〔村上が所属する〕

阪大でもそうだしね。繰り返すけど、これが教育の場だってことが余計、俺、腹立つの。子どもたち、どんな教えをもらって旅立っていくのかなと思ったら、情けないと思う。俺は本当に。あちこち歩いたわ。遺骨問題は沖縄の問題も一緒だから、沖縄行ったり。(13)（４）

「人類が祖先との命のバトンを繰り返してきた」という生命の継承の普遍性のもとで、遺骨問題を始めとする困難は考えられる。遺骨の盗掘は、尊厳の毀損であるとともに、先人から継承するという普遍を妨害する切断である。これが大学という教育機関で主導されたことに木村さんは憤っている。普遍的な人間の尊厳・倫理を教育すべき教育機関がアイヌの尊厳を損ねている。盗掘による尊厳の侮辱から、遺骨返還を要求するという流れは、論理的にそうなるべきだという議論だ。

木村　だから、とにかくアイヌモシリに返してくれっていうの、俺は。

石原　勝手に持っていったからね。

木村　それしか望んでないわけだからね。だから、細かい難しいこと言ったって、らちあかない。だから、アイヌモシリに返してやること。まず〔先人の〕望みをかなえてやることだ。人権と尊厳だけだから、死んだら魂はポクナモシリ〔冥界〕に行ってるっていうんだからね。あと遺骨と人権と尊厳を、ポクナモシリに送り届けてやることが俺たちの務めだと思うんだ。（40）

盗んだ遺骨を遺族もしくはもとの地区に返還して謝罪する、このシンプルなことを木村さんは求めている。「侮辱」という単語が、何度か登場する。木村さんの語りでは、差別と並んで侮辱が問題の核となる。若い頃の差別に対する復讐もそうだったろう。侮辱を晴らすことが、木村さんの望みであり、先人の望みでもある。先人の望みがここでも「俺たちの務め」を規定する。

木村　このご遺骨問題、大学が盗掘して、そして政府が後押ししたわけだよね。昔も今も、これ遺骨、お墓の墓暴きは犯罪だよね。これ世界的な流れ、潮流だよね。今ね。なぜこれ日本政府が乗っていけないのかねって思いながら。これが不思議だ、俺。「自分の身に置き換えて考えてみろ」っていうの。誰だって盗ったものは返し、謝罪をする。これからだよ。

倫理指針というのは。あまりにもひど過ぎるよな。人権、尊厳を無視してさ。それは今を生きる俺たち、さっきも言ったけど、俺たちの人権、尊厳を無視してるのと一緒だからね。俺たちは先住民族、アイヌだから、『とんでもない話だな』と思いながらいて。もう日本政府、日本人に何一つへつらうあれはないと思う、俺は。泥棒だから。日本政府はね。日本政府は加害者で俺たちは被害者だから、『俺たちの言い分は全てのんでもらいたいな』と思いながら。〔……〕『これは日本人の責任としてやってもらいたいな』と思いながらいるんだよね。とにかく全てを略奪されたわけだから。（5a）

「誰だって盗ったものは返し、謝罪をする」ということが木村さんの遺骨返還運動を支えるロジックだ。このとき「誰だって」という枕詞が意味を持ってくる。「誰だって」とは、全ての人に普遍的に当てはまるということだ。普遍性の地平がつねに木村さんの議論を支える。これが一つ目の要点だ。普遍性は基本的な人権に関わる。「誰だって」という普遍性ゆえに、「自分の身に置き換えて考えてみろ」と要請することができるのであり、人権を毀損した遺骨盗掘では加害者と被害者の区別が生まれ、「日本人の責任」が生じる。明快なロジックだが、村上自身は考えたことがなかったものだった。

加害と被害の関係であるというのが、二つ目の要点だ。「全てを略奪されたわけだから」というように、遺骨の盗掘が、土地や文化・言語を含めた「略奪」の象徴となっている。

木村さんの語りでは、アイヌからの略奪とアイヌモシリの破壊をモデルとして、日本によるアジアの収奪と環境破壊が導かれた。個別から全体への一般化である。これに対し修復へと向かう逆向きのベクトルにおいては、「誰でも」あてはまる普遍的な価値に照らしてアイヌの尊厳を回復しようとするという普遍から個別への運動になる。

村上　木村さん、遺骨問題に二〇一五年に遺跡を、旧土人学校をご覧になったときに、雷に打たれてっておっしゃってましたけど、そう思われたっていうことは、その背景っていうか、もうすでにそのときに何かが準備されてたのかなとも思うんですけど。

木村　準備はしてない。一切。

妙子　全くしてないよね。

木村　全然してなかった。アイヌ協会に入って副会長もやったけども、そのときからだから、俺。

村上　でも差別の問題とかには。

木村　差別の問題とはまだ切り離した問題だよね。この遺骨の問題はね。ただ、先人たちの人権、尊厳を取り戻す、この一点だから、今も俺はそうだからね。これは本当にさっきも言ったように、何人《なんぴと》のご遺骨だって同じだから、日本人だろうと。人類全てそうだからね。それを蹂躙されていいわけないじゃない。俺、子どもたち、子どもや孫に、『これからのアイヌたちにどう説明するのかな』と思いながらいて、俺もその責任は子どもたちにまだ具体的なことは言ってはいないけど。ごくシンプルな問題だよね。これね。世界の潮流に乗れないでいる政府が一番悪い。

俺は東大、北大は最近、少し良心を見せてはいるけれども、東大は良心のかけらもない。侮辱の連続だわ、毎年。あれは俺は許せない。〔……〕

アイヌ語でアイヌ・ネノ・アン・アイヌ、人である人っていう言葉があるんだな。これはアイヌだけじゃなく、日本人みんなに言えることなんだけどね。(13)

インタビューのときに驚いたのだが、木村さんは差別と遺骨問題を切り離す。一つには木村さんの中で時間的な切断があるのだろう。若い頃に自身が受けた差別と、六〇代になってから出会った遺骨問題は隔たっている。遺骨問題とそこにリンクする「侵略」は先人の尊厳を損なった。差別は木村さんが被った事実として横たわるが、遺骨問題はとりわけ教育の問題と関わっている。そして教育は、これからのアイヌにしろ日本人にしろ、木村さん以外の他者に関わる。第1、2節が木村さん自身の経験に関わる語りだったのに対し、遺骨と教育がテーマとなる第3節は他者に関わる。

他者に関わるだけでなく全員に関わる。「人である人」「アイヌだけじゃなく、日本人みんなに言える」「何人のご遺骨だって同じだから、日本人だろうと。人類全てそうだから」という普遍性を木村さんは強調する。普遍的な尊厳の課題であるがゆえに遺骨の盗掘が加害として問題になるのだ。

3-2　返して、謝罪してから研究すればいいじゃない

さて、遺骨盗掘は大学によって研究目的で行われたという点でも、当然研究教育に関わる。

一九三〇年代からの盗掘という過去だけでなく、現在も自然人類学を中心に一部の研究者は遺骨の研究を望んでいるので(14)、これはアクチュアルな問題である。つまり過去の研究だけでなく、未来の研究の前提として、木村さんは遺骨の返還と謝罪を要求しているのだ。

「盗ったものは返し、謝罪をして、あるべき姿に戻して、それから研究すればいいじゃない」(10)と木村さんは語った。

3-3　日本人への教育

「人としてやらなきゃならん」普遍性ゆえに、遺骨問題は「国民に周知徹底する」という未来の教育の問題へと接続する。

木村　京都大学正門前で、この遺骨問題で声を出しても、一人として振り向かないもんだね。あれには驚いた。『これでいいのかな』と思いながら行ってた。京都大学、人類学会のトップクラスにいる人に会いに行くのに、アポなしでいきなり入ってた。「なんでアポなしで来るんだ」って。「おまえらアポ取って、遺骨盗掘したのか」って。黙ってたわ。(16)

ここにはもう一つ大きな問題が隠れている。アイヌの遺骨盗掘問題とその背景に横たわる収奪・強制同化・強制移住といった歴史は、本州ではほとんど意識されていない。在日コリアンや沖縄への暴

力の歴史が不十分であれ学ばれていることと比べると対照的である。日本人は自分が加害者の末裔であり、加害の結果、入手可能になった北海道の資源や農産物を享受し、加害者としてこの問題を知り伝える責任があるということを意識できていない。この主題もまた次章のBさんに引き継がれる。

そのこともあり加害者としての責任は、日本人への教育というテーマに接続する。

木村　今つくづく子どもたちに教育してやりたいね。これは加害者の責任としてね。そして歴史を忠実に国民に周知徹底してもらいたい。思い出したわ。ぽつぽつと思い出すんだよな。日本政府がアイヌ民族で植民地政策を学んで、中国なんか行ったら三光作戦[15]なんてひどいもんでしょ。「奪い尽くす、殺し尽くす、焼き尽くす」。〔……〕とにかく今の子どもたちもそうだけども、過去を振り向いてもらいたいね。そして、その過去を子どもたちに教えてもらいたいね。これは加害者である日本人の責任だよね。

〔……〕今、世界的にいろんな人種、多文化、多様性が求められる時代だよね。（12ａ）

親から子への差別の継承は個人レベルの継承だが、「日本政府がアイヌ民族で植民地政策を学んで、中国」などで凄惨な侵略をしたことは国レベルの継承だ。加害側もいくつかの層で継承が議論される。

木村さんは教育機関である大学によって遺骨盗掘が行われたことと対比するように、差別と遺骨盗掘について日本人に教育するべきだと主張する。未来の世代に歴史をどう伝えるかが話題になる。まずは加害の歴史である。

3-4　アイヌの教育環境の整備

日本人に収奪の歴史を教育するというテーマと同時に、収奪されたアイヌの教育も話題になる。木村さんは遺骨問題と差別を区別したが、遺骨問題はむしろ侵略と格差とつながっている。

木村　文化、言語〔を奪われ〕、そして強制同化させられて、このスタートラインの差ってのは今も詰まってないんだよ、これ。明治から。その一つに生活保護率が高いよね。アイヌはね。肩を並べるためには進学率だよね。どう教育していくかっていうことだよね。〔石原〕真衣ちゃんみたいな子を育てるためには何をするか。

さっきの近所の子も高校だけ出て、地元の企業というか、業者に勤めて、年収何ぼ、あれ。二四〇、五〇〇万ぐらいしかないでしょう。恐らく。そんなものどうやって嫁さんもらって子育てできる？　共働きなら別だけどもさ。俺は幸いにして、子ども二人、それなりの教育、大学やったりして、見てると、この辺の子どもら見て、『〔人生が〕えらい違いだな』って、『教育だな』と思いながら。

とにかく来年、〔アイヌ〕施策推進法の見直しだよね。とにかくアイヌ新法には枝が少ない。必要な枝をたくさん付けないとさ。日本政府はうそ、ごまかしがうまい。だから、来年に向けてみんな少し声を出していかなきゃなと思いながら。（５b）

木村さんは遺骨返還運動を教育の問題とつなげる。日本人に対する歴史教育、そしてアイヌの子弟に対する教育環境の整備、という二つの方向で、未来のための準備へとつなげるのだ。

木村さんは、知り合いのアイヌの若者たちを引き合いに出しながら教育と就労の困難がまさに差別によって引き起こされた問題であることを語った。木村さんの子どもの一人は国立大学を出て本州で専門性の高いエンジニアとして働いているそうだ。実際にこの差異を目の当たりにしたときに、世代をまたがった社会的困難の継続を私自身も実感した。生活保護については、二〇一七年の北海道の調査によると三・六%であり、二〇一三年の四・四八%からは低下し調査地区の世帯全体の生活保護率三・二%に近づいているが、全国平均の一・六%を上回る。高校進学率は三三・三%と、同地域の全世帯の四五・八%よりもかなり低い(16)。

このとき「必要な枝をたくさん付けないと」という表現が理解できなかったため訊き返した。

村上　その枝が少ないっていうのは。ごめんなさい。どういう。

木村　だからスタートラインの違いは何？　教育でしょ。教育にもっと力を入れる、金を出す。そこが一番大事なところだなと思うわけだからだよ。〔……〕学歴がそばに付いてるのと付いてないんじゃ、えらい違いだなと思いながら。(6)

「枝」は育つための「スタートライン」のことだった。「枝が少ない」とは、アイヌの子どもたちが平等に育つためのスタートラインの教育環境が整っていないということだった。

もともとアイヌの被っている教育環境は、強制的な同化と劣位に置くことを目指した明治期の教育政策に由来する。シドルは次のように書いている。

〔一八九九年に施行された旧土人〕保護法は、同化政策の制度化を意味した。同化が意味するのは、この場合は、かつての言語、慣習、価値観の根絶を通じたアイヌの模範的帝国臣民への変身であった。〔……〕

アイヌを物理的に生産的な国民に変えていき、生活様式を日本化する手段として農業があったのに対して、教育は心と精神を日本化する鍵と見なされていた。保護法と一九〇一年の「旧土人〔児童〕教育規程」により、アイヌのための特別な教育体制が確立された……〔……〕これらの子供たちが受けた教育は、質が低く、期間も短かった。〔……〕一九一六年から教育課程は七歳からの四年間に固定された。六歳から六年間続く和人児童の教育とは対照的であった。このような質の低い教育は、アイヌの児童の「後進性」を考慮した上では適切なものだと正当化され、高等教育への進学を期待されていないことを意味していたのである。

もっとも重要なのは、この教育が同化主義に基づいていたことである。アイヌ語の使用は積極的に阻止され、〔……〕天皇と国家に対する愛国心が強調された(17)。

アイヌの教育史を専門とする小川正人は旧土人学校における「修身」の教育について次のように書いている。

当時の教員だった吉田巌は、「私共は天皇陛下の大御教えを克く守って、よき日本人となる覚悟でございます」との「響詞」を作って、毎朝始業前に「宮城遥拝」と共に生徒に唱えさせたというが、「よき日本人となる」という言葉は、それをアイヌ児童が日々アイヌを「劣等種族」だ

と教わり且つ感じさせられる中で唱えた点で、シャモの先輩が同じ言葉を述べるのとは大いに違っていたのである。(18)

過去において劣悪だっただけではない。現在のアイヌ施策推進法は文化振興と伝統の継承に偏っている。(19)収奪と差別の歴史については教えられることがない。さらに、木村さんときょうだいは中卒で働かざるを得なかったわけであり、アイヌの子弟の教育や就職をめぐる困難への手当は現在も不十分である。大きな努力を強いられ、努力では解消しようがないスタートラインの違いがある。

木村　生活保護率が高く進学率が低い。これじゃあ、「私は、俺はアイヌのルーツをくぐってるんだ」なんて言えないよね。堂々とさ。「私もアイヌ、俺もアイヌだ」って言える環境にしてもらいたいよ。これはもう日本人の責任だよ。早いうちにやらないとさと思ってるけどな。特に北海道の人間は感じてもらいたいね。（7）

教育と就労の格差が解消されて初めて、差別の解消と自尊心の回復の可能性が生まれる。そしてこの格差の原因は日本が作ったがゆえに、環境を整えることは侵略した「日本人の責任」である。アイヌに対する侮辱と収奪という文脈の中で、「日本人の責任」という言葉も何度か登場した。日本人の責任は、（1）侵略しアイヌを収奪搾取した責任、（2）遺骨盗掘の加害責任、（3）日本人への歴史と人権教育の責任、（4）アイヌの教育環境を整備する責任、と四重の責任である。結局、遺骨盗掘問題は大学という研究教育現場で起こり、日本人側、アイヌ側双方の未来の教育に向けて課題を投げかけるというしかたで、過去と未来の教育の問題として立ち現れる。教育を介して、盗掘を受けた当人や木村さんだけでなく、社会全体へと関わっていく。

4　結論——過去から未来へ、アイヌから世界・地球へ

木村さんのインタビューは、次の引用がそうであるように多くの話題が同時に並列的に語られたのだが、本章では便宜上テーマごとに整理をして全体の見取り図を与えた。

木村　基本的なものは違うんじゃないかなって、さっきも言ったようにご遺骨問題だよね。〔……〕これが差別がなくなる環境になれば、それはそれでいいと思うけどもね。今、現実に全然なくならないわけだから。サイレント、サイレンス。このアイヌたちは戻ってきてもらいたいなとも思いながらいるね。さっき言ったみたいに、「私は、俺はアイヌのルーツを持ってるんだ」って恥じることじゃないんだもの。堂々と生きていいんじゃないかなと思うけどね。
　アイヌの文化を学べば、この温暖化の時代も少しは抑えられるかも分かんない。大変だよな。さっきも言ったように今、虫がいないわけだから、受粉ができないわけだから。〔……〕クマたちだってこんな針葉樹のある所だけで暮らせるわけないんだから。札幌あたりでもよく出て、外敵としてみんな騒いでるけどもね。あのカムイたち〔「キムンカムイ（山の神）」としてのクマ〕こそが先住民族だなと思いながら。先住民族じゃないな。先住の何とかだよな。（12b）

遺骨盗掘は過去に起きた問題であるが、木村さんはつねに未来を問題にした。遺骨を返還し謝罪することも現在から未来につながる行為である。とりわけ日本人への歴史教育およびアイヌの教育環境整備が話題となったが、その帰結は、アイヌが「堂々と生きて」いくことができるようになることだ。

同化を強制され、差別が残るがゆえにアイヌの出自について沈黙して生きている人は多い。「サイレント、サイレンス。このアイヌたちは戻ってきてもらいたいなとも思いながらいるね」、石原の「サイレントアイヌ」の用法とは異なるが、「サイレント」であるアイヌが、アイヌのルーツを持つことを「堂々と」公にしながら生きるようになる未来を木村さんは設定している。次章のBさんの語りでは、出自を公にしたことで大きな波紋が起きるので、この「堂々と」は未だ実現されていない。

木村さんのもう一つの大きな特徴は、日本によるアイヌとその土地の侵略・破壊を、太平洋戦争時のアジア侵略のモデル、あるいは現在の地球環境破壊のモデルであると考える視点だ。アイヌ民族とその土地に関わる個別の課題が、大きな視野のもとに位置づけられなおす。「あのカムイたちこそが先住民族だなと思いながら」と木村さんは語る。本章冒頭で、「北海道はカムイと共に生きてきた素晴らしい土地でもある」と語られた言葉が残響している。カムイと共にある土地が根底にあるがゆえに、遺骨返還問題と環境問題までがつなげられるのだ。

第2章では、親族の遺骨を探し続けるBさんのお話を聴く。社会運動としての遺骨の返還運動と、親族の遺骨を探す私秘的なプロセスは経験として大きく異なる。アイヌであるがゆえに生じる、特異な経験のありようをBさんは語り出していくことになる。

（1）小田博志「骨から人へ――あるアイヌ遺骨の repatriation と再人間化」『北方人文研究』第一一号、二〇一八年／植木哲也『新版　学問の暴力――アイヌ墓地はなぜあばかれたか』春風社、二〇一七年、六頁。
（2）植木前掲書、七三頁。
（3）同書、八八頁。
（4）同書、一三五頁／児玉作左衛門「緊急を要したアイヌ研究――私のあゆんだ道」『からだの科学』第二六号、一九六九年、一五一頁。
（5）北大開示文書研究会編著『アイヌの遺骨はコタンの土へ――北大に対する遺骨返還請求と先住権』緑風出版、二〇一六年、二四六―二四七頁。
（6）同書、一二〇頁。
（7）シドル前掲『アイヌ通史』、九一頁。
（8）同書、五五、七七頁。
（9）同書、二三八―二三九頁。
（10）アンエリス・ルアレン「「消されぬ毒」――北海道における使い捨ての未来と先住民族の土地との関係性」『思想』第一一八四号、二〇二二年一二月。「核のごみ処分場、町長が開けたパンドラの箱　「国策なのに地方任せ」」『朝日新聞』二〇二三年七月二九日。https://www.asahi.com/articles/ASR7T5VFGR7KUPQJ001.html?n=7&unlock=1#continuehere：二〇二四年一月四日最終閲覧／「〝核のごみ〟処分地「調査賛成側」過半数に 北海道 寿都町議選」『ＮＨＫウェブニュース』二〇二三年一〇月三日。https://www3.nhk.or.jp/news/html/20231003/k10014214771000.html：二〇二四年一月四日最終閲覧。
（11）石山徳子『「犠牲区域」のアメリカ――核開発と先住民族』岩波書店、二〇二〇年。
（12）現在でもアーカイブを読むことができる。冒頭には「「あそこはな、俺たちの親が先祖代々住んでいた所だ、そこからぼったくられ、追い出されたんだ」ときっぱりアイヌの古老／エカシは事あるごとに申します。その土地とは旧新冠御料牧場地をさしその後、新冠種畜牧場、そして今は独立行政法人家畜改良センター新冠牧場へと名称こそ変わりましたがアイヌ語でポロケボと呼ばれております」とある。https://hdkainu.hateblo.jp/entry/

11302525：二〇二三年一〇月六日最終閲覧。

(13) 照屋寛徳「平成三十年二月十六日提出　質問第八三号　琉球人遺骨の返還等に関する質問主意書」、衆議院、二〇一八年。https://www.shugiin.go.jp/internet/itdb_shitsumon.nsf/html/shitsumon/a196083.htm：二〇二四年二月二一日最終閲覧。

(14) 篠田謙一「アイヌ人骨の自然人類学的研究とその課題」『学術の動向』第一六巻第九号、二〇一一年九月、八三―八七頁。

(15) 日本軍が中国で展開した残虐な作戦。石田勇治他編『中国河北省における三光作戦――虐殺の村・北曈村』大月書店、二〇〇三年。

(16) 北海道庁「平成二九年　北海道アイヌ生活実態調査報告書」。https://www.pref.hokkaido.lg.jp/ks/ass/new_jittai.html：二〇二四年一月七日閲覧。

(17) シドル前掲書、九二―九四頁。

(18) 小川正人「「北海道旧土人保護法」・「旧土人児童教育規程」下のアイヌ学校」『北海道大學教育學部紀要』第五八号、一九九二年、二二四―二二五頁。

(19) 「アイヌの人々の誇りが尊重される社会を実現するための施策の推進に関する法律(平成三十一年法律第十六号)」。https://elaws.e-gov.go.jp/document?lawid=431AC0000000016：二〇二三年九月二一日閲覧。

第2章

アイヌ文化を伝えられてこなかったことに誇りを持っている

――親族の遺骨を探索するBさん――

1　「誰にも言えない」遺骨返還交渉

1-1　遺骨返還交渉と北海道大学

インタビュー時に四〇歳代前半の会社員だったBさんとのインタビューは、二〇二二年の暮れ、Bさん、石原、村上の三人で札幌市内のガストで三時間近い時間をかけて行った。日付をはっきりさせるのは、このあとも具体的な日時が意味を持つからだ。

Bさんは、二〇一七年九月一日に北海道大学が個人特定遺骨を発表してから現在にいたるまでの数年間、先祖の遺骨返還を求めてきた活動を軸にして語った。そのため二〇一七年を中心として、二〇〇七―八年、そして一九八七年ごろの子ども時代へ向けてだんだんと遡行する。インタビューでもおおむねこの順序で語られた。最後に過去の世代と未来の世代についての語りを、歴史意識についての考察として提示する。Bさんは、遺骨返還のための交渉の経緯をまずまとめた。

Bさん　「北大は個人の特定された遺骨を遺族にお返ししますよ」っていうのを始めた日が、二〇一七年の九月一日だったと思うんです。九月一日だったのは確かで。二〇一七年。それで、朝一そのページ(1)を見て、『ああこれだ』って、見てたら、上貫別っていう平取町の山奥の地域の遺骨が六体、一覧表に出て。上貫別ったら、うちのご先祖さんの住んでた場所だったから『どき』ってしちゃって、『これはもしや』って思って、調べてた結果、俺の六代前のご先祖さんの

ＳＫさんという人の骨が北大にあることが発覚した。
　二〇一七年からの丸三年ぐらいかけて、その骨、「うちのＳＫ、いますよね」って北大に言って、「いますね」って返ってきて。「じゃあ返してください」っていう。大ざっぱに言うとそんな感じ。（3）

　Ｂさんの語りの特徴は、初めに概略を述べることでだんだんと過去を思い出し、次に詳しい内容が何度か繰り返し語られることだ。漠然としていた語りが、語りながらだんだんと具体化していく。「どき」と驚いた理由はここでははっきりしないのだが、インタビューが進むうちに思い出されることになる。このあとも「え？」という驚きの間投詞が登場する。Ｂさんに何か大きな気づきがあり転機となる場面で驚きの表現が登場する。
　具体的なプロセスとそのときのＢさんの思いは非常に複雑なものだ。

Bさん　最初の頃は『誰にも言えない』って思った。親きょうだいにも誰にも話せなくて。全部、自分一人で調べて。調べるっていうか、北大に対してこっちから「誰々さんの骨ありますか」って申請みたいなの出さなきゃいけない。確認申請。でも、上貫別の六体の遺骨は名前とかも一切、公表されてないから、こっちとしては、言ってみれば総当たり戦みたいな感じで、上貫別に住んでた俺のご先祖さん全員リストアップして、五十何人か出して、もう、一人ずつ、「はいこれ」ってやって。その人との関係性も全部、家系図とか作ったり、除籍謄本とかを付けて全部一緒に出したら（2）。ごめんなさい、四九人だった。そのうちの、に一人、ＳＫが該当しましたっていう感じだった。
　上貫別に住んでて、その上貫別の土地で亡くなって、そこで埋葬されて。さらにその時期が、北大が掘り出しに来た時期とかと、ずれのない、くて。北大は年代だけは出した。性別と年代かな。何十代男性とか、何十代女性とかっていうのだけは出してたんです、情報として。そこにかぶる人を一生懸命、調べて、それで確認申請を出したんです。それをやるのに大体、三年ぐらいかかったっていうことかな。
　その間、とにかく誰にもその当時は、メンタル的にも言えないし、こうやってやってるってのが誰かに伝わって、その当時ちょっと考え過ぎだったのかもしんないけど、何らかの妨害に遭う可能性があると思ったから、『絶対、誰にも言わないで進めていこう』って。そう思ったいくつかの理由があって。〔……〕
　こっちはこっちでもう本当にがちがちに証拠固めて、できる限り証拠集めて、はぐらかされたりしないようにしなきゃって思いもある。（４ａ）

　個人特定遺骨のリストには、「（１）発掘・発見等された時期（２）発掘・発見等された場所（３）性別（４）年齢（５）副葬品（６）その他参考事項」の項目が書かれている。

　該当の可能性がある四九人の家系図と除籍謄本をもとに一人ひとり確認申請する手続きについての説明が、何度も「誰にも言えない」という思いで補足されている。冒頭で「調べるっていうか〔……〕申請みたいなの出さなきゃいけない」と言われる。つまり確認申請は調べることを必要とする。そして第二段落で、「〔ホームページに〕かぶる人を一生懸命、調べて、それで確認申請を出した」とあり、確認申請のために先祖について「調べる」調査が行われたという分節がわかる。そしてこの調査と申請については「誰にも言えない」。つまり「調べる」と「申請」が対になり、この対を包摂する沈黙がある。

Bさんは遺骨の返還交渉を始めたことを「誰にも言えない」「絶対、誰にも言わないで進めていこう」と思っていたという。実際には語った相手がいたことがのちほど明らかになるので、誰にも言えないという「思い」のほうに意味がありそうだ。その理由は、まずは遺骨をウポポイの慰霊施設に集約することを考えていた北海道大学などからの「妨害に遭う」かもしれないと考えていたからだ(3)。「誰にも言えない」もう一つの理由は、北海道アイヌ協会が遺骨を「ウポポイ〔の慰霊施設〕に全部集めたがっている団体」(4b)だというものだ(4)。この点は第1章の木村さんも語っていた。

Bさんの語りは、「感じる(感じ)」「思う(思い)」「考える(考え)」という認識をめぐる三つの動詞がゆるやかに使い分けられている(もちろん即興での使い分けであるから、はっきりしない場面もある)。ここでは「思う」が四回登場して目立つが、「下手に動けないって思った」というように状況や出来事に没入して強い感情を伴う思考について、「思い」は使われる。

これに対し、「SKが該当しましたっていう感じ」は、ことがらに対して距離をおいて現在から振り返って様子を記述している。「考え過ぎ」で登場する「考え」は、のちほど意味がはっきりしてくる。いずれにしてもBさんが語られた状況に対してどのような視点と距離から語っているのかの遠近法を動詞の選択は表現している。「調べる」「申請する」「誰にも言えない」という行為の分節と、「感じる」「思う」「考える」という視点の分節が、語りを構造化している。

さらに、時間的な分節もある。Bさんは「一生懸命」調べるのだが、Bさんは自分自身についての

「一生懸命」という言葉を、次のステップに行くために必要な活動の場面で用いている。「どき」という気づきで大きな節目が生じて当事者となったあと「一生懸命」動くことで応答している。

「がちがちに証拠固めて」というのは証拠を「できる限り」集めることであると同時に、「誰にも言えない」と感じたBさん自身の緊張感を表現している。「誰にも言えない」がゆえに「がちがちに」証拠を固めたのである。妨害を恐れて強いられたがちがちの調査と、沈黙とは連動しているのだ。

「誰にも言えない」というのは周囲の人への思いだが、問題の相手方である北大に対しては別の思いがある。次の語りでは北大とのやりとりが話題となる。

村上　最初に北大がその広報を出したときに、分かんなかったわけですよね、四九人調べられたんで。だから誰だか分かんないけれども、先祖、誰かがいるかもしれないということで。その思いってどういう思い？

Bさん　そんな落ち着いた感じではなかったですよね。「該当ありました」、「該当ありませんでした」ってそういうやりとりなんですけど、どっちの返事来てもすっきりしないっていうか。どっちの返事が来ても良くない知らせっていう感じ？　「該当ありませんでした」って言われたら、本当に該当がなかったのか、あるいは何かうそをついているのか。あるいは北大じゃ分からないレベルの物事だったのかって。全部、疑って掛かっちゃうような状態になってたんですよね。何せその北大のほうからクリアな情報を出してこないから。

ずっと思ってたんです、俺。『名前とか最初から全部、出しちゃえばいいのに、個人特定遺骨は』。これは賛否両論あるんだけど。俺はもう全部出すべきだとずっと思ってる。そんな隠したりしなければ、こんなに北大に対して疑心暗鬼になることもないし、北大のやってることに対して不満っていうか、『そのやり方は間違ってるんじゃないか』と思うこともここまでなかったんです。

　でも、本当、「今生きてる人のプライバシーに配慮して亡くなった方の名前出しません」っていう、そこにその当時はすごい矛盾を感じてた。矛盾っていうか。例えばＳＫと名前が公表されてたとして、それでじゃあ「Ｓって名字の、今生きてる人たちが、自分がアイヌだって周りから見られるとかっていう可能性があるのでその名前は公表できないんです」っていうことだったんだけど。

　確かに言われてみればそういうことあるかもしれないけど、でもはっきりとこうだって言えないけど、『そんなもん絶対間違ってる』って、そういう思いが強かったです。それだったら、もうどこの何でも名前出しちゃいけない。〔……〕『どこで誰が、われわれが何をやっても名前出せない民族になっちゃうじゃん』っていう思いがあって。

　あとは、そういうのもあって、北大は「遺骨返しますよ」って言ってるんだけど『全く返す気のない制度を作って運用してるんだな』っていうふうにすごく感じた。〔……〕そんな感じでしたね。ちょっと思い出さないとしゃべれないね。（５）

　遺骨の有無を問う切迫した調査だが、大学からの回答が肯定・否定どちらであってもＢさんにとってはネガティブな意味を持つ。そして遺骨を盗掘し保管している北大に対して「全部、疑って掛かる」と不信感を持っている。

氏名を伏せた遺骨の確認が非常に困難であるためにBさんは不信感をつのらせている。公表することがアウティングになるからというのが北大の言い分だ。アイヌの当事者が自らの出自について沈黙を守らざるをえない状況と、北大が名前を隠すことは裏表の関係にある。差別が存在するがゆえに当事者は自分の出自を隠して「名前を出せない民族」となり、アウティングとして非難されることを恐れる北大も氏名を出せないのだ。しかしそもそものような差別意識があるがゆえに遺骨の盗掘は行われた。つまり北大の研究者自身の差別意識の結果として起きた盗掘である。

アイヌであることを公にすることができない社会状況を肯定し強化することが、Bさんには「矛盾」と感じられている。同時にBさんの語りにはアイヌの出自を隠して生きている人たちが複数登場することもあって両義的である。とはいえ、「そんなもん絶対間違ってる」という強い「思い」は、実際に多くの人が隠して生きていることを強いられるがゆえに生まれている。「出すべきだとずっと思ってる」「『間違ってるんじゃないか』と思う」「『名前出せない民族になっちゃうじゃん』っていう思い」の「思い」は巻き込まれた強い感情を示している。名字を明かすことが二次被害になってしまうような社会のあり方そのものに対しての怒りである。

Bさんの語りでは、さまざまな話題が、「ちょっと思い出さないとしゃべれないね」というように、はじめは忘却されており、次第に明るみに出ていく。潜在的であいまいだったことがらが、だんだんと具体化していく。初めに「どき」と語られたリスト公開の場面の具体的な様子はしばらく経ってから「え？」と言い換えられつつ語り直された。

村上　どうして名前も当時、誰だか分からない自分の先祖が、北大に骨が奪われてるかもしれないってことを探そうって思ったのか。もしかしたら、ないかもしれないですよね。でも探そうと思われたっていう強い動機があったと思う。

Bさん　なんでだったろうね。とにかく「上貫別」っていうのを〔北大のリストで〕見て、『え？』ってなったっていうところから。でもその後、何日間か確かに悩んだ記憶があるんです。やるかやらないかって。でも、『どうしようどうしよう』と思ってたんだけど、体は勝手にやる方向に動いちゃって。『取りあえず除籍簿、出しに行こう』、みたいな。『どうしようどうしよう』って思いながら、もう新冠町とか静内町とかの役所とか行って。結果としてやっちゃったみたいな。心より体が先に動いてましたね。

それで「誰にも言わなかった」って言ってるけど、実はちょっと違くて。何人かにだけ相談したんです。(6)

上貫別という地域の遺骨があると通知が出た場面について「え？」と驚きの間投詞が入れられる。冒頭の引用の「どき」と同じ場面であり、Bさんにとって大きな転機となった場面である。「どうしようどうしよう」と思ったと二度「思い」が繰り返され、この「え？」が大きな転機であったことが強調されている。

Bさんは祖父母が住んでいた場所の個人特定遺骨が発見されたという告知を見て「え？」となる。「なんでだったろうね」とはじめは理由が思い出せず、「体は勝手にやる方向に動いちゃって」、「結果としてやっちゃった」というように思いが言葉にならないまま突き動かされている。だが語っているうちに、遺骨返還へと突き動かされた背景の「思い」も思い出されてくる。衝動的な行動なのだが、しかし行動を準備する状況は蓄積していたのだ。

そしてＢさんは個人特定遺骨のリストを見たとき、「コタンの会」を組織し遺骨返還裁判を提訴したＹさんをはじめとする三人の人物に最初に相談した。「誰にも言えない」という強い思いと同時に、事実としては相談できる仲間もいたことになる。

1-2 「そんな昔のことはもう関わりたくないから」――遺骨返還と遺族

Ｂさんは道庁の文書館に通って資料をあつめて祖先の足跡をたどりながら家系図を作り、除籍謄本をとりよせていく。除籍謄本を申請した新冠町は御料牧場が作られた地であり、新冠町から上貫別へと強制移住が行われた。広い北海道で複数の役所をめぐって戸籍をとっていく労力は大変なものだ。「誰にも言えない」と考えた理由は、北大による妨害だけでなくＢさんを取り巻くアイヌが置かれた状況にも由来する。このことは個人特定遺骨が匿名で告知されたことと関わる。

Bさん　あとは除籍謄本をとにかく出しまくって。遠い親戚なんだけど何か知ってそうな人に会いに行って。そこだけは事情、説明して、ああだこうだ。でもそれは全然なんもなかったですけど、収穫は。今生きてる人からは何もほとんどヒントはなかったけど。みんな「そんな昔のことはもう関わりたくないから」みたいな感じで。『まあそうだよな』と思いながら、会っては別れ、会っては別れ、みたいな感じのことをやってたんです。（４ｂ）

アイヌの出自を持つ人たち自身、アイヌの問題とは関わりたくはない。隠して生きざるをえなかった歴史がある。遺骨の子孫を探索するBさんはそれゆえ無理を押して「ああだこうだ」と説明する必要に迫られる。遺骨が起点となって沈黙が浮かびあがり、沈黙が支配している場所に無理やり言葉を生み出すのだ。

遺骨の情報については、沈黙が支配しているがゆえに「今生きてる人からは何もほとんどヒントはなかった」。「「そんな昔のことはもう関わりたくないから」みたいな感じ」とBさんが振り返っている、アイヌに関わることをアイヌ自身が拒絶することそのものがアイヌの歴史を示す。親は伝承せず、子どもも先祖＝出自には関わりたくないのだ。

こうして「会っては別れ、会っては別れ」と、Bさんは沈黙するアイヌからはじかれて孤立していく。沈黙と並んで、孤立・孤独が語り全体を貫くモチーフとなる。沈黙も孤立もいくつかの種類があることをこれから見ていく。Bさんは和人からだけでなくアイヌの親戚からも孤立していく。言葉を作り出すBさんは、「アイヌ」という言葉を拒み沈黙を貫く人たちに拒絶されて孤立する。

Bさん　〔SKの直接の子孫のS2さんに連絡を試み〕その後また、いや、一回じゃこんな話、信じてもらえるわけがないと思って、「一回、会いに行って直接、説明差し上げたい」って言ったんだけど、「考えとくわ」って、電話を切った後、全然、連絡取れなくなっちゃって。「ああ」ってなって。

そんなふうな、今生きてる人探しをしてたんです。なんでかっていうと、SKって、その返してもらうSKは俺の直系のご先祖さんじゃないんです。〔……〕だから、その直系の子孫の人たちにちゃんと言わなきゃと思ってたんです。ずっと。それでようやく見つけて連絡したけど、そうやって駄目になっちゃって。仕方がないっていうか。

それで他にも誰かいないかってずっと探してて。そのときも、生きてる人探しだから、生きてる人に聞かなきゃいけない。でも事情を話せない、「骨を返してもらう件で」って〔言えない〕。だからすごいいろんな、それこそアイヌの知り合いにすごい回りくどく、半ば相手をだますぐらいな罪悪感みたいなの持ちながら、「こうこうこういう人を探してて」みたいなっていうすごい怪しい動きをして。それでも少しずつ足取りがつかめてきて。

それで、今、Ｐ市に住んでる、Ｕさんっていう人がいるんですけど、その人を発見することができた。その人も直系の子孫で。Ｓ２さんが駄目だったから、今度はＵさんに何とか連絡先をゲットして、直接、突然電話して、「こうこうこういうことで」って。その方、会ってくれたんです。会って、「ああだこうだ、わー」って説明して。そのときちょうど「ＳＫの遺骨があります」って入ってきた直後だったかな。そうだよね。入ってきてＳＫだって分かって、自分の直系じゃないってなったから、一生懸命、人探しに走ったんだけど。それで、その方が話をすごい聴いてくれて。

ただ、「全く協力はできない。もう年も年だし、それこそアイヌだなんて隠して暮らしてるわけだから、子どもたちにもそのこと言えないし、だから、一切、協力はできないけど、何を言ってもあなたやめないでしょう？」みたいな感じで。「だから、やりなさい」みたいな感じで、一応、了承いただいて。それでようやく返還請求っていう段階に行った。それまでは確認請求をして、「あなた該当しますよ」って来て、返還請求をするまでの間にそうやって一生懸命、リアルな人探しをしてたんですよ。(8)

さきほど「調べる」ことと「申請」・「請求」することを分けた。そのときは調べることは除籍謄本や資料を調べることを指していたのだが、ここで「生きてる人探し」という具体的な活動になる。「人探し」は、遺骨返還請求という次のステップに進むために必要な「一生懸命」の動きである。

遺骨の子孫にも「でも事情を話せない」と、逆説的だが遺骨については「誰にも言えない」状況が続いている。遺骨は子孫に説明する言葉をBさんに強いるのだが、同時に沈黙を強いる鍵として機能している。言葉で名指されないブラックホールである遺骨をめぐって、沈黙と言葉と動きが生じている。

「言えない」のは、遺骨という事実の外側にいる人たちに対してだけではない。遺骨の「直系の子孫」には「言わなきゃ」と思っていたのだが、同時に遺骨そのものについては直系の子孫を探し当てるまで語ることができないのだ。ここでは沈黙の要請と、言葉の要請とが、遺骨との関係をめぐって複雑に絡み合っている。「ああだこうだ」と間接的でまどろっこしい説明になるのは、まさに遺骨そのものについては沈黙しないといけないからだ。

それゆえに直系の子孫を発見したときの「「ああだこうだ、わー」って説明して」という言葉の過剰は、外部の人には「誰にも言えない」沈黙とコントラストをなすと同時に、親戚であっても言葉を聴いてもらえないという孤立の裏返しでもある。アイヌをめぐる問題に関わることに抵抗を持つ沈黙した人たちをこじ開けるために、「ああだこうだ」と説明するのだ。

Bさんの言葉を受け入れて聴いてくれた人であっても、再度沈黙が登場する。アイヌの出自を公にせずに暮らしている人は多いと言われる。「アイヌだなんて隠して暮らしてるわけだから、子どもたちにもそのこと言えないし」、誰にも語ることはない。Uさんの子どもは自分がアイヌの出自を持つことを知らない。この言葉は、Bさんと会うことも拒絶した子孫の言葉も代弁している。隠している以上アイヌに関わることは拒むのだ。さらにその人の先祖の遺骨を探索しているというのは隠さないといけない秘密でもある。沈黙が支配する環境の中で、Bさんは言葉を見出そうとするのである。

1-3　家族の反応

Bさんは実は遠戚の直系子孫を探す前に身近な家族に打ち明けていた。Bさんの語りは、近い過去から思い出されて次第に時系列を遡っていく。次第に思い出されてきているので、この場面も最後に「思い出してきた」と語る。雪だるま式に想起がだんだんと充実していくのだ。

「誰にも言えない」という思いは、家族と直系子孫には「言わなきゃ」という思いとのあいだで緊張関係にある。

村上　ずっと探されてる間にご家族には誰にも言わなかったっていう……。

Bさん　どっかのタイミングでずっと言わなきゃと思ってたんですよ。それで、最初一人目の確認請求？　確認申請をした後にちょうど年を越して、元旦に言ったんです。母さんときょうだいだけ、どうしても、孫とか、おいっ子めいっ子たくさん、みんな母さん所に集まるんだけど、「一日だけこの家族だけで時間つくってね」って言って、「こういうことやってます」って。そのときようやく話した。

反応は、非常に残念な反応だったけどね。「何それ、意味分かんない。何やってんの？」みたいな。母さんとかは、「あんたやめなさい、そんな」、みたいな感じだったから。でも『そうなるだろうな』とは思ってたから。「そんなこと言われてもやめませんけどね」っていう感じで。「でも取りあえず言ったは言ったから」って。そのときはとにかく絶対反対されると思ってたから。「何をそんな、骨を返してもらうとか訳分かんない」ってね。だから、でも取りあえず、「こういうことをやってるってちゃんと伝えましたから」っていう、そういうエビデンス作りみたいな、そんな気持ちで確かに挑んでたんです。案の定そんな感じで。

ただ、「あんたが何やってるか私たちはさっぱり分かんないけど」、でも、さっきのUさんと同じみたいな感じで、「どうせ言ってもやめないんでしょ？」みたいな。「やれば？」みたいな感じでしたね。

だんだん整理できてきた。時系列で。人に話したのは最初にY先生たち三人でしょう？　その後、〔確認申請を始めたときに〕家族にそうやって言って。その後、〔確認ができたときに〕直系子孫を探して、会って話、してという感じだね。思い出してきた。（10a）

Bさんは距離を示す「感じ」という言葉づかいを多用しながら冷静に振り返っている。「あんたやめなさい」という拒絶と、「やれば？」という容認が連動する。アイヌの権利回復に関わってきた多くの当事者は、さまざまな仕方で和人とアイヌ双方からの反対や邪魔に遭ってきた。Bさんはここでも「どうせ言ってもやめないんでしょ？」と一応の許可を得る。アイヌに関わることを拒み沈黙する家族・親戚と、アイヌの歴史を可視化・言語化しようとするBさんとのぎりぎりの妥協点であろう。この妥協の結果、Bさんは孤独になり、そして周りからの拒絶をバネにしてさらに探索を続ける。

時系列の順序としては、この場面の家族の拒絶と容認があったのちに、先ほど引用した直系子孫たちの拒絶と容認が続く。親族のコミュニティから孤立しつつ、Bさんは自分の行動の自由は手に入れていくのだ。これらのプロセスを話しながらだんだんと「思い出してきた」とBさんは確認する。先ほどの語りの直後でBさんは次のようにまとめた。これが初めに「誰にも言えない」と思ったことの最終的な理由となる。

Bさん　やっぱりみんなアイヌなんて隠して生きてるんすよ。だから、そんなことを、そういう生き方してる人たちに対して、こんな話できないですよね、普通。これ以外も、あらゆるアイヌの話をしないじゃないですか。思い出してきた。（10b）

通奏低音として「アイヌなんて隠して生きてる」という沈黙がある。初めに遺骨返還を相談した三人の知人との交流も二〇〇七年に始まり、そのとき家族とのある「事故」が起き、Bさんは沈黙を決意する。二〇〇七年の経験が一〇年後の二〇一七年に遺骨返還交渉をめぐる沈黙の経験として回帰しているのだ。次の節では、二〇〇七年ごろ、遺骨返還裁判の準備が始まり、Bさんがアイヌ当事者として活動し始めたころの記憶をとりあげる。「誰にも言えない」と確信を得た理由が詳しく展開される。

2　二〇〇七―二〇〇八年、先住民族サミットと遺骨返還訴訟をめぐって

2-1　家族との「事故」

前の引用で「思い出してきた」と語った、家族がアイヌを話題にしない理由は、続く語りでさらに明瞭になっていく。次のエピソードの最後も「今、思い出した」と締めくくられる。だんだんとクリアに思い出してきてから浮かびあがった場面はどれもBさんにとって大事な場面だ。家族の容認を得た先ほどの場面は、続けて思い出された一〇年さかのぼる二〇〇七年の出来事にかかわる。

Bさんが遺骨返還交渉を始める直接の背景にあるのは二〇〇七、八年ごろ北海道で行われた先住民族サミットにかかわる前後の経験である。第2節はこの時期について論じる。この時期は沈黙ではなくアイヌであることについて「言いふらして」回る言葉の過剰が前景に立つ。この「アイヌな活動」をめぐって起きた出来事をBさんは「事故」という言葉で語った。

Bさん　二五ぐらいの頃に一回、事故を起こしたことが、そういう、言ったことで。俺がそのとき、「うちはアイヌでどうのこうの」って話をきょうだいとして、そのとき、アイヌな活動してたんですよ。先住民族サミット、二〇〇七年ぐらいの〔開催は二〇〇八年〕、サポーターみたいなのをやってたんですね。ボランティアスタッフみたいな。それで、「そんなことをやってて」とか、それは家族にすごい話してた。いろんな人に話してたんですね。（11ａ）

先住民族サミットで「アイヌな活動」をすることについてBさんは「すごい話してた。いろんな人に話してた」。沈黙ではなく言葉の過剰である。

このようなアイヌをめぐる言葉が家族内にたくさんあるという背景のもとで、あるときBさんの姉が、家族で外食をしていたときに隣のテーブルの見ず知らずの旅行者にアイヌであることをあかした。

> **Bさん**　言ったんだって。「うちも実は、アイヌなんですよ」って。〔隣席の人が〕「かっこいい」って言ったからでしょうね。したら、旦那さんは和人。その旦那さんが、「いや違いますよ」って、「うちは一切関係ありません」って言ったんですって。それで、そこでもう大げんかが始まっちゃったらしくて。〔……〕
> 〔Bさんの住む実家に子どもを連れてきて〕「もう離婚する」、みたいになって。「どうしたの？」って聞いたら、そういう話があった。『はっ』て、そのときに、『はあ、やっちゃったな』みたいな。『そうやって俺がアイヌがどうとか言って、言いふらして回ったからそういうことになったんだな』と思ったんです。〔……〕だから、それからはもう『家族内でアイヌに関する話はもうやめよう』って思ったのを、今、思い出した。（11b）

「家族に〔先住民族サミットのことを〕すごい話してた。いろんな人に話してた」というのは、遺骨について「誰にも言えない」と感じていたことと対照的である。姉が離婚するという「事故」が大きなきっかけとなり、「言いふらして回った」という言葉の過剰から沈黙へとBさんは転じる。姉の夫の「うちは一切〔アイヌと〕関係ありません」という否認は、夫自身が暗に持つ差別意識であるとともに社会に差別が蔓延していることを恐れたものだろう。

「はっ」という驚きの間投詞とともに、転機が訪れる。周囲の当事者や家族が沈黙するだけでなく、Bさん自身も「家族内でアイヌに関する話はもうやめよう」と沈黙を余儀なくされる。驚きを表現する二つの間投詞が二つの転機を示す。二〇一七年に個人特定遺骨のリストを見て「どき」となり「誰にも言えない」まま遺骨を探し始め、沈黙の中で言葉を準備していった。その一〇年前には、『はっ』と生じた饒舌から沈黙への転換があった。沈黙はのちほど子ども時代の回想に再び登場する。出自を隠して沈黙していることが通奏低音となっているのだが、その中で言葉と沈黙の対比法が生じる。

村上　でも、お姉さんも、ご自身がアイヌに出自があるっていうことに対してポジティブだったわけですよね。もともと。Bさんがそういうふうにサポーターの活動をされるって。

Bさん　ポジティブではなかったと思いますよ。ずっと。ポジティブじゃなかったところに俺が、先住民族サミットであやってこうやってって、もしかしたら明るめの話を持ってきたじゃないですか。だからそこでポジティブに転じたんじゃない？　ってのを、すぐまた、ネガ〔ティブ〕に戻っちゃうんだけど。

だって、ポジティブだったら、アイヌを隠してなんて生きないから。みんな隠してるつもりはないのかもしんないっすけどね。（12ａ）

先ほどの二〇一七年の「アイヌなんて隠して生きてる」に続いて二〇〇七年のこの場面でも「ポジティブだったら、アイヌを隠してなんて生きない」と繰り返された。出自を隠すことは、意識すらしていない身振りなのかもしれない。ここでも通奏低音としての沈黙というモチーフが繰り返されている。

先住民族サミットも、遺骨返還交渉も、アイヌの出自や状況が隠されている中で、あるいは隠していることすら意識していない中であえて強く声をあげる試みである。沈黙と声とのコントラストが語りの中では繰り返される。この「事故」はアイヌについて語ってはいけないとBさんに意識させる理由となる。沈黙と言葉のコントラストが二〇〇七年と二〇一七年で繰り返されている。

2-2　遺骨返還運動の仲間

ところで二〇〇七年と二〇一七年をつなぐ糸は、アイヌについてポジティブに語りうる仲間の存在だ。とくに二〇〇七年当時すでに遺骨返還のための活動をしていた人たちの存在がある。障害者の福祉施設で働いていたときの場面だ。

Bさん　さっきのT先生が来て、山積みの大量の紙の資料を全部〔パソコンに〕打ち込んでほしいっていう依頼が来た。それがアイヌ〔民族〕共有財産裁判の記録書類だったの。〔……〕雑談してたときに、「そういえば俺も母方がアイヌなんですよ」って言って。そしたら話が盛り上がって。（13a）

アイヌについて肯定的な環境を手にしたときにBさんは語り始める。言葉が生まれるための安全な環境が、確保できるかどうかということがBさんの語りでは一貫して問題になっている。

Bさん　役員の一人がそれを聞いてて、「アイヌの話、してるの？」って近寄ってきて。「そうですよ」って。「なんで？」みたいな、聞いてくる。「俺がアイヌだからですけど」って言ったら、

「そうなの？」ってなって。「ぜひ手伝ってほしい」って言われて。先住民族サミットの実行委員の人だったんですね。Sさんっていうんだけど。先住民族サミットに参加することになったという回りくどい経緯。それで、「先住民族サミットやってきた」って姉に言ったら、けんかになって離婚した。それで、もう俺の浮かれたアイヌアイヌは終わった。本当一年ぐらい。（13ｂ）

二〇〇七年から二〇〇八年にかけて振り返って、アイヌをめぐって言葉を過剰に発したことを「俺の浮かれたアイヌアイヌ」と形容している。姉の離婚の場面で決意した沈黙の背景には、アイヌについての言葉があふれた状況があったのだ。そして二〇一七年に沈黙が支配する環境の中で遺骨の探索を可能にしたのが二〇〇七年に語り合った仲間たちのサポートである。Ｂさんは匿名の遺骨の返還運動にこのときは支援者の一人として関わり始めていたのだった。

Bさん　俺は俺で、も、〔T先生と共に活動していた〕Y先生のやることはできる限り俺も手伝いたいっていう思いがあったから、すごい尊敬してる人なんでね。だから一緒になってくっついてって、いろんな手伝いをして、遺骨問題というところにはそういうところに最初関わっていたんです。

さっきもそれで、ああだこうだ、それは個人特定遺骨の個人に返還じゃなくて、ある意味、集団っていうか、俺が誰とかも分からない状態で、とにかく返してもらうっていう。集団が集団に返されるあれだったんだけど。

思い出してきた。二〇一七年九月一日に個人特定遺骨の表を見たときに、『まさか自分がこっ

ち側の立場になるなんて』みたいな。そんな気持ちもあったんです。（16ｂ）

「思い出してきた」というこの瞬間に、インタビュー冒頭ではあいまいだった個人特定遺骨のリストを見た瞬間に受けた衝撃の内実が鮮明に思い出されることになる。リストに上貫別という地名を見つけたときの「どき」と驚いた瞬間は、アイヌ遺骨返還運動の支援者として活動してきたＢさんが「まさか自分がこっち側の立場になるなんて」と突然当事者になった瞬間だったのだ。Ｂさん個人の記憶の中で潜在性から顕在化すると同時に、埋もれてきた過去が潜在性から現在へと浮かび上がる。

3　最初の記憶、一九八〇年代後半──沈黙するアイヌ

3-1　最初の記憶

二〇〇七年の家族との「事故」の背景にはさらに遡って子どもの頃の出来事が隠れている。次の場面は二〇〇七年から二〇年ほど遡って一九八〇年代後半の出来事だ。

Ｂさん　ただ、「うちはアイヌです」なんて誰も言わないですよね。生きてる上で。俺は、『ずっとこれ隠して生きてかなきゃ』って、ちっちゃい頃に思ったんすよ。それがじゃあ、理由が覚えてないんすよね。本当、小学校低学年。小学校一年とか、あるいは小学校、入る前ぐらいの頃に、家の中で多分テレビかなんかでアイヌに関するなんかやってて。そのときに、「うちもアイヌだからね」みたいなことを母さんか誰かが言って、そのときの空気っていうか、雰囲気がすご

い重たくて。『「うちがアイヌ」っていうのは駄目なんだ』みたいな。そんな思った記憶が、それだけその記憶だけがあって。

　小学校入ってからも、もちろん「うちがアイヌだ」なんて言う機会もないし、言わないですずっと成立していくじゃないですか、暮らしが。で、やってたんだけど、小学校三年ぐらいから、社会の授業で、「私たちの札幌」って、そういう地元の歴史みたいなのやるじゃないですか。そこでちょこちょこ出てくるんですよね。アイヌ民族に関することが。そのときはもう、『ばれたらやばい』と思って、こうやって顔隠して、『早くこの授業終われ』みたいな感じで過ごしてた記憶はある。それぐらいに隠してかなきゃいけないということではあったんです。

　大人になって、「遺骨を返してもらうからね」って話をした後に、きょうだいともそういう話、したことがあって。他のきょうだいも「そこまで思って生きてなかった」って言ってますけどね。俺だけが極度におびえてたのかもしんないし、分かんない。

　それで、小学校終わって中学校入って、そういう授業もなくなって。中学校の頃は特にあんま考えてなかった。高校、上がったときぐらいから、『もうそんなことを考えて生きていくのやめよう』って思った。『日本人だ、俺』って思って。『もう日本人だからそこに悩む時間、リソース割くのやめよう』と思って。ああって暮らしてって。高校卒業して。専門学校入って、出て。大人になって就職。

　仕事してっていう中で、さっき言った二五のときに、これも全然覚えてないんですけど、友達が高校の頃一人亡くなってて。お墓参りに行ったんですよね。一人で。そのとき、一人で行ったから、一人で行って。途中でマック買って。そのお墓の前で一人で食べてぼーっと空見てたんですけどね。そのときに、『もうそろそろそれをやめよう』と思った。日本人だっていう、ある意味、『自分にうそついて生きるのやめよう』みたいな、なんか思って。それで、そのとき働いてた職場で、ちょうどさっき言ったT先生って人がやってきて。（12ｂ）

Ｂさんは「隠して生きてかなきゃ」と思った「理由が覚えてない」。「理由」は語りながら次第に明らかになる。二〇〇七年の姉の離婚は「うちも実はアイヌ」と言ったことから起きた。遡って子どもの頃を語るときに「「うちはアイヌです」なんて誰も言わない」という真逆の状況から話題が始まる。

子どものときには、「どき」や「え?」という間投詞のショックがない。静かな通奏低音となる沈黙の「空気」「雰囲気」の重さとして「「うちがアイヌ」っていうのは駄目なんだ」「隠してかなきゃ」と思っている。「空気」や「雰囲気」という暗黙の圧力として、沈黙が強いられる。年表的にはこの沈黙がＢさんの出発点である。「『ばれたらやばい』と思って」顔を隠すという身振りは、「アイヌとしての誇りを持って」としばしば語られる言説の背景にある実情を示すだろう。

Ｂさんは子ども時代に「うちはアイヌ」「うちもアイヌ」「うちがアイヌ」と出自を語ることをめぐって逡巡したあとに、高校生のときに「日本人だ、俺」といったんは出自を否定する。アイヌについて考えるか否かが問われている。「考えて」とＢさんが語る場面はインタビューの中で何度かあったが、多くが自分自身とルーツとの関係について沈思黙考する場面である。

しかし二〇〇七年、二五歳のときに「うそついて生きるのやめよう」と、自身がアイヌであることを明確に意識する。高校生の頃に亡くなった友人が墓参りの場面で回想されている。遺骨問題も含めて死者によってＢさんの行動は駆動されている。死者がＢさん自身のルーツ、自分は何者なのかという問いを惹起しているかのようだ。そして「〔友人の墓参りに〕一人で行ったから」と、仲間がいるけれども孤独でもある行動も繰り返される。

母がBさんに打ち明ける場面での「うちもアイヌ」は、二〇〇七年に姉が「うちも実はアイヌ」と語ったのと同じ言葉だ。姉の告白は姉の夫から即座に否定されることで、母の告白は沈黙が支配することで、「出自を明かしてはいけない」という命令としてBさんに働くことになる。Bさんの語りを貫くラインの一つは「沈黙」だが、もう一つは「うちもアイヌ」という出自についての問いかけであろう。この二つの線の絡み合いが語り全体の骨格をなしている。

Bさんは次第にアイヌそしてBさん自身に覆いかぶさる沈黙への圧力を明晰にしていき、「俺は、『ずっとこれ隠して生きてかなきゃ』って、ちっちゃい頃に思った」と語った。語りは遺骨返還の交渉をしている現在から、二〇一七年に個人特定遺骨が発表された場面、そして二〇〇七、八年の先住民族サミットの頃へと遡り、最後に一九八〇年代後半の子どもの時期にいたる。つまり近い過去の記憶を回想する中で、だんだんとその中に含まれていた遠い過去の沈黙の記憶が呼び覚まされていっている。

Bさんは子どもの頃に「隠して生きてかなきゃ」と思った理由を語ったその流れで、二〇〇七年、二五歳という年齢に触れる。そして二〇一七年からの遺骨返還交渉のときの家族との会話にも触れる。子どもの頃のエピソードと、二〇〇七年からのアイヌ当事者としての活動、そして二〇一七年からの遺骨返還交渉が、内容は非連続であるにもかかわらずBさんにとっては連続している。小学生のBさんがおびえていたことと、大人になってから積極的にアイヌとして活動し始めるという大きな振れ幅は合わせ鏡になっている。これらが連続している先には、「うちはアイヌ」「日本人だ、俺」という出自をめぐる問いがある。

二〇一七年に遺骨返還の交渉を始めたことを打ち明けたときには、「他のきょうだいも「そこまで思って生きてなかった」って言ってますけどね。俺だけが極度におびえてたのかもしんない」と語る。つまり子どもの頃とは立場が逆転している。おびえていたBさんが遺骨の返還とアイヌの出自にこだわり、言葉を発する。おびえていなかったはずの家族はアイヌであることを隠し沈黙して生きる。どちらの場合も差別と困難を意味する出自をめぐっての深刻な応答である。同じ傷をめぐって多様な応答の仕方がありうるのであってアイヌとして一つの生き方があるわけではないということでもある。

3-2　出自をめぐる沈黙

Bさんの場合、強いられる沈黙という通奏低音が子ども時代から横たわる。「うちもアイヌ」という出自をめぐるアイデンティティと、アイヌについて沈黙しないといけないという暗黙の圧力はダブルバインドのメッセージとなっている。

村上　Bさん、すごいちっちゃい頃から、ご自身がアイヌ、お母さんの血筋がアイヌの血筋だってご存じだったわけなんですね。いつ頃からとか。

Bさん　さっき言ったとおり、家でアイヌの話が出てどんよりしたとき。

村上　その瞬間なんだ。

Bさん　そう。それが何の話だったとか全然、覚えてないっすけど。ただ、よくよくP市のばあちゃんちに夏休みとか冬休みとか春休みとか、割とすごい長い期間遊びに行ってたんですよね。

俺だけ。なんでか。あすこにいてそれを肌で感じていたのかもしれないし。でもうちのばあちゃんちだって、みんなそんなアイヌのアの字もどこからも出てこない、もう、家庭だったから。ただ顔はみんなアイヌだけどね。さっき言ったY先生とかも、たまに遊びに来て、俺がちっちゃい頃なんか、わーっと、わしゃわしゃみたいな感じのこともあったから、そういう環境にいたのもあったから肌で感じてたのもあるんでしょうね。きっとね。（16ａ）

「さっき言ったとおり、家でアイヌの話が出てどんよりしたとき」にアイヌの話題がタブーであることが沈黙によって明かされたとBさんは語るのだが、すぐにさらに古層の記憶へと遡行する。Bさんはアイヌであった祖母の家に「割とすごい長い期間遊びに行ってたんですよね。俺だけ」と語る。そのときにはアイヌの話題が出ることはなかったが、「肌で感じてた」。つまり、沈黙するアイヌという事態がそのまま伝承されたとも言える。「うちもアイヌ」と母親が語りだしたことは、アイヌについて語ってはいけないということを語りだすことであり、それよりも以前にアイヌについてBさんが「肌で感じてた」沈黙が横たわっているのだ。

4　研究者に対する違和感

4-1　研究者の世代間継承

Bさんは遺骨返還の交渉と同時期に、職場でもアイヌ研究者と間近に接する機会を持つことになる。Bさんは遺骨の盗掘を行ったかつての研究者への怒りを、現代の研究者の研究態度と重ねていた。特権を持っている植民者たる日本人研究者の世代間の連続性があり、その無自覚な部分に対する怒りがある。批判はインタビュー後半で何回か散発的に登場した。

前節までは出自を語るのか語らないのかという言葉をめぐるコントラストが問題だった。ここからは自分が置かれた状況を自覚しているのかいないのかという認識をめぐるコントラストが主題となる。

Bさん　遺骨問題もそうなんだけど、遺骨問題って、その〔児玉作左衛門〕当時の研究があまりにも自由過ぎたっていうか。何のリミットというか、なんもなくて。その研究者という肩書の人たちはもうやりたい放題、好き放題していいっていう状況だったんだなって思うんです。それって恐らく権威主義っていうか、偉い人たちだからその人たちのやることを妨げてはいけないみたいな、そういうのもあったんだろうなと思いますし。

逆に、研究者の人たちの研究するその行動の原動力は、その行動の根底には恐らく好奇心がまずあるんだろうなと思う。でも、本当にただの好奇心で。それがやっていいことか悪いことかとか、そういったものもそこに合わさって存在する権威によって全部、流されちゃって、やりたい放題、暴走状態。もう、子どもが遊んでるのと同じような感覚なんだろうなとは思うようにはなりましたね。(26)

Bさんは、かつて遺骨盗掘に関わった研究者と、自分が接した現代のアイヌ研究者とを並べている。そのため引用の前半は過去形だが、後半は現在形なのだ。研究者は「やりたい放題」できる。それは権威を持つからであるし、それゆえに倫理的な制限をかけられていないからだ。「やりたい放題」できる万能感の背景には、権威を保証する植民地化の権力・暴力がある。植民した日本人が、収奪の被害者であり差別されているアイヌを研究する。しかしBさんによると研究者個人の原動力は子どもと同じ「本当にただの好奇心」であるという。つまり好奇心を可能にする権威、自分が背負っている権威・権力について無自覚だというのだ。[5]

先ほどの語りでは、時制の使い分けで過去の研究者と現在の研究者を同一視していることが暗示されるだけだったが、次ではっきりと継承されていると語る。

> **Bさん**　そりゃ遺骨問題だとは言ったけど、今もそれ続いてるなって。その理由はさっき言ったように、「〔昔の研究者と私たちを〕十把ひとからげにしないで」と〔ある研究者に言われたことがあるけれど〕、「今の研究者は昔の研究者と違う」っていう感覚が今の彼らにはあると思うので。それってでも間違いなんですよね。俺が何世代も前のご先祖さんからつながって今の俺がいるのと同じで、研究者だって何世代も前の研究者からずっとつながってきてるはずでしょ？　そこを認識、理解しないで、「十把ひとからげにしないでほしい」なんてよく言えたもんだなって。ちょっとなんか怒りが。(27)

Bさんはある会合で、研究者から「遺骨問題を起こした過去の研究者と私たちを同一視しないでほしい」というようなことを言われたことがある。これに対して反発している。

過去の研究者による遺骨の盗掘は、好奇心本位で研究する現代の研究者と連続している。研究者コミュニティの思考様式の世代間継承があり、過去の研究者が起こした遺骨盗掘の問題は現在の研究者に連続している。Bさんがアイヌの困難の歴史を継承しているのと同じように、研究者は好奇心本位の「だらしない」ありかたを継承している。伺いながら、私自身たしかに興味が先に立って研究を続けてきたことに思いいたり、批判からまぬがれていないことを意識せざるをえなかった。

4-2　研究者と他の人との関係、立場性

このような過去から現在まで続く研究者の態度には、もう一つ背景となる前提があるという。

　Bさん　遺骨問題の方、少なからずいろんな人、研究者と話をする上ですごく感じたのは、さっき石原さんが言ったとおり、研究者ってみんな同じテーブルに着いて、立場とか関係なく自由に議論、話ができるものだって思い込んでる部分がすごいあると思うんですよね。『それって研究者だけなんじゃないかな』って最近、思ってきたんです。〔……〕

　この社会から形成されてる社会で生きてる以上、何か誰かが言ったときに、それが、その人の置かれてる状況や立場が一切関係なく発言できるとかそもそも幻想だと思うんです。(39)

前の二つの引用では過去の研究者から現在の研究者への、好奇心および特権の無自覚の継承が話題だった。今回の引用では、そのような研究者の在り方の背景にある「〔平等〕幻想」が話題となる。

現代の研究者は、過去の研究者から研究態度も含めて継承しているということを自覚していない。そして自らの背景にある権力・立場性を無視して、誰もが平等であるという幻想を持つ。おそらくこ

の二重の誤謬は、人間は誰でも平等であるという幻想に由来する。

均質な個人を前提としたときには、過去と現在の継承も問題にはならなくなる。まさに人々が「状況や立場が一切関係なく発言できる」という幻想は、自戒も込めて特権を持つマジョリティ集団に典型的な幻想であろう。マジョリティの「立場」を意識できていないときには、マイノリティの人に対して「平等」であるという「幻想」が生じる。そして（ほとんどが和人であり、かつ経済的にも文化資本的にも恵まれた背景を持つ）研究者と、貧困や健康問題を継承し続けるアイヌ当事者の非対称性は、お互いに異なる継承を持つという格差でもあり、言葉を持つ人と沈黙を強いられている人との格差である。

5　無の継承——先祖とBさんのつながり

5-1　文化は学ばない

Bさんが研究者に対して持つ違和感は、研究態度や立場性に対する無自覚についてだけではない。

Bさん　でも、なんか、違和感っていうか、（研究者は）一生懸命アイヌのこと研究してるけど、『俺はそこには含まれてないんだな』っていうのは感じたことなんですよね。それは多分、俺が、いわゆるアイヌ文化の何も持っていないからだなと、それはすぐ分かるんだけど。じゃあそしたら俺は俺で、そこで考えたんですよ。『じゃあ自分が、それこそ本格的なアイヌ文化を何らかの形で学び取って、彼らの注目を浴びるような人間に変わっていけばいいのか』とも思ったし。それも、今まで全くなんもなくて、いまさらそんなことやるなんてできないってい

うのもあり。すごいいろんなことを考えるんですよ。〔……〕

アイヌ文化をどうするか、『アイヌ文化を学ぼうっていうのは、それは今までの自分を否定することになるんじゃないか』みたいな、思ったことがあって。それ嫌だったんすよ。否定したくなかった。だからってのもあるし。俺はそこで学ぶのをやめた。(19)

研究者は「一生懸命アイヌのこと研究してるけど、『俺はそこには含まれてない』」、つまりアイヌ研究が扱う「アイヌ」なるものからアイヌであるBさんは排除されていると感じている[6]（語りの順番としてはこの引用が初めての研究者批判であり、その理由を説明するために前節で引用した批判が登場した）。アイヌ研究の対象からBさんの存在が排除されることは、しかしむしろBさんとアイヌの先祖との接続を強く意識させることになる。

文化研究へと集中しているアイヌ研究からの排除が、逆説的にBさんと「過去の自分」のつながりの重要性に思い至らせる。文化を学ぶことは、アイヌ文化には依存しないで生きてきた「今までの自分を否定することになる」。そこから遺骨をはじめとする「ご先祖さん」たちとの関係に遡行していく。「ご先祖さん」とBさんとのつながりにおいては、文化を学ぶことは意味を持たない。むしろ文化を学ぶことは、生き延びるために文化を継承しなかった「ご先祖さん」との関係や、文化を学ばなかった過去の自分を否定することになる。このような文化を持たない自分と先祖との連続性の自覚は、過去の研究者による遺骨盗掘とアイヌ文化に注力する現代の研究者の倫理的問題との連続性を指摘するための根拠ともなるのだ。文化を継承しないことこそがアイヌの問題の本質になるのであって、アイヌ文化を研究することはアイヌをめぐる問題の本質を見ない態度だということになる。

5-2　強制移住と困窮の隠蔽

文化を継承しないことは過去の世代が生きた状況を具体的に反映している。

Bさん　なんでじゃあそれ、骨を返してもらうことがそんな、これから先の子どもたちの〔ため〕ってなってるかっていうと、上貫別に俺のご先祖さん住んでたって言ったけど、もともとは住んでなかったんですね。もともとは新冠に住んでたのが、強制移住させられて上貫別に行ったんすよね。強制移住した先で骨を持って帰るっていう、何ていうんでしょうね。

村上　移住なんですね。

Bさん　不幸の二段重ねみたいな感じになってて。その強制移住っていうところも、どんどん同時に分かるようになってきたわけですよね。そっちのほうもそういう経験を過去にうちのご先祖さんはみんなしてきてるっていう、それが今の自分たちにも大きな影響を与えてるっていうふうにすごい思うんですよ。（21b）

遺骨の調査をする中で、Ｂさんの先祖が被った困難の歴史についても明らかになってきた。Ｂさんの先祖は、強制的に移住させられ貧困に陥った先でさらに墓を暴かれるという「不幸の二段重ね」を経験したのだ。

この探究は、ある意味ではプロの研究者にはなしえなかった当事者研究とも言えるだろう。研究者が文化研究に集中する中で、アイヌが強いられてきた困難について子孫が探究し継承することは、文化に注力するアイヌ研究へのアンチテーゼとなっている。

Bさん　その遺骨を返してもらうというプロセスの中で、ばあちゃんたちがどうだったのかとか、うちのご先祖さんがどういう暮らしをしてたかって同時に分かってきたって感じなんですよね。だから、変な話、遺骨を返してもらう、それはそうなんだけど、そういういろんな昔のことが分かってきたっていうことのほうが、俺の中では実は大きかったりする。遺骨のことがなかったらこんなに過去を知ることはなかったということでもあるのかもしれない。（23b）

はじめは支援者として、途中からは当事者として関わることになった遺骨返還の運動は、自分自身のルーツについて知る扉となった。遺骨の探索とともに、強制移住をはじめとする一家の過去が「同時に分かってきた」。Bさんの家族の周りに存在したさまざまな沈黙の背景には、語られてこなかった困難の歴史があり、歴史の隠蔽こそが、出発点にある沈黙だ。そして遺骨の発見は、この沈黙を問題として語らせることになる、つまり遺骨こそが過去の探索を駆動する。

村上　昔の強制移住と遺骨の収奪が、Bさんたちの世代に大きな影響があるって、どういうふうに、どんな影響が。

Bさん　まず、大正五年〔一九一六年〕に最終的には〔新冠からの〕強制移住が、なって。でもその前から、明治の、何年からとか細かく分かんないすけど、明治時代から新冠っていう、当時、村が、天皇の御料牧場に新冠の大部分がなったんですね〔一八七二年に牧場設立、一八八四年に宮内省所管、一八八八年に御料牧場になる」。うちのご先祖さんは大体、新冠にいて。ここも天皇の牧場になるから、「おまえらどっか行け」みたいなことが明治時代から起きてて。上貫別に行く前に、新冠の村の中で新冠のアイヌは何度か強制移住させられてるわけですね。(7)

これはちょっと詳しい人に言ってもらわないと分かんないけど、その当時、明治時代から、みんな平等っていうか、士農工商みたいなのがなくなって、みんなそれぞれ平等に生活、経済活動スタートするタイミングだったじゃないですか。そこで、じゃあどうやってみんな豊かになってこうかってしたところ、それはもう作物を作って売るしかなかったでしょ？　要するに田んぼとか畑とかたくさん作って、たくさん収穫して出して、それで利益を得てっていう経済活動がスタートしてたはずなんですよ。

ただ、新冠にいたアイヌはそれができなかったんだと思うんすよ。「おまえらこっちからあっちに行け、あっちからこっちに行け」。でも、そうじゃない周りの和人とか、別の地域の和人とかは、そこからもう経済活動スタートして、豊かさというか、富というか、積み上げてくじゃないすか。

大正五年に上貫別に強制移住させられて、上貫別のなんもない、うっそうとした箇所を木切って倒して、畑起こしてってて、そこからようやくうちのご先祖さんはスタートしたんですよ。(8)すでに明治時代丸々、出遅れてるの。それが後のうちの子孫に、ある意味、経済的な豊かさとかあるいはそうじゃないいろんな豊かさ、心の豊かさとかそういったものを全部ひっくるめて、かなり後れを取ってるんですよ。それが今の自分のうまくいかなさの一つの原因になってると思うんすよね。人のせいにするわけじゃないけど。

さっき言った、これからの子たちが、何かうまくいかなくてつまずいたときに、「もしかしたらこれかもしれない」っていう、「うまくいかない原因はここにあるかもしれないよね」っていうふうに〔次の世代に〕提供できるようにしておかなきゃ、という感じ。（22ａ）

そもそも漁業や狩猟で生活していたかつてのアイヌは、植民地化政策の中で定住させられた上で、さらに土地を奪われ強制移住させられている。つまりここでＢさんが「平等」な出発点に置いている「作物を作って売る」生活それ自体が、実はアイヌの人にとっては日本人によって強制されたものである。

アイヌは「作物を作って売る」活動においても貧しい土地を強制されることでハンディキャップを背負わされてきた。さらに、寒さの厳しい北海道の中での日本人によって持ちこまれた結核などの感染症に苦しみながら植民地化の政策のもとで五〇年にわたって繰り返された強制移住によって、さらに貧しい土地に追いやられている。何重にも強いられた困難の中での生活の歴史がある。「平等な生活」は、そもそもはじめから存在せず、その後も存在したことがない。研究者が持つ平等幻想に続いて、ここでも幻想としての社会状況の平等が話題となっている。マジョリティ側が平等を主張するときには、実は劣悪な条件を強いられて環境から排除された人が存在するということなのだろう。

盗掘されたアイヌ遺骨の返還から始まったＢさんの活動は、アイヌが被ってきた収奪の歴史という、遺骨盗掘を可能にした植民地支配の社会構造へと遡ることになった。この二重の歴史的背景のもとで、Ｂさんの活動が駆動され、さらにはＢさん家族の生活全体の道行きが影響を受けている。

Ｂさん自身の「うまくいかなさ」は、自己責任ではない。だとすると次の世代においても、社会問題に根ざした困難として共有されうる。

Ｂさん　うちの母さんとかに、「うちのばあちゃんってどこに住んでたの？　ばあちゃんのお父さんとお母さんってどんな人だったの？」って聞いたことがあって。うちの母さんとか、母さんのきょうだい連中とか、みんな誰も「知らない」って言うんですよ。ばあちゃんが、ばあちゃんの実家とかも一応あったんだけど、ここに家があったっていうことしか分かんない。そのばあちゃんのお父さんお母さんがどうだったとか、細かいことまったく分かんないってなったことがあって。『なんだこれは？』って。『じゃあ、うちのばあちゃんは突然現れたのか？』みたいな。『なわけないじゃん』っつって。「調べよう」って言って。

それもＳＫの遺骨を返してもらうプロセスの一つだったわけですけど。いろいろ調べてた結果、まだはっきりとは分かんないですけど、俺のばあちゃんは、上貫別に強制移住させられて、でも、上貫別に行かないで途中で引き返してきてた一家だったんだと思うんすよ。

ただ、引き返してきたらもう住む場所ないんすよ。だから、浮浪者一家みたいな感じで、新冠の泊津の辺りをうろうろしてたんだと。だから、ばあちゃんがどこで何してたかとかみんな分かんない、ということなんじゃないかって今思うんすけどね。

もうその段階で、それこそ経済的にもアウトだし、その状況で親から子にお金だけじゃなくていろんなことを伝えるってことは、それこそ全部、分断されてきてると思うんです。何ていうか、俺、すごい自尊心が低いというか、すごい欠落してる人間だと今も思ってるんすよ。いろんなものが足りなくて。〔……〕

恐らくうちの家庭は、正常に機能していなかったと思うんすよね。それは母親と父親がその家庭を形成していたわけだから、彼ら二人に原因があるんだろうけども、ただ、母親の母親と父親、その前の世代やそのさらに前の世代から、多分、起きてきたものなんだろうなっていう。うまく言葉にできないけど、そうなんじゃないかなと思うんすよね。だから、さっきのこれからの子たちももしかしたら、なんかうまくいかないっていうときにそういった話が、することで何か解決になるかもしれないなっていう思いは、という。（23ａ）

前の引用では先祖の強制移住が「分かってきた」ことが強調された。ところが調査を尽くしても曽祖父母については「まったく分かんない」のだ。「ばあちゃんってどこに住んでたの？」という質問への答えがないという先祖の歴史の抹消は、先ほど話題になった詳細な歴史の探索とコントラストをなす。つまり「自分のルーツ」についての知識をもとにして生きることは自明のことではなく、むしろ著しい歴史の抹消こそがアイヌの歴史となる。逆に言うと抹消されるほどであるがゆえにルーツの探索と自覚が重要な意味を持ってきている（マジョリティ側はそのような必要に迫られない）。実はこの抹消は、現実の収奪で土地・文化・言語を奪ったことによる抹消であり、それゆえにアイヌが経験を伝達できなかったという抹消である。「俺、すごい自尊心が低い」とあえて語ることは、自分のルーツが抹消されていることと連動しており、民族の誇りを強調するアイヌ文化をめぐる語りへのアンチテーゼともなっている。

「うまく言葉にできないけど、そうなんじゃないかな」としか語りようがない困難を、過去の世代が抱えていたという不分明さが重要である。母語がアイヌ語であった明治大正期の人たちは、差別の中で子どもには日本語を使わせただけでなく、日本語話者の子どもたちに経験を伝承できなかっただろう。詳細な探究にもかかわらず実際に祖母がどこに居住していたのかは類推にとどまっている。インタビューを通して、Bさんは非常にクリアに過去の状況を言語化してきた。しかし先祖が抱えてきた困難については探究にもかかわらず明瞭な語りをすることが不可能なのである。それゆえになおさら「これからの子たち」のためにBさんが調べたことを伝えることが大きな意味を持っている。

こうしてBさんの周りでさまざまな形で生じてきた沈黙の背景には、先祖が被った不正義と逆境が控えていたことが明らかになる。さらにBさんは未来の世代が自分が置かれた状況に思い悩むことを意識している。そのためにこそ、Bさんの探究の結果を未来の世代に伝えることが意味を持つ。過去の世代から継承することが重要だとしたら、自らを未来へと継承することも重要になる。

Bさんにとっても未来の世代にとっても、個人の困難が実際には社会状況と歴史に根っこを持つ。個人と大きな状況とのあいだの関係を知ること、遺骨をめぐる問題はこのような構図のシンボルとなっている。しかもこの構図は沈黙を強いる状況の構図であるがゆえに、言葉を継承する意味がある。Bさんの周りには沈黙と孤独が支配していた。このことが余計にBさんが言葉を伝える宛先として未来の世代を要請しているのだとも言えそうだ。

5-3　無の継承

先祖がどこに住んでいたのかが分からないだけでなく、先祖から何も継承されていない。Bさんが問題にする継承は、研究者が探究している文化の継承とは大きく異なるものである。

Bさん　アイヌの、アイヌ文化ってよく言うじゃないですか。さっきもちらっと言ったけど、『俺になんもないな』って思ったんです。『本当に、俺にアイヌ文化、なんもないじゃん』って。『そりゃそうだよな』って。今まで何もしないで生きてきたし。少なからずあそこに集まってくるアイヌは、親が何やっててとか、おばあちゃんの歌を聞いて育ってとか、そういうのがちらほらあってやってきてるじゃん。そりゃそうだよなって。

『俺にああいう、いわゆるアイヌ文化が何もないのはそりゃそうだ。何も見聞きしてこなかったし。なんでなんだろう』ってすごいそれも一緒に考えたんです。要するに、『なんでうちのじいちゃんばあちゃんやご先祖さんはそれを残してこなかったんだろう』って。ただ、さっきの遺骨問題とか、新冠のアイヌの強制移住とかいろんなものを調べてきた中で、残してこなかったんじゃなくて、全然、残せてこれなかったんじゃないかと。そんな暇なかったろうなと。〔……〕とにかくアイヌを今も避けて生きてる人たち。そのさらにご先祖さんには恐らく同じような状況はあったろうなと思うと、そりゃアイヌ文化なんかもう失って当然だってある意味、腑に落ちたというか納得したというか。自分がいわゆるアイヌ文化は何もないのはそういうことなのかなって分かった。

でも、多分それのおかげで今、俺も生きてるんだなと思うんですよ。昔のご先祖さんたちが大変な状況で、本当に食べるものもなくて、寒いし、子どもが生まれてもすぐ死んじゃうみたいな、そんな過酷な状況でずっと必死に生きてきたから、今、アイヌ文化がなんもない俺がいるわけで。逆にそれが良かったって言っちゃ変だけど、そういうものを全部捨ててまでちゃんとここまで命を残してくれた、そういうところに逆に感謝するような感じになったんです。

だから、遺骨返してもらうとか、あるいはいろんなところでカムイノミとかイチャルパとかアイヌの儀式とかあるじゃないですか。そういうところに少なからず参列する機会があって。必ずそういうときに服とか着せられるんです。すごい嫌だったんです。でも、「こんなの嫌だ」なんて言わないで、『うーん』と思いながら我慢して着てそこに座ってた。
そのときは特に理由もなく嫌だったんだけど、でも今はちゃんと理由が言えるようになった。アイヌ文化を持ってない、伝えられてこなかったことにむしろちょっと誇りを持ってるっちゃオーバーだけど、すごい肯定できたって、そんな気持ち。（43）

文化研究としてのアイヌ研究に対する違和感の内実がここで明らかになる。Bさん自身には「アイヌ文化は何もない」。先祖が文化を「全然、残せてこれなかった」からだ。「でも、多分それのおかげで今、俺も生きてるんだなと思うんすよ」とBさんは語る。多くの死者や自死者が出る極めて過酷な条件の中で生きていくためには、文化を残す余裕などなかった。だからBさんが文化を継承していないという無こそが、先祖が背負った困難のしるしなのだ。つまり継承していないのではなく、文化を「全部捨ててまでちゃんとここまで命を残してくれた」。Bさんが生きているということは前の世代から生を継承したということであり、文化の不在とは生命の継承のことなのだ。それゆえにこそアイヌ文化を学ばないことに積極的な意味が生じる。文化を学ばないことこそが、アイヌである先祖がBさんへとつないでくれた生命を肯定することになる。

研究者が持つ「人は誰でも平等である」という幻想は、和人一般へと拡大され、次の引用では和人全体が抱える「不具合」という話題とつながる。アイヌであることは、和人と和人を代表する研究者を反面教師とする、気づきを持つ存在として定義されることになる。

Bさん　アイヌであることは良くなかったとは思ってないんすよ。逆に、自分がアイヌの血を引いてて、ちっちゃい頃から他人と違うっていう事実を背負いながら生きてきて、そのおかげで、ある意味そういう視点が持てたと思ってて。逆に、ちょっと失礼かもしれませんけど、アイヌじゃない、アイヌの血を引いていない日本人、何て言えばいいんでしょうね。

村上　和人って言われてる。〔……〕

Bさん　〔和人〕の抱えてるどうしようもない不具合、みたいなものあると思うんすよね。他人を認識できない不具合がわれわれにはあると思うんです。何ていうか、本当は自分たちと全然、違う立場とか境遇の人はわしゃわしゃたくさんいて、わしゃわしゃ集まって社会が形成されてるはずなんだけど、自分たちと違う収入や違う環境、家庭環境が違う境遇の人たちがまるで存在しないかのように認識から消えちゃった振る舞いを、よくわれわれはする癖があると思うんですよね。それって自分がアイヌの血を引いてて、そもそもその認識から外れる側のとこにいるじゃないすか。だからそれに気づけたかなって。〔……〕

この国にいるマジョリティーの人たちは、よくよく他人を見失うっていうか。ええ、これすごいやばい問題なんじゃないかって思うんですよね。(24)

マイノリティが負っている社会的な背景に由来する困難についての「視点」「認識」を獲得できることが、アイヌであることを肯定する理由である。「アイヌであることは良くなかったとは思ってない」という二重否定で屈折した肯定だ。この二重否定は、「他人を見失う」つまり否定するという「やばい問題」を持つ和人を否定する二重否定と対応する。

「自分たちと違う収入や違う環境、家庭環境が違う境遇の人たちがまるで存在しないかのように認識から消えちゃった振る舞い」というのは、研究者たちが周囲のアイヌと「平等」であり同じテーブルで対等に話せるという幻想を持つこととも連動している。多くの人は他者が持つ困難・ハンディキャップを無視することで、そもそも困難な境遇にある人というものが存在しないかのように振る舞う。研究者が特権を享受して今のポストについたのに対して、アイヌは今も逆境を強いられているという状況を無視することになる。他者の中の困難を無視することは、困難を持つ他者という存在そのものを否定することにつながる。

「他人と違うっていう事実を背負いながら生きてきて、そのおかげで、ある意味そういう視点が持てた」というように、世代をまたがって困難を背負って生きてきたことが「視点」の獲得になっている。この「視点」のおかげで、マジョリティから排除され搾取されている人に気づくことになり、さらに他の搾取されたマイノリティの存在を意識することになる。

過去からの継承に自覚的でない人は、視点を持つことができず、「他人を見失う」。研究者はまさに特権と権威を持つ者として権利を持たない人を無視するとともに、過去からの継承を自覚していない人たちなのだった。言い換えると、過去の世代を継承することは自らと先祖を取り巻く社会的な逆境を意識することと連動する。逆境の中に置かれなかった和人は意識する機会がないのだ。

Bさんは沈黙を繰り返し強いられるという仕方で自らのルーツと出会った。遺骨に導かれるかたちで、自分のルーツを探索することになり、自分や先祖が置かれた歴史的状況、とりわけ困窮の中で伝承が遮断された歴史と、その結果現代の世代に残っている生きにくさについても知ることになった。無を継承する、という仕方で歴史を背負い込むことは、村上にとって大きな驚きだった。

Ｂさんがアイヌとして先祖の苦痛を継承し、現在も生活上の困難に出会うのと並行して、研究者たちも盗掘という過去の加害行為を継承しているのだ。第３章では、石原が文化人類学という視点から、先住民研究が持つ倫理的な課題について議論を深め直していく。

（1）北海道大学「特定遺骨に関する情報の公開」（二〇二〇年四月一日最終更新）。https://www.hokudai.ac.jp/news/2019/04/post-412.html：二〇二三年四月二七日最終閲覧。

（2）北海道大学「身元が特定されたご遺骨の返還に係る手続」。https://www.hokudai.ac.jp/news/2016/09/post-411.html：二〇二三年五月二日最終閲覧。

（3）「今般、北海道大学は、本学で保管しておりますアイヌの方々の御遺骨を、白老郡白老町に整備される民族共生象徴空間（ウポポイ）の「慰霊施設」に集約することといたしました。平成二六年六月一三日の閣議決定において「象徴空間に遺骨等を集約し、アイヌの人々による尊厳ある慰霊の実現を図るとともに、アイヌの人々による受入体制が整うまでの間の適切な管理を行う」との、国の方針が示されております。この方針に大学として協力するものでございます。

本日は、本学で保管しております、アイヌの方々の御遺骨を慰霊施設に集約するにあたり、御遺骨の歴史的経緯に関する本学の見解と、今後の取組について述べたいと思います。

〈これまでの経緯〉

二〇〇五年、当時の中村睦男北海道大学総長は、「先住民族と大学」に関するシンポジウムにおいて、民族の尊厳を尊重しつつ、アイヌをはじめとする先住少数民族に関する全国的・国際的な研究教育を実施することが本学の責務であると宣言いたしました。

その背景には、北海道に立地する国立の総合大学としての役割だけでなく、これまでのアイヌ民族と本学との間の歴史的経緯がございます。

本学医学部においては、一九三一年から、人類学研究のため、アイヌの方々の御遺骨を発掘し、研究資料として保管・管理しておりました。

当時の医学部では、研究上もっとも重要と考えていた「頭骨」を「四肢骨等」と分離して保管する等、御遺骨を一体ごとに保管し、記録・管理する体制がとられておりませんでした。

このような取扱いは、アイヌ民族の尊厳に対する適切な配慮を欠いており、極めて遺憾であり、真摯に反省しております」（北海道大学「本学が保管するアイヌ遺骨に関する声明（二〇一九年一一月五日）」。https://www.hokudai.ac.jp/pr/johokokai/ainu/post-33.html：二〇二三年五月三〇日最終閲覧）。

（4）遺骨返還の数年前に行われた、ある座談会で鵜飼哲が当時の状況について次のように語っている。「アイヌの遺骨を北大、東大、京大などさまざまな研究機関で収集してきて、そのことが問題化されてきました。ところが、民主党政権下で計画されているのは、慰霊碑を建て、その同じ場所でこれまでどおり研究もしようということです。アイヌの人たちのなかにもいくつか議論はありますが、旭川の川村シンリツ・エオリパック・アイヌ氏は、遺骨を判明しているかぎりそれぞれの土地に返し、そこで慰霊碑を立てるべきだと主張されています（『東京新聞』二〇一〇年六月一八日）。それに対して、有識者会議のほうはひとところにまとめることを提案し、そこにあいかわらず学者が入ってくる構造です。まとまっているほうが、これからも研究するのに都合がいいというわけですね。一九〇三年の大阪内国博覧会における、「学術人類館」の発想そのままだと言わざるをえません」（鵜飼哲・酒井直樹・テッサ・モーリス＝スズキ・李孝徳『レイシズム・スタディーズ序説』以文社、二〇一二年、二〇九頁）。
実際、自然人類学者たちはアイヌ人骨を研究資料として用いる意義を最近も主張している（篠田謙一「アイヌ人骨の自然人類学的研究とその課題」『学術の動向』第一六巻第九号、二〇一一年九月、八三―八七頁）。

（5）シドルも研究者をめぐる権力構造を議論している。シドル前掲『アイヌ通史』、一一一―一一二頁。

（6）ここまでの語りで、Bさんは組織としての北大、研究者集団、そして家族からもそれぞれの仕方で疎外されている。それゆえ、Bさんのなかでは孤独が際立つことになる。
「ある意味そういう［ピアグループみたい］のはもうおなかいっぱい、みたいな感じなんで。本当、孤独なんですよ。寂しくて寂しくて毎日、死にそう。それって、遺骨問題とかどうのこうのよりも俺が一人だからなんです。そろそろ人生を一人で生きてくの限界みたいな気持ちにはなってきてて。そんな状況。〔……〕

　精神的にきついのはやっぱり一人だっていう、それはこの問題に一人で取り組むってのもそうだし、その問題がなくても一人だからきつい。でも、仲間は欲しいと思ったね。ただ、みんな意見違うから。意見違ってもいいかもしんないけど、なかなか。結局、一人で行動することになりますよね」(34)。

　Bさんは沈黙が支配するアイヌのなかで言葉をつくりだそうと活動してきた。しかしそのなかでかえってコミュニティから疎外されて孤独になっていく経験をしている。

(7)「一八九五年頃に新冠一帯のアイヌはまず姉去(および万揃)に集約され、戸数が増えた。そして一九一二年頃に七〇~八〇戸が上貫気別に移住を命じられるも、一九一二年に七〇名が三年の猶予を請願。その後一九一六年に実際に二〇~五〇戸が上貫気別へ移住させられた。そして一九二五年に姉去への帰還の請願が四九名の連名で新冠村に提出された」(成田真由美・川本思心「アイヌ遺骨問題に関する関係者インタビュー(2)」『北海道大学 CoSTEP Report』第五巻第二号、二〇二一年四月。https://eprints.lib.hokudai.ac.jp/dspace/bitstream/2115/84785/1/CoSTEP_Report05-02_Narita.pdf：二〇二四年二月二二日最終閲覧)。

(8)同前。

第3章

幽閉されるアイヌと遺骨——石原真衣

1　二〇一六年――北海道的転回

独りぼっちの人間は、生きているとは言えません。(1)

――パイアトート

1-1　死者を弔う

私は二〇一六年を北海道的転回と呼ぶ。その年、裁判闘争の末、小川隆吉さんらによる「コタンの会」が受け皿となりアイヌ遺骨の返還が実現した。その転回のただなかで死者の声を聴いた者たちは、強烈な渦に巻き込まれ暮らしが大きく変わってしまった。私もその一人である。私が生み出した作品も、あらゆる思考や論考も、この二〇一六年という時を経なければ何一つ生まれなかった。私は自己として言葉を持つことも、話すことも、書くこともできなくなった。死者やサバルタンたちの叫び、怨み、棄て置かれた痛みが、それ以来ずっと私に言葉を紡がせている。私は、ただ私であることも叶わず、しかし切断と分断の一五〇年を経た今、アイヌ民族の一員として生きることも叶わない。

そのような時の中で、身動きがとれず孤独を生きていることに気がついた私は喪失の一五〇年を辿る旅に出た。私には殺されない場所を確保する文学をつくる必要があった。なぜアイヌの子孫である私は、長い間遺骨を棄て置いていたのか。なぜ私たち家族は、互いの痛みを共有することができないのか。なぜ私たちは痛みや喪失について語る言葉を持っていないのか。文化やアイデンティティを持たずとも、結婚差別やヘイトクライム／ヘイトスピーチを含むレイシズムによって暴力に遭い続けるのはなぜなのか。「私」を消滅させる社会構造とはどのようなものであるか。植民者だけではなく、なぜアイヌも「私」を消滅させるのか。これらの問いは名づけられていない暴力を名づける力の源泉となった。私は、あのとき確かに死者とつながり、死者を弔い、そして私の場所をみつけた。私は救済されたのだ。

しかしそれでもなお、私にまとわりつく孤独は気がつくと私を死へと追いやる。

われわれのアンティコニは云う。(2)

高貴な死を遂げるのは
囚われの身で生きるより美しいこと。(3)

先住民であるアンティコニは、ホワイトコーツ(4)の要塞である博物館に幽閉された先祖の遺骨を救い出す。それは、国家による法ではなくタマールウィト——先住民の法——に従った行為だった。高貴な死を選び、自分たちの法に従うアンティコニは、国家のペットとして生きることが唯一の道だと信じる権力者の叔父クレオーンに、そして、五〇〇年にわたる収奪の歴史を自分たちが直すことはできないと諦めることで生き延びる妹のイスメーネーに、直接的、間接的に殺されてしまう。

アンティコニは「私」に憑依する。死者の叫びから逃れられなくなった私が、そして死者を棄て置いてきた私が、その叫びや罪悪感、様々につながる私たちの痛みに背を向けることができなくなったとき、死者は生者の生きる世界によみがえる。それが二〇一六年という時だった。木村二三夫さん

（第1章）やBさん（第2章）、様々な人間たちが死者によって突き動かされ、これまでとは全く違う世界のありかたがはじまりつつある。それはアンティコニが、私が、そして木村さんやBさんが、重なりつながる二一世紀の神話的空間の創造でもある。私たちは、国家の従順なペットでも、長い植民地主義の歴史を諦める敗北者でもなく、そして同族に忌み嫌われたとえ処刑されようとも、死者の声を聴き、死者を弔う。

1-2　木村さんとBさんにおける出自の継承

木村さんは「文字のなかったアイヌたちは、どんな思いで何を思って、みんな死んでいったのかな」と云う。私たちは「生きている」ことよりも「死んでいく」ことから離れられない。死に囚われ続けている。先祖たちはどう死んでいったのか、そして死後なぜ遺骨盗掘のようなひどい目に遭遇しなければならなかったのか。私たちの先祖は、脆弱にさせられてしまった私たちや子孫たちがなんとか生き延びるために、すべてを沈黙し、忘却してきたのだった。自分の血や身体を否定し、血を薄くするために同族との結婚を頑なに拒否したのは、私の祖母だけではない。そうした喪失の一五〇年ゆえに、私たちは自分たちに何が起こったのかわからない。そして神話の世界を生きていた先祖たちが何を思っていたのか、いま知る由もない。

Bさんは「ちょっと思い出さないとしゃべれないね」と云う。私たちはもうずっと何も思い出さずに生きてきた。思い出さないことで、なんとか普通の暮らしを確保しようとしてきた。そしてBさんは「まさか自分がこっち側の立場になるなんて」と云う。私たちは、なんとか「こっち側の立場」にならないようにすべてを忘却し、棄て去り、消滅して生きてきた。これがどれほどの喪失であろうか。

言葉が不在の場所で語りだすとき、私たちはあらゆる妨害に遭い、何度も沈黙する。語ったことがないために、その発話はちぐはぐにならざるを得ない。Bさんが出自について自覚する過程は実に複雑だ。肌で感じているが言葉にしない、母から告げられる、教室でおびえる、そして友人の死によってふたたび出自に還る。たった一人でこうした過程を耐えるのはBさんだけではない。現在アイヌの出自を自分の一部として生きている人びとの多くはおそらくこうした過程を辿っている。そうしてある種の悦びも含めて語りだそうとするとき、言葉は過剰にならざるを得ない。その発話は、周囲を傷つける。私たちは社会においても、家族の中でも独りぼっちだった。

　こうした事態をアイヌによるアイデンティティの葛藤と回復と位置付けてはいけない。木村さんとBさん、のちほど登場するアイヌたちの語りから浮かび上がるのは、非アイヌの多数派日本人を指し示す呼び名が存在しないことだ。研究者やアイヌ問題に詳しい人ならば、「和人」という言葉を使用するだろう。しかし二人ともインタビューの際に「和人」と言っていないことに注目されたい。そして日本で生きる市民のほとんどが、生涯のうちに一度も、「和人」という言葉を使わないだろう。のちほど詳述するように、多数派日本人の人種的特権性の自覚のなさ、およびその透明性は極めて深刻である。例えば北米では、人種的マイノリティを示す言葉として「黒人」や「先住民」「有色の人びと(people of color あるいは colored)」がある一方で、多数派を指し示す言葉として「白人」や「入植者」が存在する。日本では「白人」や「入植者」といった言葉が使用されないし、そもそもそれに該当する発想すらない。私がこれまで「アイヌとは誰か」ではなく「和人とは誰か」と問うたのは、そのことこそが日本の先住民問題そして人種的状況の核心であるからだ。

　本書でわれわれは、アイヌがまなざされる主体である中でまなざし返すことを、先住民的批評性と呼ぼう。神話的世界における先住民の繊細で鋭いまなざしを、二一世紀に呼び戻す。アイヌはまなざす。そのまなざしは、強烈にわれわれの世界をぐらつかせるだろう。木村さんは、「なんでアポなしで来るんだ」という京都大学のホワイトコーツたちに「おまえらアポ取って、遺骨盗掘したのか」と云う。Bさんは、「十把ひとからげにしないでほしい」というホワイトコーツの研究者に「何世代も前のご先祖さんからつながって今の俺がいるのと同じで、研究者だって何世代も前の研究者からずっとつながってきてるはずでしょ?」と云う。私はこれまでもこのような先住民たちの繊細で鋭いまなざしと言葉から学び、自分が身に着けてしまった近代的な／コロニアルな振る舞いを学び捨ててきた。

独りぼっちで死んでいく主体であった私たちが、死者を弔うことを取り戻し、生きようともがく。死者たちが、私たちを物語へと、文化へと、そして互いの痛みへとつなぐ。

幽閉されているのは、遺骨のみではなく現代を生きるアイヌ自身でもある。幽閉されたままの遺骨たち、そしてアイヌを解放することは、翻ってアイヌや遺骨を幽閉してきた人間をも解放へ導くとはいえまいか。次節では植民地主義が埋め込まれたアイヌを取り巻く状況に、日本のアカデミアがどのように関与してきたかについて検討する。アイヌを幽閉する多重の言説を提示し、遺骨返還運動の当事者がいかにこの状況と言説のただ中でアクションを起こしているのかについて考えてみたい。

2　学問によるアイヌの幽閉

2-1　傍観者としての知識人

アイヌ民族を含む被植民者／被抑圧者が日々遭遇あるいは目撃する暴力は、その暴力者よりもその暴力を傍観あるいは見ないことにする圧倒的多数の人びとによって温存および助長されている。(5) 私自身、これまで学術の場や論考において、先住民を損なうことにつながる言説や多数派による振る舞いが当たり前のように繰り返されている現状について述べてきた。それは言説や振る舞い自体に潜む暴力性よりも、そうした言説を看過してしまう倫理的な不感症を抱える傍観者に、暴力を暴力と名指す力を身に着けてほしいためだった。暴力が起こるのは暴力者と被暴力者のあいだにおいてだが、それが不可視化され繰り返されるのは、傍観者――あるいは目をそらすがゆえに見えていない圧倒的多数の人間――が存在するからだ。(6)

こうした提起は、これまでもなされてきた。一九三五年、北海道で強制労働に従事した朝鮮人の父と、北海道浦河町出身のアイヌの母のあいだに生まれた小川隆吉は、就学機会に恵まれず二〇代になるまで識字能力も低かった。一九九五年に北海道大学古河記念講堂で発見された人骨の返還運動、原告団長を務めた一九九九年のアイヌ民族共有財産裁判、二〇一二年以降のアイヌ遺骨返還問題の主要人物として闘争の歴史を生き、二〇二二年に逝去した人物だ。

日本平和学会員へ向けて小川は云う。

本稿を書くにあたって、一つの事実を指摘しておきたい。それは、五年ほど前に、北海道人学で日本社会学会が開かれたが、その時のレポーターで黒田俊夫という人がレポートを出しているが、それは「北海道の社会」という問題を取り上げて、その冒頭で、「人跡未踏の地北海道を開拓し、一〇〇年でこれだけの成功を見たのは世界に例がない。」と自画自讃したものであった。そして、その後に続いた言葉が、「当時何かがいたとしてもそれは熊かアイヌであった。」といっているのである。そして問題は、こういった問題を、そこに居合わせた二百余人の日本社会学会のメンバーがだれ一人として糾弾する者もなく会が終わったという事実である。(7)

小川がここで問うたのは、北海道への植民地化／殖民化を「開拓」という言葉に塗り替え、「熊かアイヌ」かという侮蔑的な発言をした人物よりも、そうした発言に対して二〇〇人以上居合わせた学会員が問題視しない姿勢であった。(8)アイヌへの侮蔑的・暴力的発言そのものではなく、それを傍観した社会学会員のエピソードを紹介しながらの知識人への釘刺しを行ったのに他ならない。目の前で起こり、誰もそれが暴力であると気がつかないような空間のなかで、アイヌはまなざす。その繊細で鋭いまなざしこそが先住民的批評性だ。しかしわれわれは小川の提言に依存することを避けたい。当事者が公の場で「語る／語られる」ことは、多数派がつくりあげた構造の不備の清算を、少数者自身が担い、多数派のケアをさせられていることに他ならない。(9)

2-2　アイヌへの暴力を不可視化するアカデミア

ここでは、日本での植民地主義／脱植民地主義の思考が、アイヌ民族にたどり着けない例を詳述してみたい。二〇一六年に編まれた『平和研究』(第四七号「特集＝脱植民地化のための平和学」)では、西川長夫に代表される植民地主義に関する議論の批判的検証、および国連のプログラムの失敗について上村英明と藤岡美恵子が論じている。日本の旧植民地を含めた東アジアが抱える窮状や、基地問題を内包する沖縄を脱植民地化の議論の遡上に載せることはそれほど困難ではない。政治経済的および軍事的に強者である国家が、相対的に弱い立場にある国家や地域および社会を一方的に植民地化あるいは搾取することは暴力である、ということには一定のコンセンサスがあるからだ。しかし一方で、戦争や核、紛争といった視点からは死角になるものこそが、アイヌ民族を取り巻く先住民問題および植民地主義の問題であった。

同特集の中の西川潤による「植民政策から平和学へ──日本平和研究の当面する脱植民地課題」(10)を取り上げたい。西川は、日本における殖民学および植民政策論について、そこに平和研究者がどのように関与してきたかをレビューしている。北海道帝国大学初代総長である佐藤昌介からはじまる殖民学は、新渡戸稲造を経由し東京帝国大学に持ち込まれ、矢内原忠雄へと引き継がれた。新渡戸はウィリアム・S・クラークに学んだ人物でありキリスト教の人道思想を重んじた。新渡戸や内村鑑三のもとで学んだ矢内原は、植民政策講義を担当するようになるが、日本による満州政策を批判することで東京帝国大学に辞表を出すに至る騒動を起こしている。その矢内原を継承したのが川田侃だった。

西川は「明治以降の植民政策学には、他の植民地宗主国における講壇学問には見られぬ特色、後の平和研究が誇りうる特色が存在した」という。日本の平和研究者が関与したこの一連の流れには、たしかにポジティブな側面もあっただろう。しかし一方で、先住民問題からこの源流を照らせばそこには影も存在する。そもそも殖民学とはそれがキリスト教的人道主義に基づこうとも、矢内原のように弱者の側にこころを寄せようとも、明らかに被植民者への人権侵害であることは免れない。西川は、新渡戸や矢内原の植民政策論について、「国家と個人を結ぶ中間団体を考えることが少なかった」と指摘し、中間団体として日本の村社会を挙げている。だが、脱植民地化の議論において、まずもって検討される必要があるのは、国家と個人のあいだに現在もあるはずの先住民社会／被植民者側のコミュニティではなかったか。

そして何よりも、西川による植民地主義の整理には、圧倒的に北海道へのまなざしが抜けていることは指摘せねばならない。西川が札幌農学校による殖民学を紹介しているにもかかわらず、そして同特集のタイトルは「脱植民地化のための平和学」であったにもかかわらず、その思考は北海道やアイヌにたどり着くことができない。西川個人の倫理的視点や態度の問題ではない。なぜこれほどまでに多数派日本人の――知識人の――まなざしと思考は、北海道そしてアイヌにたどり着くことが困難であるのか、そこにおそらく今後の社会的および学術的深化・進展の鍵が隠されている。

西川は、グローバリゼーション下の「新たな植民地化」に触れる場面では、「国内分業体制のなかでエネルギー、労働力供給地域の役割を押し付けられてきた東北等の過疎地域」「非正規労働者、契約労働者、障害者等「周辺的貧困」」などに言及している。つまり、現実に起きてきたアイヌや沖縄の植民地化については論じずにメタファーとして周辺的貧困に対して「植民地化」という概念を用いている。不幸なことに、西川による「脱植民地」のメタファー化は、まさに先住民の権利回復問題を不可視化する。この点についてはのちほど議論したい。

2-3　切断と消滅の歴史

私はこれまで一度も「アイヌは……」という主語が、適切な形式で発せられたものに出会ったことがない。アイヌ民族当事者であれ、行政であれ、メディアや研究者であれ、あらゆる「アイヌは……」というフレーズは適切な主語の形式であることに失敗している。こうした問題を「代表制の問題」や、「当事者の多様性」といった安易な枠組みに押し込めることはたやすい。だが、アイヌ民族の場合、他の同様の問題とは全く別の複雑で、しかし本質的な構造がそこにはある。ここではこのような構造を整理しておこう。

アイヌの出自を持つ人間は、日本に特有のレイシズムゆえに出自を明かした途端に「多数派日本人」から排除される。証左となるのは結婚差別とヘイトスピーチ／ヘイトクライムである。しかし一方で、アイヌの出自を持つ人びとの多くが、物理的コミュニティの徹底的な破壊、文化や記憶の非継承の連続によって表面上は日本人に同化している。同化しているのに結婚差別やヘイトスピーチ／ヘイトクライムに遭遇する。このパラドックスはいかに解明できるだろうか。

一九九七年に制定された「アイヌ文化振興法」以降、アイヌ問題とは文化復興および継承、さらに「アイヌとしての誇り」という言説に象徴されるようにアイデンティティの回復および強化の問題として位置づけられてきた。これらの一連の流れによって、現在特に若い世代の多くのアイヌ民族が自文化を復興および継承し、アイヌとして生きることが可能になったことは大きな達成であろう。

しかし一方で、私が『〈沈黙〉の自伝的民族誌《オートエスノグラフィー》』で明らかにしたとおり、国家やコスメティックな——fashion, festival, food（３F）のような上辺だけの——多文化共生を謳う社会が規定するアイヌのイメージは極めて限定的なものであるために[11]、そこから零れ落ちる「私」は自らの歴史性を保持したままアイヌコミュニティの一員となることができない。あらゆる自己決定権や先住民族としての権利の回復を放棄した限定的な「アイヌ文化」や「アイヌイメージ」が、多くの子孫にとって歴史やコミュニティへのアクセスを阻む素因になっている。議論や政策が「アイデンティティの回復」に収斂することは植民地主義の帰結を被害者に自己責任として押しつけ、マジョリティの罪悪感を取り除き、マジョリティ側の責任を不可視化することに他ならない。

私はかつて「サイレントアイヌ」という概念を創出した。サイレントアイヌとは、アイヌの出自を持ちながら、（1）隠蔽（出自を隠す）、（2）言葉の不在（自らについて語る言葉の不在）、（3）第三項の排除（自分の言葉で語っても排除される）などの沈黙を伴う人びとである。世代間における記憶や文化が継承されなかったという縦の分断と、それがもたらす他のアイヌの出自を持つ人や多数派日本人たちとのあいだで生じる横の分断を抱える状況をオートエスノグラフィックに（一人称による記述で）抽出することで、既存の研究や視点における死角を指摘してきた。私の議論は、従来の研究や行政およびメディアは、社会においてアイヌと名指されている人びとのほんのわずかしか照射していないことを文化人類学的な理論に基づき論じることで、日本に固有のレイシズムが不可視化されている現状を可視化した。そして文化やアイデンティティ、帰属意識を前提とする「民族」概念と、レイシズムによってピン留めされる「人種」の区別が整理されていないことが、「アイヌとは誰か」と問うことを困難にしていることを指摘した。

一〇〇年以上にわたり、文化や記憶やアイデンティティやつながりを阻まれてきた「私」は、アイヌ文化に一切の愛着を持つことができず、さらにアイヌの出自を持つ多くの人びとは、一九九七年の「アイヌ文化振興法」以降の限定的アイヌイメージによって集団としてのアイデンティティの獲得が困難な現状を生きてきた[12]。その限定的イメージとは、国家や法律によってアイヌ文化が「音楽、舞踊、工芸その他の文化的所産」と規定されたことによって生じた。民族の自治権に関わるような文化はそこから外されている。私は、アイヌの出自を持ちながらアイヌ文化へ愛着を持てないという感覚の表明によって、民族主義的なアイヌ当事者からは集団の紐帯をほどいてしまう危険分子としてみなされてきたし、良識派の知識人や支援者からは、なぜ「オバマ元米大統領のように」少数派の出自を選択して生きないのか、と詰問された（オバマの母は白人人類学者であり、オバマは「白人」と「黒人」の出自を持つ)。言葉を共有できる人をただの一人もみつけられない経験は、書籍として結実した。そしてそれこそが、日本でまだ可視化されていないが極めて根本的なレイシズムの実態と、忘却の彼方にある植民地主義の現在であった。

一世紀以上に渡り、文化を手放し、家族間においても生涯一度も「アイヌ」という言葉を語らない〈沈黙〉の状態に置かれながら、さらに、生存のために身体を変容させる装置として混血を繰り返し、それでもなお、アイヌと名指されるのはなぜなのか。「私」の歴史性をアイヌ民族当事者が否定し続けるのはなぜなのか。文化やアイデンティティを一切持たなくとも、結婚差別が起こり続け、さらに家族や親戚の内に複数人の自死者を抱えるのはなぜなのか。文化やアイデンティティ、帰属意識――「民族であること」――を持たなくともヘイトクライムの対象となるのはなぜなのか。なぜあらゆる人びとは母方の祖父と父の両親が和人であるという私の七五%の出自と私自身の自己認識や主張を完全に否定および無視し、母方の祖母がアイヌであるという二五%の出自のみを無批判に取り上げ続けるのか。それは極めて奇妙な現象であったし、しかしだからこそ、まだ誰も整理できていない日本社会の姿がそこにあるような気もした。

このような視点を、日本におけるレイシズムと植民地主義の布置という空間で醸成させるならば以下のことが浮かび上がるだろう。植民地主義は、レイシズムをなくしては実行できない。北海道を誰も所有者がいない「無主の地」とみなしえたのは、そこで暮らしていた先住民が近代的主権を持つ主体あるいは個人としてみなされなかったことに起因する。(13) そこにはある属性を持つ人びとを非人間あるいは存在しないものとして徴《しるし》をつけて排除するレイシズムを前提とし、人間がいない土地を占拠する――開拓する――という論理が根付いている。レイシズムと植民地主義は相関的な装置および構造であるという主張は繰り返されてよい。

サイレントアイヌの歴史性からこのような構造を照射するならば、かつてレイシズムによって非人間と位置付けられ、植民地主義によって領土・資源・尊厳を収奪されたアイヌは、物理的コミュニティの破壊、同化と分断によって、その多くが多数派日本人の社会に編入されてきた――つまり文化的に同化してきた。しかし、被差別集団の血や出自を軸とする日本社会に特有のレイシズムにおいて、アイヌの出自を表明すれば多数派日本人になることはできない。文化的に同化してもなお結婚差別に遭遇する子孫が後をたたない。しかし同時に、一九九七年以降の「アイヌ文化振興法」によって固定されたアイヌイメージは、そこからはみ出る人びとをアイヌであるとはみなさない――あるいはできそこないの主体として扱う――。

多数派にとって無害なアイヌイメージは、現在ダイバーシティやＳＤＧｓ推進の下でコスメティックに消費されている。だが、それが根本的な構造的暴力や権利の疎外の要因となっているのだ。サイレントアイヌとは、文化やアイデンティティを持たなくとも、血や出自を表明すれば多数派になることが叶わず、しかし限定的アイヌイメージによって祖先のコミュニティに接続することも叶わない、歴史と社会空間を浮遊する透明人間、あるいは幽霊として不可視化されている存在だ。

2-4　「民族／人種／先住民」の不適切な利用

現代のアイヌ民族に関する包括的なデータは存在しない(14)。様々な社会的背景によって「アイヌとは誰か」という問いそのものが非常に困難であり、現在いかなるアクターによっても積極的に問われていない。杜撰な定義はアイヌ民族の権利回復に不利益をもたらしうる可能性があるため、性急な議論は避ける必要があるだろう。しかし一方で、このような現状によってアイヌ民族否定論に拍車がかかっていることにも注目しなければならない[15]。「アイヌ民族はいない」というレイシズム的言説が広く人口に膾炙しているが、一方でそれに抗する論理的な説明は成功しているとはいいがたい。ＤＮＡや北海道から沖縄まで発掘される「縄文土器」によって「アイヌはもともと日本人である」とする言説、アイヌは固有の文化を共有していない（もうアイヌ語を話していない）との言説などがアイヌ民族否定論の骨格であるが、ここにはアイヌという集団を民族の概念を経由して否定および批判するという構造がある。しかし総務省が「平成二七年国勢調査の新規調査項目の要望に係る対応方針（案）」で述べているように、民族について「我が国では〔……〕定義は、公的には確立されていない」。つまりアイヌの消去は二重である。アイヌ「民族」は存在しない・消滅した、そしてそもそも「民族」なるものは日本では定義しようがない。

民族とは、ドイツやソ連の流れを汲む「民族学 ethnology」によってもたらされた概念であった。二度の世界大戦を経て、日本における民族学は徐々に文化人類学へと移行していった。極めておおざっぱに言えば、ドイツ・ソ連から英米への鞍替えといってもよいかもしれない。人類や人間集団を把握する際に経由する概念が「民族」や「人種」ではなく「文化」となったことは、日本の先住民問題や先住民に対するレイシズムを考える上でも重要だ。そうした中でも、一九八〇年ごろまでは民族論が盛んであったし、二〇〇〇年頃まではわずかながらに継続されていた[16]。しかしその後二〇〇四年には学会の名称そのものが「日本民族学会」から「日本文化人類学会」へと改称され、民族論は完全に下火となった。現在、文化人類学会およびその周辺で「民族」が議論の俎上に載るのは、人種やレイシズムを問うときに限られており、それらの概念の歴史的系譜をたどる内容の論考が多い[17]。現在において振り返るならば、民族論が衰退を辿った時期と先住民に関する議論の隆盛は同時期だったことにも必然があるだろう。

すでに述べたように植民地主義は人間を非人間化するというレイシズムによって可能となる。近年の先住民に関する研究や議論では、レイシズムこそが問題の核であることが少しずつ共有されている。しかし、日本ではアイヌ民族に対するレイシズムを伴う暴力行為が、「民族」概念によってなされていることへの理解は十分にされていない。民族論そのものへの関心を誰も持たなくなった現在において、政府が「我が国では〔……〕（民族に関する）定義は、公的には確立されていない」とするにもかかわらず、亡霊のように生き延びた民族概念が排外主義者およびレイシストによって誤用され、今日もアイヌおよびその子孫への暴力を可能にしていることは注目される必要があるだろう。

各組織によるアイヌ民族に関する説明を確認したい。

> アイヌの人々は、日本列島北部周辺、とりわけ北海道に先住し、独自の言語、宗教や文化の独自性を有する先住民族です（内閣官房アイヌ総合政策室）。

> アイヌ民族は、おおよそ一七世紀から一九世紀において東北地方北部から北海道（蝦夷ヶ島）、サハリン（樺太）、千島列島に及ぶ広い範囲をアイヌモシリ（人間の住む大地）として先住していました。この時期の前後には、アイヌ民族がこの隣接地域に移動したり、逆にその地域の他民族が移動し接触したことも認められております。これら居住域はもとより、さらに広い範囲においてアイヌ語由来の地名が分布していることが実証されています（公益社団法人北海道アイヌ協会）。

こうしたアイヌ関連組織の説明を参照しても、実際に「アイヌとは誰か」について説明されているわけではない。一方で、各組織においてアイヌ民族を先住民族として紹介することは一貫している。一九八〇年代以降は、先住民という概念が定着する時代であり、そこには国連をはじめとする国際組織が深く関与している。[18] このことによって、世界中の先住民は相互にネットワークを構築しながら概念的資源を獲得したともいえる。国連宣言をはじめとする先住民に関する議論によって、それぞれの地域や歴史に鑑みながら先住民についての定義をする重要性が浮かび上がり、国家と先住民コミュニティ間における交渉や議論が重ねられてきた。一方で、日本では国家と当事者間でそうした交渉や議論が行われているとはいいがたく、「先住民」という国際的な概念を使用することによって、かえって日本に独自の社会構造および構造的暴力や差別に深く埋め込まれている「民族」および「人種」は不可視化されてしまう。

アイヌ問題はこれまで十分に可視化されてこなかった。沖縄の基地問題のような暴力の現場がないし、物理的に中央から離れた北海道という場所での非言語的な差別の温度は、北海道外の市民には伝わらないという背景もあるだろう。さらに、在日問題、部落問題と異なる点は、一つは一九九七年の「アイヌ文化振興法」に象徴されるように、アイヌ問題とは本来当事者の自治の回復や権利回復を阻む要因を解明しその解決を目指すものであるはずが、文化の継承および当事者の誇りの回復の問題であるという論点にすり替えられたことにある。その論点のすり替えによって自治や権利の回復や問題の解決における責任の所在が、アイヌ自身になってしまうという訴えは何度くり返されてもよい。[19] もう一つはヨーロッパを起源とし一六世紀以降継続する「アイヌ」の学術的および政治経済的商品価値にある。漫画『ゴールデンカムイ』の流行に象徴されるように、アイヌをコスメティックに消費することは拡がりをみせる一方で、その消費はみせかけのインクルージョンを生み出し、「自分は差別していない」などとして根本的な課題を不可視化する力学を内包する。アイヌを取り巻く幽閉と暴力の現場とは、五〇〇年に渡る極めて複雑に絡み合う欲望とイノセントな消費によって形作られており、それらは以上で述べたような多層的背景によって不可視化されている。

3　脱植民地化を取り戻す

3-1　脱色された「脱植民地化」――Unceded と Trespasser

前節では、これまでアイヌ民族として捉えられていた集団が実は極めて人種的に把握されてきた実情や、国連などの国際機関に牽引されながら練り上げられてきた「先住民族」という視点が、日本に特有の「民族」や「人種」概念と十分に接続せずに、結果として日本型のレイシズムを不可視化している現状について論点の整理を行った。民族／人種／先住民という概念が奇妙に絡み合い問題を複雑にしてしまうのは、アイヌ問題に特有のことであることにも触れた。本節では、こうした現状を主として英語圏を中心に展開している先住民研究と接続させ、論点を深化させたい。そのために本節では、イブ・タック(Eve Tuck)による先住民研究において極めて重要な論文「脱植民地化はメタファーではない(Decolonization Is Not a Metaphor)」を紹介したい。

先住民問題や先住民研究を紹介する上で大切な単語が二つ存在する。

(1)Unceded(〔領土を〕正式に譲渡されていない)という形容詞は近年北米を中心とした大学組織な

どによる声明で使われる言葉であり、

（2）Trespasser（不法侵入者）は、同論文の共著者であり非先住民研究者のウェイン・ヤン（Wayne Yang）による説明「入植者／不法侵入者」として登場している単語である。

これら二つの単語は、非先住民研究者として先住民問題および研究においてどのような当事者性を持つのかという観点から興味深い。当然ながら、日本でこのような言葉はいまだ存在しない。これらの単語によって足下の暴力をいかに扱いうるかということは、日本の研究者に突き付けられる挑戦であるともいえる。

大学世界ランキングにおいては東京大学とほぼ肩を並べるカナダのブリティッシュ・コロンビア大学では、Land Acknowledgement（土地に関する承認・理解）として以下の声明が出されている。

UBCのキャンパスがある土地は、ファーストネーションである xʷməθkʷəy̓əm（Musqueam）の伝統的、祖先的、そして正式に譲渡されていない〔Unceded〕領土にあることを認識したいと思います。現在、ブリティッシュ・コロンビア大学のポイント・グレイ・バンクーバー・キャンパスとして知られているこの土地は、常にこの民族の学びの場であり、彼らは何千年もの間、この場所で文化、歴史、伝統を世代から世代へと伝えてきました。(20)

Unceded（正式に譲渡されていない）という言葉が用いられてはいないが、北海道大学アイヌ・先住民研究センターにおいてもセンター長挨拶として以下のように述べられている。

アイヌ民族の大地に在る意味
北海道大学は、アイヌ民族が祖先から受け継いできた大地にそのキャンパスをおいています。私たちは、北海道を内国植民地とする殖民政策の先駆けとして設立された高等教育機関を起源とする歴史を真摯に受け止める必要があります。[21]

先住民問題の核とは、こうした「正式に譲渡されていない領土」に関する認識を問うことである。タックらによる「脱植民地化はメタファーではない」は、近年コスメティックに消費されるようになりつつあるDecolonization（脱植民地化／脱殖民化）という用語の使用に関する警鐘である。

私たちは、脱植民地化がメタファーではないことを明確にしておきたい。メタファーが脱植民地化を侵すとき、それはその可能性そのものを殺してしまう。〔……〕脱植民地化は、私たちが社会や学校を改善するために行いたい他の事柄と交換可能な用語ではない。脱植民地化には同義語がない。[22]

タックらは続けて、ネグリチュード運動を牽引し、植民地主義を批判したマルティニークの詩人および政治家であったエメ・セゼールが述べた「肝心なのは、はっきりと見ること、はっきりと考えること、つまり、危険なまでに、「植民地化とは何か」という最初の問いにはっきりと答えることである」を引用する。そして「脱植民地化」をメタファーとして使うことはできないと主張する。

それは先住民の政治を西洋の解放の教義に変えることではなく、危機に瀕した人々を「助け」、苦しみを軽減する博愛主義のプロセスでもなく、抑圧的な条件や結果に対する闘争の総称でもない。社会正義という広い傘の下には、これらすべての努力を受け入れる余地があるのかもしれない。対照的に、脱植民地化は、特に先住民の土地と生命の返還を要求する。脱植民地化は、社会正義の代名詞ではない(強調：引用者)[23]。

社会正義の代名詞ではないという表明は、脱植民地という概念および運動が、先住民の権利回復のためではない社会的不正義の是正へと転用されてしまうことへの警鐘だ。さらにタックらは、「脱植民地化」をメタファーとして使用することで、「入植者の罪悪感や責任感を和らげ、土地や権力や特権を放棄する必要性を隠す、転換や気晴らし」となることについて警鐘を鳴らしている。

以下では、タックらの(1)入植者植民地主義《セトラーコロニアリズム》とTrespasser、(2)罪悪感の解消や和解への欲望、(3)パウロ・フレイレに象徴されるような「解放の教義」への批判、に関する議論を紹介しながら、先住民研究および問題の論点を整理したい。

タックらは、パトリック・ウルフの「入植者植民地主義《セトラーコロニアリズム》は構造であり、出来事ではない[24]」を引きさながら、入植者植民地主義《セトラーコロニアリズム》について「他の形態の植民地主義とは異なり、入植者が土地に新しい家を作るという意図を持ってやってきて、その新しい領域におけるすべてのものに対する入植者の主権を主張する」と述べる。「入植者が先住民の土地を新たな住処とし、資本の源泉とする」。さらに、「土地に対する先住民の関係を破壊すること、認識論的、存在論的、宇宙論的な深い暴力(強調：引用者)」であり、「入植者の到着に時間的に収まるものではなく、占領が行われている毎日の日々においてた

えず認識されるもの（強調：引用者）」であるという。(25)

入植者植民地主義《セトラーコロニアリズム》という概念が、（ポストコロニアル論などによって不可視化されてしまう）入植者国家における先住民の現実を可視化させる上で有用であることはいうまでもない。しかし、北海道における先住民問題について思索する際には困難を伴う点は重要である。つまり、北米、オーストラリア、ニュージーランドのような国家では、「もともと住んでいる先住民」と「あとから主にヨーロッパからやってきた入植者」の構造は明確であり、よって入植者植民地主義《セトラーコロニアリズム》という概念も広く理解可能なものかもしれない。しかし日本では、本州・四国・九州において〈日本人〉はずっとそこに住み続けている。つまり入植していない。歴史や政治、経済がつくられるのは北海道でも沖縄でも旧植民地でもなく、主として本州――とりわけ関東や関西――であろう。

北海道では、私の父方の出自である「琴似屯田兵(26)」のような特殊なケースを除いて、日常的な感覚として入植者の子孫であると認識しにくい。日々「和人」から「自分のルーツについて考えたことがない」と言われることに、私はその認識の不在を読み取ってしまう。それは、北海道が国家ではなく一都道府県であり、中央の論理で運営されている「周辺」であることに起因するとはいえまいか。このような背景は、先住民問題において重要な概念である入植者植民地主義《セトラーコロニアリズム》に関する理解を妨げるものとして機能する。

また、タックらは、Settler Moves to Innocence（無実を目指す入植者の動き）というユニークな概念で、脱植民地化に関する議論を深化させる。

無実を目指す入植者の動きとは、土地や権力や特権を手放すことなく、また多くを変えることなく、入植者の罪悪感や責任感を和らげようとする戦略や位置づけ（強調：引用者）のことである。「私たちは皆、植民地化されている」は、真実の発言かもしれないが、欺瞞に満ちた包含力のある曖昧な表現であり、その推論は「私たちの誰も入植者ではない」である[27]。

脱植民地化は「無実を目指す入植者の動き」と連動しながら、あらゆる他の差別や暴力の構造のメタファーとなることによって、先住民への植民地化を隠蔽する。また、この隠蔽により、入植者につらなる多数派が先住民問題における当事者性を持つことが困難になり、先住民の権利の回復が妨げられている現状を、タックらの批判は可視化させる。和解への欲望に釘を刺していることも重要だろう。入植者側が抱え込んでしまった罪悪感や不安は和解を欲望させる。和解の試みが早められる場合、その試みは先住民側の回復のためではなく、入植者側の居心地の悪さからの逃亡のためにほかならない。タックらは、こうした構造に図らずも寄与してしまった知識人としてパウロ・フレイレについてふれている。

フレイレの哲学は、教育者に「植民地化」を抑圧のメタファーとして使うことを奨励してきた。このようなパラダイムでは、「内的植民地化 internal colonization」は「精神的植民地化 mental colonization」に還元され、論理的には、自分の心を脱植民地化すれば後はついてくるという解決策に至る。このような哲学は、最も不安な問題を都合よく回避している。

フレイレとファノンの間には、特に脱植民地化に関して大きな違いがあることを指摘することが重要である[28]。

タックらによるフレイレに対する批判は興味深く、学術に携わる人間全てに関わる倫理的態度のありかたを問うものであろう。フレイレによる『被抑圧者の教育学』は、教育学における古典であり、教育思想において今日絶大な影響力を保持し続ける。しかし、ゴーギャンに対して先住民を性的に搾取したという批判が向けられるように、偉大な芸術家や学者に対して後年、周辺化された人びとにより思わぬ批判が起こることがある。フレイレもその思想に潜む不理解や無知な暴力性への批判を免れない。フランツ・ファノンに呼応して提示した精神的植民地化というフレイレによる視点こそ先住民の権利回復にとっての障壁となるというタックらの批判は厳しい。発表された時代や場所においては倫理的に問われる必要がなかった議論や視点が、時代が変わり論者の文化的背景が多様に拡張されるにつれて問題となるということのような例は、学術における倫理的態度において多くの示唆を与えてくれる。

われわれは、「正式に譲渡されていない先住民の領土」の問題を直視し、そこから得る資源や資本を今日も享受する社会の一員であることの責任についてどのように議論を進展できるだろうか。

すでに文化的に同化しているのだから、アイヌ民族は日本人である、というアイヌ民族否定論に抗う言葉を持っていない知識人は多いのではないだろうか。私が提示する答えはいたってシンプルだ。文化から疎外され一世紀以上が経過し、アイデンティティを持ち得なくなってしまってもなお、子孫たちは結婚差別に遭遇し続け、アイヌへのヘイトスピーチ／ヘイトクライムは日々起こり、生存が脅かされている。問題は同化の度合いや「民族であるか」どうかではなく、同化しつくしたとしてもレイシズムによって「殺されている」現実である。さらにすでに述べている通り、このような現実は暴力者によって可能となっているのではなく、圧倒的多数の傍観者が見なかったことにすることによって可能となっていることは何度でも繰り返そう。また、タックらの議論は、性急な和解への動きや、先住民問題を他の被抑圧者の議論と接続することも先住民の権利回復を妨げているとわれわれに告げていた。この視点はこれからの学術や社会運動における振る舞いの作法を教示してくれるのではなかろうか。こうした先住民問題がなぜこれまで日本における知的空間の中心で問われなかったのかを問うことは、近現代日本の姿そのものを再考することにほかならない。

3-2　幽閉の暴力をまなざす

アイヌを幽閉する言説の中で、いかにアイヌたちは行為しているのか。Unlearn——学び捨てる——ことがポストコロニアル状況において重要であると述べたのは、敬愛するガヤトリ・スピヴァクだが、学び捨てることが必要なのは植民者側だけではない。アイヌ自身がアイヌを幽閉する言説をまなざし、その言説を学び捨て、言葉やまなざしを作り直さなければいけない。第1章と第2章で登場した木村さんとBさんは、幽閉の暴力に自ら気がつき、そういった言説をひとつひとつ自分たちから引き剝がし、自ら獲得したまなざしと言葉を持つ人である。私のように知識人の言葉でそのプロセスを行うこととは対極にある。知識人の言葉が、どれほど賞味期限が切れた既存の言葉に侵されているか。私は木村さんやBさんとの対話からそのことに気がつかされてきた。

「研究という言葉自体は、おそらく先住民族の世界における語彙の中で最も汚い言葉の一つである」[29]

「研究者は、同じテーブルにつけば対等に話ができていると思っている。絶対にそうではない。対等ではない。そのことが全く分かっていない」[30]という言葉がこだまする。学問が権力と不可分であるとするならば、知識人が使うあらゆる言葉には権力性が染みついていることをわれわれは自覚しなければいけない。抑圧された人びとを解放する意図を持つ知識人の営為すら、それが知識人の言葉で遂行されようとするとき、被抑圧者を幽閉する言葉になるかもしれない。政治経済的および文化資本的に安定した基盤を持つ知識人たちが、不理解のもとに使用する言語や振る舞いに対して、そういった資本から疎外されてきた人びとが異議申し立てをするというアンペイドワーク――不払い労働――について、われわれは深く受け止めたい。

二〇一六年という北海道的転回、そしてアイヌ遺骨返還問題とは、穏やかではないむしろ暴力的なかたちで、アイヌ自身にまなざす力を与えてきたのだと思う。われわれは、幽閉されてきたアイヌ遺骨に出会うことで、自らも幽閉されていることに気がつく。そしてその気づきにこそ、既存の言説を学び捨て、自らの獲得する言葉とまなざしによって行為することが可能となる契機がある。それはどこまでも尊く美しい。しかしわれわれは、美しいプロセスと回復を美談として消費することを慎まなければいけない。Bさんは「本当、孤独なんですよ。寂しくて寂しくて毎日、死にそう」(本書九六頁)と云う。多数派が引き起こした不正義を被害に遭った側が、多大な労力と孤独の闘いをもって清算させられていることをわれわれは直視できるだろうか。

（1）ベス・パイアトート『アンティコニ――北米先住民のソフォクレス』初見かおり訳、春風社、二〇二四年、一二一頁。
（2）パイアトートの『アンティコニ』は、先住民女性研究者によるソフォクレスの『アンティゴネー』の翻案で、博物館に収容された先祖の遺骨を主人公のアンティコニが奪い返し埋葬する話である。

（3）　パイアトート前掲書、二九頁。
（4）　ホワイトコーツとは科学者や人類学者を指す。
（5）　石原真衣「われわれの憎悪とは――「一四〇字の世界」によるカタストロフィと沈黙のパンデミック」、杉田俊介・櫻井信栄編、川村湊編集協力『対抗言論　反ヘイトのための交差路』第一号、法政大学出版局、二〇一九年、一八五―一九五頁。
（6）　ロビン・ディアンジェロは、レイシズムが助長・温存される構造について、白人がレイシズムに向かう際の心の弱さとの関連を論じている(ロビン・ディアンジェロ『ホワイト・フラジリティ――私たちはなぜレイシズムに向き合えないのか？』貴堂嘉之監訳、上田勢子訳、明石書店、二〇二一年)。
（7）　小川隆吉「北海道におけるアイヌ民族の問題」『平和研究』第一二号、一九八七年、三九頁。
（8）　中村平は、colonialism を殖民主義、decolonization を脱殖民主義と書く。その理由として近代国家の論理には「殖やす」という志向があり資本主義と殖民主義が関わる問題があること、さらに宗主国からの独立を目指す脱植民地化という語感ではなく、脱殖民化とは「自治を認めない殖民主義的な力、帝国主義的な力に抗して、他者による主体性の抑圧に対抗していくことである」からだと中村は述べる(中村平「記号化される台湾先住民――日本殖民主義の認識論と透明な殖民者日本人」、石原真衣編著『記号化される先住民／女性／子ども』青土社、二〇二一年、四九―七九頁)。本書でいうアイヌによるまなざしは、まさに「他者による主体性の抑圧に対抗していくこと」と共鳴する。
（9）　石原真衣・下地ローレンス吉孝「【討議】インターセクショナルな「ノイズ」を鳴らすために」『現代思想』第五〇巻第五号(二〇二二年五月号)、九―二三頁では、少数者が担わされるアンペイドワークについて触れた。
（10）　西川潤「植民政策から平和学へ――日本平和研究の当面する脱植民地課題」『平和研究』第四七号、二〇一六年。
（11）　少数者をコスメティックに消費することについては、石原真衣「先住民という記号――日本のダイバーシティ推進における課題と展望」、石原編著前掲『記号化される先住民／女性／子ども』、一五九―一八八頁を参照。
（12）　同前。

(13) シドル前掲『アイヌ通史』／平野克弥「遭遇としての植民地主義――北海道開拓における人種化と労働力の問題をめぐって」、田辺明生・竹沢泰子・成田龍一編『環太平洋地域の移動と人種――統治から管理へ、遭遇から連帯へ』京都大学学術出版会、二〇二〇年。

(14) 日本では、国勢調査の項目に国内の民族・人種的多様性を確認する項目がない。総務省統計局「平成二七年国勢調査の新規調査項目の要望に係る対応方針(案)」を参照されたい。https://www.stat.go.jp/info/kenkyu/kokusei/yusiki27/pdf/kikaku/02sy0402.pdf：二〇二四年二月二一日最終閲覧。

(15) アイヌ民族否定論については岡和田晃・マーク・ウィンチェスター編『アイヌ民族否定論に抗する』河出書房新社、二〇一五年を参照。

(16) 名和克郎「民族論の発展のために――民族の記述と分析に関する理論的考察」『民族學研究』第五七巻第二号、一九九二年／内堀基光「民族論メモランダム」、田辺繁治編著『人類学的認識の冒険――イデオロギーとプラクティス』同文舘、一九八九年／スチュアート・ヘンリ『民族幻想論――あいまいな民族　つくられた人種』解放出版社、二〇〇二年など。

(17) 人種概念の詳細な検討には竹沢泰子の一連の著作がある。近年の著作として竹沢泰子・ジャン＝フレデリック・ショブ編『人種主義と反人種主義――越境と転換』京都大学学術出版会、二〇二二年など。中山京子・東優也・太田満・森茂岳雄編著『「人種」「民族」をどう教えるか――創られた概念の解体をめざして』明石書店、二〇二一年も参照されたい。

(18) 先住民に関する議論は、小坂田裕子・深山直子・丸山淳子・守谷賢輔編『考えてみよう　先住民族と法』信山社、二〇二二年／深山直子・丸山淳子・木村真希子編『先住民からみる現代世界――わたしたちの〈あたりまえ〉に挑む』昭和堂、二〇一八年／窪田幸子・野林厚志編『「先住民」とはだれか』世界思想社、二〇〇九年を参照されたい。

(19) 一五八六年にスイスのレンヴァルト・シサットは『日本諸島実記』でアイヌを「蛮人」としてヨーロッパに紹介している(ハンス＝ディーター・オイルシュレーガー「西洋の民族学的言説にみるアイヌ」、桑山敬己編『日本はどのように語られたか――海外の文化人類学的・民俗学的日本研究』昭和堂、二〇一六年、一七九―二〇七頁)。

(20)　UBC Campus Biodiversity Data Hub. https://portal.gis.ubc.ca/arcgis/apps/experiencebuilder/experience/?id=80b5c05856fe4e46a3c1047e4d27f3bb&page=page_5：二〇二三年一一月一六日最終閲覧。

(21)　北海道大学アイヌ・先住民研究センターホームページ。https://www.cais.hokudai.ac.jp/aboutcenter/message/：二〇二三年一一月一六日最終閲覧。

(22)　Tuck, E. & K. W. Yang, "Decolonization Is Not a Metaphor," *Decolonization: Indigeneity, Education & Society*, 1(1), 2012, p. 3.

(23)　*Ibid.*, p. 21.

(24)　Wolfe, P., *Settler Colonialism and the Transformation of Anthropology: The Politics and Poetics of an Ethnographic Events*, London: Continuum, 1999.

(25)　Tuck & Yang, *op. cit.*, p. 5.

(26)　私の父方の祖母は、会津藩が戊辰戦争に敗れ、青森県斗南へ移住、さらに北海道へ入植した「琴似屯田兵」の出自であった。琴似屯田兵は「入植者のリーダー」という自負を持っている。私が自らの自己認識を近年マルチレイシャルと位置付けているのは、入植者のリーダーの出自と先住民の出自という相反する歴史性において一方のみを自己のそれと位置付けられないためであった。マルチレイシャルの人間が被る人権侵害については、精神分析医マリア・P・P・ルートが一九九三年に発表した「人種的に混合している人たちのための権利の章典」が参考になる(川島浩平・竹沢泰子編『人種神話を解体する3――「血」の政治学を越えて』東京大学出版会、二〇一六年、二二六頁)。

(27)　Tuck & Yang, *op. cit.*, p. 10.

(28)　Tuck & Yang, *op. cit.*, p. 19.

(29)　Smith, L. T., *Decolonizing Methodologies: Research and Indigenous Peoples*, Second edition, London: Zed Books Ltd., 2012.

(30)　石原真衣「アカデミック・サバルタンの声と「研究」――学問におけるdecolonization(脱植民地化)へ向けて」『北海道民族学』第一七号、二〇二一年、一七頁。

第2部

インターセクショナリティ

第4章

アイヌ女性と複合差別

――ヘイトスピーチと闘う多原良子さん

1　アイヌ差別について

1-1　祖母の写真を介した記憶

多原良子さんはアイヌの女性運動を牽引してきた七〇代前半の女性である。インタビューは二〇二三年七月に札幌市内の品の良い喫茶店で行われ、石原と村上二人でお話を伺った。多原さんのグループと石原で、アイヌ女性を取り巻く状況についての講座および研究会の設置を準備している中でのインタビューだった。杉田水脈衆議院議員によるヘイトスピーチのターゲットになっていることは存じ上げていたが、法務局への人権救済申し立てについてはインタビューのあと九月に救済認定の報道がされた時点で私たちは知った。

インタビューでは、生い立ちから、アイヌ女性の権利擁護の活動にいたる経験が話された。つまりヘイトスピーチとそれに対抗する運動の背景にある多原さんの人生がテーマとなっている。

多原　両祖母ともいわゆるアイヌ女性というか。でも、母のほうは、ちょっと離れている所だったので、小さい頃、見たことがあるかもしれないけど、ほとんど覚えてないですよね。父のほうの祖母は、私が二歳の頃まで、たった二歳なんだけれど、一緒にいて、それが不思議なことにはっきり記憶、二つあるんです。それが不思議でしょうがないんですけど。

何の記憶かというと、今でも祖母の写真って数枚あるんですけど、〔……〕その祖母の写真は、全部必ず、昭和二〇年代前後かなと思うんだけど、全部正装しているんですよ。それが荘厳な感じで不思議でしょうがないんですけども。正装している写真なのね。で、両祖母とも、いわゆる口に入れ墨もしていましたし、写真がそのまま、もう一度焼き増ししたからあるんですけど。

（2）

20230920 朝刊　(社会)

杉田議員の人権侵犯認定

札幌法務局　アイヌ民族侮辱投稿

杉田水脈衆院議員

自民党の杉田水脈衆院議員がブログなどでアイヌ民族を侮辱的に表現した問題について、札幌法務局が「人権侵犯の事実があった」と認定し、杉田議員側に人権尊重への理解を求める「啓発」を行ったことが19日、分かった。法務局に人権救済の申し立てをしていた当事者らが明らかにした。

認定は7日付。認定されたのは、2016年の国連女性差別撤廃委員会の際、杉田議員が「チマチョゴリやアイヌの民族衣装のコスプレおばさんまで登場。完全に品格に問題があります」と写真付きで書いたブログやフェイスブックの投稿と、同委の様子を撮影したツイッター（現X）の投稿計3件。杉田議員に中傷されたとして、同委に札幌アイヌ協会の会員2人と参加した多原良子さん＝札幌市＝が3月、法務局に救済を申し立てていた。

杉田議員の事務所は19日、北海道新聞の取材に「法務局から啓発を受けた」と認めた。法務局は「個別事案については回答できない」としている。

多原さんは15日、法務局から報告を受けた。多原さんによると、杉田議員が投稿を削除していたため、法務局は捜査機関への告発などの「措置」を取ることはせず「猶予」にした。法務局は規程に基づき、杉田議員に「アイヌ文化を学び、発言に注意すること」と口頭で伝え、人権尊重を働きかける「啓発」を行ったという。

多原さんは取材に対し「攻撃を受けても声を上げられないアイヌ民族もいる。法務省が今回動き、人権侵犯を認めたのは大きな一歩だ」と述べた。

杉田議員の投稿は昨年11月の国会論議で問題視され、当時総務政務官だった杉田議員は投稿内容の一部を謝罪、撤回したものの差別表現とは認めなかった。

法務省の規程では、人権救済の申し立てに対し、告発や改善を求める勧告など7種類の「措置」のほか、関係者に「啓発」することなどが定められている。

（吉田隆久、武藤里美）

『北海道新聞』2023年9月20日朝刊

二歳の頃の「記憶、二つある」と多原さんは語り始めた。三回くりかえすほど「不思議」と不思議な記憶だ。まずその二つの記憶を導き出した祖母の写真が話題となる。口にシヌイェと呼ばれる入れ墨をした祖母の正装した写真だ。子どもの頃から現在にいたるまで実家に飾られているこの写真が、二歳の頃から現在まで連続する時間を導いているかのようである。

多原　そこで育った、先ほど言ったように記憶があるっていうのは、春先に、むかわ〔町〕ってやっぱり札幌と違って、すごく寒い所で。しかし雪はあんまり降らないから、堅雪なんですね。そういう中で、今よく言う、セタエントという、ナギナタコウジュっていうアイヌの薬草みたいなのがあるんですね。その頃はおかゆに入れたりとか。

後から分かったことなんだけど。それを採りに行くために、私と近所に住んでいた私のいとこの女の子、同じ年だったんですけど、二人の手を引いてくれて、そこに採りに行ったんですね。そのことをはっきり記憶にあるわけ。なんでそんなに記憶にあるのかなと思うと、独特の香りする、後から考えると。飴のような。だから、もう記憶に残ったのかなと思うのと。

もう一つは、祖母が亡くなったとき。亡くなったのが昭和二八年〔一九五三年〕だから、私が二歳の、本当に二歳だった。それが記憶に。仏壇の前に寝かされていて、いわゆる白い布をかぶせてあったから。だけど、そのとき自分で、ばあちゃんが死んだっていう記憶がなかったの。分かんなかったんですね、記憶じゃなくて。分かんなかったけど、『寝てるのかな』と思って布を取ってみたときに、本当に入れ墨の青さというのがものすごい焼き付いて。（３ａ）

祖母の写真を媒介として思い出されたのは、祖母と薬草を採りに行った記憶、そして祖母の遺体の記憶である。薬草の「独特の香り」が、プルーストのマドレーヌがそうであるように、七〇年前の瞬間へと立ち戻らせたということなのかもしれない。「後から」と二回くりかえされるように、いとことともに祖母に手を引かれた場面と薬草の香りのイメージは、「後から」薬草採りという意味付けを手にしている。言語的な意味を持たない情景がもともとは多原さんの中に残っているのだ。「『寝てるのかな』と思って」布をめくって目にした祖母の遺体の「入れ墨の青さ」という視覚経験もまた、言語記憶とは異なる刻まれ方をしていそうだ。「寝てるのかな」と思って布をめくったときに目にした「入れ墨の青さ」が焼き付くことで、写真の中の祖母の入れ墨と合わせて視覚的なイコンとなっている。生とも死とも決めにくい入れ墨の映像は、驚きはあるものの感情も言語もともなわない離人的な描かれ方をしている。

インタビューの中では豊かな土地の思い出や、野山で遊びながら学校に通った道のりの楽しい思い出も語られた。つまり楽しさに彩られている感覚の記憶は、差別から切り離された基層の記憶なのだ。

薬草を採りに連れて行ってくれた優しい思い出とも結びついた荘厳な写真の記憶なのだが、これが楽しい記憶と差別の記憶の蝶番となるのが正装をした祖母の写真であるようだ。

～

次第に「嫌」な経験になっていく。

多原　そのおばあちゃんで、今、そのおばあちゃんの写真がいつも仏壇に飾ってあったんです。アイヌの、頭に黒いものを巻いて、正装して。その写真が飾ってあるのが、家族だけのうちはよかったんだけど、いわゆる大人になって、大人になって話飛んじゃうけれども、それがすごく私は嫌だった。

だんだん社会に出て、アイヌに対してのネガティブな話ばっかり周りで聞くし、うちの母のきょうだいとか、父の親戚とか、いろんな人が集まれば、もうそういう、やっぱり、楽しい話もするけど、アイヌ差別のこととか、たくさん話するんですよね。そういうのを聞くと、『ああ、アイヌって嫌だな』っていうことがだんだんあって。（３ｂ）

「今」と言いかけて「いつも仏壇に飾ってあった」と言い直していることから、祖母の写真は過去と現在を直接接続している媒介であることが分かる。子どもの頃の記憶から突然大人になった場面に「話飛んじゃう」ことが重要だ。写真を介して二歳の頃の「不思議な」イメージ記憶が呼び起こされ、その後の差別という言葉によるネガティブな経験と結びつく。

「アイヌに対してのネガティブな話ばっかり」「アイヌ差別のこととか、たくさん話する」と、大人になるにつれてアイヌ差別についての話を聞くことが多くなるのにしたがい、アイヌの正装をして入れ墨をした祖母の写真が実家に飾られていることが、「嫌だった」と感じるようになる。インタビュー前半では「すごく」という強調が「嫌」を修飾する場面が多い。

多原さんは「だんだん」を、アイヌについてのネガティブな経験が重なっていくことを示すときに使った。祖母との「不思議な」思い出と死に顔のイメージの上に、その後の「嫌」な経験が「だんだん」「たくさん」積みかさなるのだ。現在でも飾られている写真は多重の意味を背負っている。

そして、「やっぱり」は、「楽しい話もするけど、アイヌ差別のこと」というように、ポジティブな経験とネガティブな経験が対比されるときに使われることが多い。インタビュー全体を通して「やっぱり」を介して経験の両義性が語られる。

多原　本当にそのおばあちゃんの写真があるのが、家族だけのうちはいいけど、結婚して、

〔和人である〕夫がとか、帰省、お盆とかお正月とかって、札幌からむかわに帰るじゃないですか。そうすると、その写真を見たら、誰が見たってこれはアイヌだって分かるでしょう、北海道の。本州の人でも、「一体何?」って聞くかもしれないよね。それでも、気を使って言わなかったんだと思うけれど、それがいつ言われるか、いつ言われるか、ね。恐怖感。そんなのすごく嫌でしたね。『なんでこんな所に』。でも、やっぱり「ここに写真置かないで」っていうことは、やっぱり父を悲しませることだと思うから、それも言えなかったんですけれども。そんなこともありましたね。（3c）

「家族だけのうちはいいけど」差別は外部から周囲の噂話としてやってくる。前の引用でも「家族だけのうちはよかったんだけど」と言われている。家族と外部社会のあいだに境界線がいったん引かれる。しかしこのあと、だんだんとこの線が揺らいでいく。

「すごく嫌」という感情の内実は、差別を受けるのではないかという「恐怖感」である。多原さん自身が実際に差別に遭っているわけではないが、受けるのではないかという切迫した未来だ。「嫌」はこのような未来と結びついている。

1-2　差別の伝聞

さて、アイヌへの差別は直接多原さんが被ったものとしては語られない。伝聞か観察したものだ。自分自身は直接受けていない差別をこれから受けるのではないか、という恐怖感が先に立っている。

多原　「あ、イヌ」が来たっていうことも、やっぱり言われたっていうことも〔父は〕私たちにずっと聞かせていた。でも、すごいハンサムな父だったんですよね。それでもう、頭もいいし、礼儀正しいし、そういう父なのに、それでもそういうふうにされるっていうことで。『なんてアイヌって嫌なんだろう』って、〔思って〕いたんですけれども。（7b）

ハンサムで頭がよく礼儀正しい父が、にもかかわらず差別を受けるのだ。ここでも「やっぱり」はポジティブな経験をネガティブなものへと転換する両義性に使われる。アイヌであるがゆえに「やっぱり」差別を受けるという執拗さを示している。

次の場面も周囲で起こった差別にかかわる出来事を目撃しているという間接的な構図は共通する。

多原　身体的特徴みたいなことに苦しむんですよね。いわゆる毛深いということが、何かの話題になったら、もうその話です。それがあるから。洋服を着るときだとか、銭湯に行くときだとか、それとか学校で身体検査があるとか、運動会があるとかっていうことが、本当にもう心配の種なんですね。やっぱりどうしても、そのうちいろんな、体をさらさなきゃならないことに対して。そこの中で、私も和人から見れば毛深いほうだったけれども、どうしようもないほどでもなかったから何とかよかったんだけど。〔……〕

ある日〔中学校の〕運動会があった。運動会で。〔……〕違うクラスの女の子だったんだけど、いわゆるそこもやっぱりアイヌの血を引いた女の子でね。顔を見ても分かる。その日に、そのショートパンツを穿いてきたら、〔……〕彼女はもうこの足を隠そうとして、見られないようにして、両手でこう、もじもじ、もじもじっていう感じでね、もう隠す姿をしているんですよね。もう本当にそれがつらかったし。気づかってやることもできないし。大人になっても、そのことがずっと頭に残って、『彼女はどんな思いで、つらい思いしたんだろうな』というのがありましたね。（６）

アイヌと和人が出会う「そこの中」で「心配の種」が生じる。「心配の種」は先ほどの「恐怖感」と同じく差別されるのではないかという予期である。「〜の中」は差別が起きうる場所を指し示す表現となっていく。

この場面では身体的な特徴があらわになる場面が「やっぱり」心配の種になる。多原さん自身が差別されたわけではないが、差別されることを恐れて「つらい思い」をする女の子を目撃し、多原さんも「つらかった」と感じる。

身体的特徴は差別の古典的な手段だが、差別するマジョリティ側の身体規範がマイノリティ側において内面化され、マイノリティの身振りを決めている。このとき差別の可能性は、恐怖として内面化される。自分自身が直接和人の視線にさらされたわけではないが、つねにさらされる可能性はあった多原さんは、「気づかってやることもできない」がゆえに、「大人になっても、そのことがずっと頭に」残るほどつらいのだ。多原さんは、大人になって、傍観者ではなく差別状況にコミットする活動を行うことになる。

1-3　家族の中でのアイヌ差別

ところで、多原さんの実家は、魚に恵まれたところで生活は豊かだったそうだ。しかしそこでも差別は話題になる。

多原　とにかく一年中、マスとかシャケとか食べれる状態で。お米も作ってたりもしたので、その仕事も土地改良区からの仕事もしてたし、それほど生活的には困ったことはなかった。ただ、母のきょうだいたちは、やっぱりそんな生活は困らなくても、やっぱりその頃って差別って厳しいんだね、そんなことをいろいろ、うちの畑の仕事とか、田んぼの仕事が忙しくなると、母のきょうだいたちは子どもを連れて、嫁ぎ先から来て、何週間か手伝ったりとかするんです。きっと多分お金もらったりとか、食べるものもああ〔豊か〕だったから。

そうして、夜になるとかすると、もうそういう愚痴を言う。父親、母のほうの父親は和人だったから。お母さんのおばあちゃんアイヌだったからね。その生まれた子どもは、やっぱり顔が、何ていうの、身体的にすごくアイヌの特徴を持った子どもと、自分の特徴を持った和人的な子どももがいるのと。その〔母の〕父親はそういう、アイヌの特徴を持った子どもとかを連れて町とか行かないんだそうです。そういう愚痴を、もう母に。母は、なんか半分ずつなのに全然色も白くてぽっちゃりしてて、毛も全然なくてっていう感じなんだけど、他の妹たちは、別にすごいわけじゃないんだけど、若干母よりアイヌの特徴を持っているから、「私は父親にね、町に連れていってもらわなかったよね」っていう愚痴を言ったりするので。そんなのを聞いて。（4）

豊かであっても「やっぱり」差別される。ポジティブなことがあっても「やっぱり」ネガティブな差別に転換する。ハンサムで礼儀正しくても裕福でも「やっぱり」差別は起きる。身体的な特徴をきっかけに差別されるだけでなく、属性とは関係なくとも人種化ゆえに差別は起きるのだ。差別したいという暗い欲望が先にあり、何らかの理由をこしらえて差別している。

和人だった祖父は、アイヌの身体的特徴が少ない娘(多原さんの母)を町に連れていくが、特徴がある娘(多原さんのおば)は「やっぱり」連れていかなかった。娘であったとしても「やっぱり」差別する。「町」という和人のまなざしがある場所では差別が予期される。どんな人でもアイヌであると見なされている限り差別から逃げられない。

親戚が集まったときに差別についての「愚痴」が語られる。差別が語られるのは、加害から遠ざかった仲間内の安全な空間においてである。三回「愚痴」が強調されるが、差別は外部からだけではなく家族の中の和人からのものでもあることが、ここで明かされる。和人の家族がいる場所で、アイヌ女性への差別は現れるのだ。と同時に、多原さんにとって差別は他の人が被ったものであり、やはり周囲で聞く話として生じるものでもある。

「もうそういう愚痴」「もう母に」というように「もう」という副詞は、インタビュー前半では差別を受ける受動的な経験についてのネガティブな感情を語るときに用いられる(差別に対抗する能動的実践について語られたインタビュー後半では「もう」はあまり登場しない)。「やっぱり」アイヌというラベリングが働く場所では「もう」差別にかかわる出来事が起きるのだ。

1-4　差別の内面化

アイヌの中に内面化された差別がもう一つ語られた。今度はアイヌについてアイヌが語るなかで表現される。

多原　苫小牧に行った帰りに、いわゆる喫茶店でもないけど、パーラーみたいな所へ行って何か食べて帰ってくるのが、みんなのステータスみたいな。おばさんたちもそこへ寄ってくるときに、あるとき、そのおばさん、母の妹、きょうだい二人が一緒に行ったらしいんですね。そこにウエートレスの、今で言えばウエートレスなんだけど、そこの中に、はっきりアイヌって分かるような娘さんがいたっていうことを話し始めたんです。母とか、帰ってきて、お茶飲みながら。私は、いつも大人の話聞くの面白いから、そばにいて。

そこにいたら、どっちのおばか分からないけれども、きょう行ったところのお運びさんするような女の子がね、「メノコだよね」って。メノコ。アイヌの女っていう意味で。(1)

石原　メノコ。

村上　メノコって言うんですか、知りませんでした。

多原　いわゆるアイヌだとか、メノコっていうのは、和人からも侮蔑的に言われたけど、アイヌでもあまりそういうのは使うのは嫌で、メノコってめったに使わない。言いたくないんだけど、「メノコだったよね」って、おばたちがどっちかのおばが言ったんですね。「だから、大変だろうな」っていう感じの言い方をするんです。そして、私とそのおばさんの子どもにこっちを向いて、「リョウとカズは、――私が良子で、もう一人が。――リョウとカズは、メノコ顔しなくてよかったね」って言うんですね。

そのことが本当に私、ぐっさり刺さって。『メノコ顔してたら駄目なのか、差別されるのか』っていうね、そういうおばたちの言い方もすごく嫌だったけれど、おばたちはおばたちで、多分父親とかが顔で、同じ子どもなのにアイヌの特徴を持った子どもを町へ連れていかないということがあったから、やはりそういう、だんだんそんな考え方になったのかなと思って。一層楽しい話もあったけれど、そういう話、やっぱりそういう嫌な話って、どうしても残りますよね。そんな子どもの頃、そんな思いもしたりとかして。(5)

先ほどの場面では多原さんの祖父が娘たちに差をつけて差別をしたことが語られた。さらにここでは、そのとき差別されたおばたちが、よりアイヌの身体的特徴を持つ女性に対して差別的な言葉を、しかし同情するように用いている(構図としては、運動会で多原さんがアイヌの少女を気づかうのと同じである)。「メノコ」という差別を内包した言葉によって、厳しい差別を受けているかもしれないアイヌの少女を気づかうのだ。差別は伝聞なのだが、「すごく嫌」という感情が結びつく。

ここでも「嫌」という感情が、多原さんに対する触発を描写しており、差別される経験の中でおばたち自身が「だんだん」差別を受ける経験を内面化していったことも触れられる。差別される話題は「だんだん」蓄積していく。「楽しい話」があっても「やっぱり」「そういう」嫌な話は避けられないのだ。

1-5　差別へと応答する糸口

次の場面は、インタビューでしばらく経ってから多原さんが社会活動について語る中で、活動の動機を振り返ったときのものだ。差別されることへの恐れは出自を隠すことに帰着する。

多原　それでも、話、さっきのところに戻って、アイヌ協会へ。アイヌ協会に入ったのは、協会に入って、いわゆる最初は会員だけだったけど、すぐ役員とかもやって。でも、そのうちにだんだん、やっぱりずっと自分がアイヌを隠さなきゃなんないっていうことがすごく苦痛になってきたし、ひきょうだなっていう思いもするし、『しかしなんでそんなに恥ずかしかったり、アイヌであることが恥ずかしいと思わなきゃなんないんだろう?』っていうふうに考えて、『一生私は死ぬまでアイヌを隠して自分は生きなきゃ駄目なんだろうか?』と思ったときに、『何とかしなきゃ、どうしよう?』っていろいろ考えて。

やっぱり家族の了解が要るよね。みんな聞くときに、やっぱり結婚するときにも、「『私はアイヌだけどいいのか』って承諾を取って結婚した」っていう人も、『え、なんでそんなことまでしなきゃならないの?』って。『それほどまで私、価値のない人間なの?』とかって思って、黙って私は結婚したけど、そんないちいち承諾取るつもりは全くないけれども、『隠して生きるのかなっていうのがもう嫌だ』と思って。『でも、隠さなきゃなんないのはなぜ?』と思って、いろいろ勉強していったときに、やっぱり同化だとか、侵略だとか、そしてこちらに来た人たちは、そういう人たちをおとしめるっていうか、自分たちをより下に置いてという、そういう社会の仕組みみたいなのがあって、それがあったらやっぱり自分がきちんと表明して、誇り高くまでは、そこはそのときは思わなかったけど、その『社会の人にばかにされたりとか、おとしめられて生きるような生き方は、人生一回しかないのに嫌だ』って、私は思って。(12)

大人になった多原さんは生活の中で全面的に和人と接点がある。そのときには他の多くのアイヌがそうであるようにまずは出自を隠している。しかしそれが「すごく苦痛」と語る。かつて差別される話題を聞くのが「すごく嫌」と語られたことの次の段階だ。「嫌」から「苦痛」に変化し、運動へとつながる。「嫌」は差別の被害について聞きながら自分では直接被っていない状態であるのに対し、隠すことは自分自身が隠しているのだから当事者となっており、行動へとつながる。

「アイヌを隠して」暮らすことと、「(アイヌであることに)承諾を取って結婚」することは、一見すると相反する身振りだが、実際には和人のまなざしにおいてアイヌの出自が差別されるがゆえに生じることであり、同じ意味を持つ。

先の項の話題は周囲の「愚痴」や目撃といった間接的な差別の経験だったのだが、ここでは自分自身も社会の中で差別されうる立場として、そこに応答することが話題となっている。このことは、アイヌ女性としての多原さんの活動が踏まえられている。差別の記憶と現在の活動との関係がここでは話題になっているのだ。

一度整理するとネガティブな感情は何重かの層を持つ。

(1)他者が受けた差別による傷つき、つらい思い(そこには、a外部の和人からの差別、b家族の和人からの差別、cアイヌ同士での差別的な表現がある)

(2)差別されるのではないかという多原さんの恐怖、嫌悪感

（3）差別を恐れる人を目撃して「つらかった」こと
（4）社会の中でアイヌであることを隠すことの「苦痛」、である。

現実か予感か、直接か伝聞か、といった切り分けの中で差別の経験は重層化する。いずれにしても、祖父母の世代から母やおば、そして多原さん自身の子ども時代まで、世代をまたがって少しずつ姿を変えながら、集団的な差別を被り続けている。このような歴史的な文脈の中で、現在の多原さんの反差別運動は行われている。

ところで「みんな」「自分たち」とは誰だろうか。社会活動を始めてからの多原さんは、「私たち」「みんな」という人称代名詞を使うが、少しずつ意味が異なるように思える。次節で考えていきたい。

2　複合差別と運動

2-1　アイヌ協会内の男女格差

さて、ここまで多原さんが語ったアイヌ差別は直接受けたものではなく間接的に伝えられたものだった。これに対し、もう一つの差別を多原さんは自身の身で直接経験していた。多原さんの活動をまず駆動したのはむしろこちらの経験だ。

多原　家庭の中で男女の感覚、男女差の感覚はずっと受けて、気持ちの中で、兄もそういう、なんか偉そうなことばっかり言う人だったからね。そういう感じで、ずっと違和感をアイヌとしてのコンプレックスの他に、その男女との家庭の中でとか、学校でとか、社会に出ても、その格差みたいな違和感はずっと持って過ごしていたよね。だから、『なんでこう、同じ人間なのにそんな思いをしなきゃ、言いたいことも言えないんだろう』とかっていう違和感をずっと持っていた。(7a)

「家庭の中」という女性と男性の接点で「男女差」が起きる。

多原さんはアイヌの家庭の中ではむしろ男女格差への「違和感」を持っていた。アイヌ差別が「すごく嫌」「恐怖感」だったのと対照される。「家庭の中でとか、学校でとか、社会に出ても」というように、家庭から社会まですべての水準で男女格差は生じている。そして「言いたいことも言えない」というように、女性が持つ能動的な発言の芽を抑えつけられることが話題となっている。アイヌ差別の場合はまずは一方的に受け身の経験である沈黙が前提だったのとは対照的である。

多原さんの中ではアイヌへの差別とともに、男女格差への大きな違和感がある。もしかすると直接経験した男尊女卑のほうが、外から見てのおびえだったアイヌ差別よりも根本の動機づけになっているのかもしれない。「ずっと違和感」「違和感はずっと」「違和感をずっと」と三回くりかえすほどである。この違和感は「なんでこう、同じ人間なのにそんな思いをしなきゃ」いけないのかという理不尽への疑問だ。多原さんの活動は、この疑問への回答を見つけていくプロセスとなっている。

アイヌ協会の中で活動を始めたときに、男女の格差について多原さんはあらためて向き合う。多原さんはアイヌについては「差別」、ジェンダーについては「格差」を用いる。差別は一方的な方向性だが、格差は双方の活動と負担に差がつけられることとなのだろう。

多原　協会、入って初めてアイヌと向き合うっていうことが、社会的に向き合う、組織の人たちと一緒に向き合うっていうことを、そこで分かったというか。その中で歴史の勉強もするし、また状況の勉強するしっていうことだったんですね。いろんなそこの中でやっていくうちに、私ももともと一人の女として、なんか男女の格差っていうことがすごく納得できなくて、一体今やっている女性運動はどうなのかっていうこととか、いろいろ調べたり、勉強したりするんだけど。（8a）

多原さんは家族の中だけでなくアイヌ協会の「その中」でも出会った「男女の格差」を考えるために女性運動を学び始める。しかしそこでも「納得できなくて」とまたしても違和感を持つ。

多原　〔女性運動は〕どうも一方的に。例えば家事負担の話を、主婦にばっかり家事負担を押し付けるというのは、で、主婦も家事負担の割合の時間をどのぐらいをやったら、どのぐらいのお金をもらうべきみたいなことって言ったりとか。なんか自分のことばっかりを主張する感じ。少ししか持ってこない夫の給料を、女性の家事負担の割合でその人に払ったらほぼないというか。「じゃあ、その家庭費どうするの？」って言ったの、何も考えてないでそういった主張するっていうか。家庭というものは、やっぱりお互いが平等であれば、それぞれの役割分担があったり、特徴があったりしても、やっぱり両方で支えるもの、お互いが理解し合ってと思うのね。一方的な主張だけするっていうことが、ちょっと納得できなくて。どうも一般の女性団体の活動というのにはなじまない。（8b）

多原さんは、アイヌ協会で活動し始めたときに、まず「男女の格差」に納得できず、女性運動を学び始める。ところがこの女性運動の議論が、アイヌの実情に合わないことを発見する。女性運動は（アメリカにおいて白人の中間層女性によって牽引された第二波のフェミニズムがブラックフェミニズムに批判されたように）アイヌ家庭の貧困を考慮していない。つまり植民地支配に由来する困難が存在しないものとなっている。

このずれから、多原さんはアイヌの家庭が抱えてきた困難に出会う。アイヌ女性の逆境という実情に合わない女性運動に対する違和感を持つのだ。複合差別の中で一つの問題しか可視化されないことに違和感を持つ。

多原　で、私はどうしても気持ちの中にアイヌの女性のコンプレックスというのが拭い切れないでいたからね、それは、これ〔女性運動〕もちょっと無理かなと思って。で、アイヌの組織の中に入ってみました。で、何年かずっとしてきたんだけれども、結局アイヌの組織の中でも、差別の撤廃だとか、それからそういう平等を訴えるけれども、足元の女性だとかっていった人たちのことっていうのは、なんかひとくくりにアイヌ、アイヌって言うだけなんですよね。で、そのアイヌの中の人の意見代表というのはおじさんたちという感じ。どこも私、『これはおかしいんじゃない？』って、それでも『意見は言わなきゃなんない』と思って、私が意見を言うと、「女は黙れ」みたいなことを言われちゃったり、毎回。『え、何これ？』って思って。「おかしくないですか？」って言っても、それと、組織の中の代表者を選ぶときとの、選挙制度も日本人とそっくりな感じ。いや、おかしいでしょう。そんなことをしたら、私たちの意見とか、私たちが選ばれるわけないし、いくら言っても全然分からない。「もうアイヌのことも大変なのに、あんたは何そこで言ってるんだ」とか。それがずっとあったんですね。(8)

多原さんはアイヌ協会では男女格差と出会い、女性運動ではアイヌの逆境と出会っている。社会や家庭「の中」で生じる差別と格差が、「気持ちの中」へと侵食する。「アイヌ女性のコンプレックス」という仕方で二重の困難が総合される。

アイヌ協会では「女は黙れ」というような直接的な男女の格差と直面する。女性の困難、そして女性の存在をそもそも無視している。「ひとくくりにアイヌ」とアイヌ男性が呼ぶときには、女性や高齢者といったさらにマイノリティの立場の人は存在しない。とりわけ「もうアイヌのことも大変なのに、あんたは何そこで言ってるんだ」というように、アイヌ問題が第一で女性の困難は存在すら見えていない。アイヌ協会で出会う男女格差は、あたかも女性の問題が存在しないことにされるという形を取る。(2)

ここでの男女格差は二重である。社会運動するアイヌ男性は、そもそも女性を巡る困難の存在を認めていない。そして男性こそが代表だと当然のようにみなされているため、女性はアイヌ問題の代表者・当事者とみなされていない。このことは杉田水脈のヘイトスピーチに対する活動において多原さんが最前線にたつ一方で、アイヌ男性による援護射撃の抗議活動が（少なくとも本州には）かなりあとまで聞こえてこなかったことを考えると、印象的である。

2-2 「複合差別」概念の獲得

多原　やっぱり協会の中で活動をしていても、やっぱり、「女は黙れ」とかね、ちゃんとした役職に就けてもらえないとか、いろんな。自分たちも主張したいことを全く聞いてもらえないということだったからね。

それならと思っているときに、二〇〇二年にＩＭＡＤＲ、反差別国際運動から、「マイノリティー女性の反差別研究会をするので、アイヌの人にも参加してもらえませんか」って言われて、そのとき本当に全く意味が分からなかった。参加したときもそうなんです。

もうみんなそれぞれ在日の人たちも、後から聞くと、とにかく子どもの教育は、ものすごくお母さんとしてみんな苦労しているの、子どもたちの教育を与えることとね、水商売しようが、何しようがそうやってきたと。ほとんどが朝鮮学校の先生がとか、どこかの大学の先生とか、そういう代表者ばっかりなんです。きちんと教育ね、部落の人たちも人数が多いから、そこの中の代表者、またきちんと教育を受けた人たちだし、組織の中でも多様に経験を積んだ人たちばっかり。全然私、そんな何年間やったけど、そういうこと〔教育？〕には。ただ、自分がそういう違和感を持っているのだけれども、何も分からないでいたんだけれども。（14ａ）

「協会の中」で「女は黙れ」という声で否定されるといった男女格差については「自分たちも主張したいこと」がはじめからある。能動的な発言の可能性が見えている。

これに対し、在日コリアンや部落解放運動にかかわる女性と出会ったときに、「全く意味が分からなかった」「何も分からない」という経験をする。「違和感」はあるのだが、「分からない」という構図は先ほど女性運動と出会った場面と同じである。今回は教育水準の違いが話題になっているが、ここにはアイヌが他のマイノリティと比べても困難な状況に置かれてきたことが示唆されている。

このあと分かるように学ぶプロセスが、違和感を解消して主張することを可能にする。


多原　差別を受けるグループの中でも、特にやっぱりジェンダーとか性差別、女性であることによって、もっと厳しい状況に陥るっていうこと〔すなわち複合差別〕がそこで、あらためてそういう状況だろうということを、その〔二〇〇〇年に人種差別撤廃委員会の〕一般的勧告二五できちんと調査するように、そんなことを言ったことがあるっていうことが出されたっていう話をされたんですね[3]。

私、そのとき本当にもう電撃を受けたような感じで、『まさにこれだ、私が求めていたのは』、それこそ「当事者」。今までどこに行っても当事者でない、自分のそういった問題を解決するものが何もなかった。アイヌであっても、女性であっても。

女性の問題で言えば、こう和人の人たちの中で、全然問題点のレベルが全然違うんです。皆さんはずっと、いろんな女性問題とか、男女雇用機会均等法とかね、男女共同参画っていっても、昇進できないだとか、どこどこの女人禁制の山に入れないだとか、そういったいろんな問題はたくさんあるのは分かるけど。

私たちの感覚の中は、もう「小学校行ってない、子守だけさせられた」とか、そんなもう話しか聞いてないのに、そのぐらいは、今考えるとすごい失礼な話だけど、『そのぐらいの悩みならいいよな』とか、そこに全く入らないぐらいね、私たちの周りの人たちはそういう状況だったわけでしょう。（14b）

「今考えるとすごい失礼な話だけど」と留保をつけているのは、マイノリティであることの困難に「より大変」「それほどでもない」と序列をつけることはしたくないという配慮である。他の女性が抱える困難を多原さんが過小評価したいわけではないだろう。

「分からない」経験から出発して、分かるように学んでいくプロセスがこれから話題になっていく。

他のマイノリティグループと比べても「小学校行ってない、子守だけさせられた」というような劣悪な状況を「和人の人たちの中で」アイヌ女性が生きてきたことが意味を持つ。このアイヌ女性が置かれてきた状況に対する言葉がこれまで存在しなかったことが問われている。その中で、この引用ではまだ言葉としては登場していないが「複合差別」すなわち「差別を受けるグループの中でも、特にやっぱりジェンダーとか性差別、女性であることによって、もっと厳しい状況に陥る」ことを学んだことが大きかったそうだ。「今までどこに行っても当事者」ではなかったのが、複合差別という概念によって多原さんは初めて「当事者」になる。

「私たち」と多原さんが語るときには、まずは逆境を被ってきたアイヌ女性のことを指す。とくに外の集団との対比の中でのアイヌ女性を指す。複合差別の当事者として立ち位置が明瞭になったこの地点で、「私たち」が生まれるのだ。

村上　印象的だったのは、アイヌ以外の方という、コリアンだったり、部落の方たちだったりと出会ったときに、初めて当事者として、なんていうか……

多原　いや、私は複合差別という言葉が、被差別グループの中の女性であることっていうのが、自分が、それが複合差別の概念が、私が当事者だっていうふうに。

村上　私の概念が手に入った。

多原　はい、そうですね。その他の人たちというよりも、その言葉、それを活動にしていくことが、私は当事者として、今までの思いを言っていけるし、これしかない。

村上　概念が重要。

多原　今まで、アイヌ、アイヌという、アイヌといえばアイヌなんだけれども、やっぱりそこはアイヌの中でも女性であるから、もうアイヌ協会の中でも、アイヌの精神は持っているかどうか分からない、持っているんだろうけれども、でもその活動とか組織の内容というのは、いわゆる日本的なもので。力のある男性が役職に就くわけでしょう。どこへ行ってもそれ。(16)

他のマイノリティと出会ったことではなく、「複合差別」という概念を手にしたことの重要性を多原さんは強調する。他者との出会いは、問題を浮かび上がらせるがそれだけではまだ答えは出ていない。「複合差別の概念が、私が当事者だっていうふうに」名前を与えたことで、多原さんは活動することができるようになり、かつアイヌ女性のグループを「自分たち」として組織できるようになる。

アイヌ協会は、植民者である日本社会の家父長制を模倣している。概念を手にしたことで、社会問題の構造も見えてくるようになる。こうして概念は当事者を可視化し、活動を可能にするのだ。逆境を受けてきた「私たち」が、言葉を得たことで「自分たち」で「活動にしていく」ようになる。

2-3　違和感から格差の可視化へ

多原さんは複合差別と闘うためにアイヌ女性のグループをつくる。二〇〇二年三月に「マイノリティ女性に対する複合差別プロジェクト」に参加したのち、二〇〇二年一一月の「アイヌ女性の複合差別問題フォーラム」を皮切りとして活動が始まる。

多原　直接昔のように、メノコとか、アイヌとか、棒でぶたれたとか、石投げられたとかって、そういうことないわけですよね。そうすると、差別がないという、アイヌ差別ないと〔社会は〕思う。〔でも〕ヘイトスピーチとかを見れば分かるけれども〔今も差別は存在する〕。だけど、いろんな格差、もう北海道の実態調査も、北大でやった調査もそうだし、自分たちでやった調査もそうだけれども、やっぱりもう収入や雇用や、健康状態やら社会福祉を受けて、ものすごい格差。アイヌ協会でもこのぐらい格差。アイヌ協会とアイヌ女性はもっと格差がある。アイヌとの中でも、アイヌ女性だけだったら。そういうことがいろいろ差別を、差別の言葉は今どき直接されないかもしれないけれども、今の状況が格差が差別。きちんと高等教育を受けていないとか、いろんなこと。そうすると、どうしても連れ合う人も、なかには素晴らしい人もあるけど、ほとんど調査してみると、同じような不安定な職業だ、不安定な人だとか、そういう人と連れ合ってね、差別の状況が、そのスパイラルから抜けられない、実感としてもそうだし、データを見てもそう。

それがいいか悪いか分からないけれども、やっぱり子どもに教育を受けさせたいと思ったら受けさせられるような状況。自分も学び直したいと思ったら学べる状況とかがないと、やっぱり駄目でしょうね。(21)

はっきりと「分からない」違和感が、調査によって明瞭な格差として可視化される。「今の状況が格差が差別」。言葉によって蔑み傷つける「差別」ではないので女性については「格差」という言葉を多原さんは用いていた。しかしアイヌが置かれている格差の状況こそが(結婚差別、就職差別、教育機会の剝奪という)差別の現れであるということだ。

「差別の状況」に対抗しうるのは「学べる状況」である。これは多原さんが複合差別という概念を学んだことで活動へと踏み切れた動きの一般化でもあろう。

3　みんなが当事者になる

3-1　自分たちが調査する

多原さんは二〇〇三年七月に国連本部で女性差別撤廃委員会第二九会期第四、五次日本政府報告書の審査会に参加したことを皮切りに、国際的なロビー活動も始める。次の場面は、杉田水脈によるヘイトスピーチが標的にした女性差別撤廃委員会への出席の背景にあった活動が話題となっている。

多原　だから、そのぐらいもう女性に、そこの中の複合的、重層的にそういったことがあるっていうことを、私はそれで、報告書も書いて、もうこれもやっているのに〔アイヌ協会の男性たちは〕読みもしないでね。まして、国連から〔先住民女性について〕勧告も受けている。私はそれまで二〇〇三年、二〇〇九年、二〇一六年、三回、女性差別撤廃委員会に行ってアイヌ女性の問題について、日本政府にレポートを出したり、議員に働き掛けをして質問をしてもらったりして勧告をしているわけ。それを、全部自分たち、自分でお金を出して、自分たちで活動してって、何とかしなきゃならないと思うから。(18)

多原さんの言葉づかいの中での「私たち」とは、複合差別の中にいるアイヌ女性全体である。「私たち」は複合差別が話題になったときに初めて使われた。アイヌ協会というマイノリティの権利擁護のための組織の「その中」でも「私たち」女性は差別される。

これに対し、「自分たち」とは、権利回復のための活動をする「当事者」としてのアイヌ女性である。複合差別の当事者である「私たち」は、権利回復の活動の中で「自分たち」になり「自分で」活動する。具体的には次の引用で語られる。

多原　二〇〇二年か三年だかちょっと忘れちゃった。それはマイノリティー女性の三者で、在日と部落と私たちで共通設問と、あとそれぞれのグループで、また別の設問を付けて調査したんです。そして、報告書を作った。二〇一五年かな、〔二〇一五年〕は、独自でアイヌ女性だけで調査しました。

〔……〕その調査したときに、私たち、私たちの部分で言うと、いわゆるアイヌ女性がアイヌ女性を調査したんですよね。だから、これまで調査をされたことがあっても、自分たちが調査をしたことがなかった。そういう共通設問だとか、何とかっていうものは、そのグループで代表者たちがいろいろ作ったけれども、実際に十何地区行ったかな、それぞれ分かれる、二、三人ずつでアイヌ女性の人たちに行ってもらったんだけれども。それで、ものすごくまたエンパワーメントしたんです。「自分たちがこういう調査に関われる」っていう、何ていうか分かんないけど、それで読んで聞かせて、「こういうことをやっているんだ」って言って、「この調査ができたらこうするんだ」っていうことを〔各地を回って〕言っていったの。それに自分たちが関わっている気持ち。多くの女性たちは言いましたね。それはすごいことだなと思いましたし。

出た数字については、先ほど言ったように、もう北海道のアイヌ実態調査よりも、もっとやっぱりアイヌ女性だけですから、さまざまな面で、全部もう明らかに複合差別っていうものが出てきましたから。それを持って私たちは、またいろんな所にね、行政にも話をして、施策持って行って。自分たちがそういうことで、自分たちを含めて、他のアイヌ女性たちもいろんなことで、こういう教育を受けられないことが雇用〔問題〕につながる、きちんとした雇用に就くことができないから、社会福祉も受けられない。また、必要なときにけがで病院行ったりとかできないから、健康も、そういうことだし。また、さっき言ったような、連れ合う人たちのことがあったりして、暴力も受けやすくなるとかね、さまざまなそういうところが見えてきて、やっぱりそれを、そういうことで自分たちが今あるんだなということが分かって、それは変えなきゃいけない。意識も。〔……〕やはり明らかに複合差別、日本人と比べて、北海道の実態調査は、それから北海道大学で取った調査を見たって、北海道の女性たちよりもアイヌの男性の人とかもすごいひどい、『どうやって生活しているんだろう?』と思うぐらい、ここの中で教育もできるはずもないし、こんなに大変な状況から抜け出す方法はない、そのぐらいひどい。そこで「誇りを持て」って言ったって無理なんですから。(23)

この場面ではまずアイヌ女性がアイヌ女性と出会って調査する。つまりアイヌと和人が接触する差別の場面とは異なる、アイヌ同士の出会いと組織化が語られる。

以前は「すごく嫌」という感情の問題だったものが、複合差別という概念を学んだことで当事者となり、さらには調査によって数字として差別を表現することで行政と交渉する力を得る。「自分たち」で調査することは、アイヌ女性が、運動をする主体としての当事者となる当事者化の運動そのものでもある。調査対象となった各地のアイヌ女性にも啓蒙することで当事者化をしていく運動だと言える。

多原さんたちが二〇〇三年に社団法人北海道ウタリ協会札幌支部として全道で行った「アイヌ女性実態調査報告書」を見ると、回答者二四一名のうち最終学歴が小学校一〇%、中学校五〇%で合計六〇%という結果が出ている(二〇〇六年に北海道が行った北海道アイヌ実態調査を見ると、男女の区別がなく調査方法と母数が異なるが、高卒が一七・四%という結果が出ている)。回答者に高齢の女性が多かったという理由もあるが、たとえば四〇代女性で最終学歴が中学校の人が四四%となっている。識字については、まったく読めない人が一・七%(なかに四〇代も一人いる)、「かな」なら読めるという人が五・八%、漢字も少しという人が一八・七%となっている。

差別経験を受けたことがあると答えた人は一三%、就職差別一一・八%だが、調査者の分析の中に「実態はもっとあるはず、過少申告であると思う。本当のことを書きづらかったのか?」という言葉が見える。「もっともあなたを苦しめている差別」を答える設問では、日本の中のアイヌ差別三三％に対して、日本の中の女性差別一〇％、アイヌ社会の女性差別八％という結果が出ている。
調査を行った女性たちによる振り返りの座談会の中でも、女性たちがアイヌの中での女性差別について語る場面がある。

私は夫に虐《いじ》められていました。「女は飯をつくるものだ」とか、「セックスだけさせればいいんだ」と夫に言われているような生活から子ども二人連れて逃げてきたんだけれども、ここに入って皆に力づけられました。
ずっとアイヌということを隠し続けてきたし、子どもも虐められたと思うのですが、そういうことは私には言わずにきました。(4)

和人と結婚したある女性はこう語る。

みんなに言ってありますが、私が死んでも密葬にとお願いしています。アイヌだとわかると嫁いだ娘は返されると思います。娘のためにウタリ〔アイヌのこと。「同胞」の意〕の人もそうっとして欲しいです。(5)

この報告書のタイトル『ウコパラルイ』がアイヌ語で「しゃべりあう」を意味する通り、女性たちは自分たちの経験を語りあうことが、アイヌであることを隠して生きてきた多くのアイヌ女性にとってエンパワメントになるということを確認している。

「エンパワメント」というと何か難しいような気がしていたのですが、力をつけるという意味で最初にこのプロジェクトを始めたときに札幌支部では自分の体験を報告しあいました。涙ながらに語ったり、いろいろなことをみんなで言い合いました。あの光景がずっと思い出されます。それまでは、支部の女性同士でも差別を受けてきたことを言えずに隠していたという実態の中で、言葉にして、泣きながらでも解ってもらおうとしていたあの姿に共感し合うことができた。

でも、私はその時に、日本の女性はお金の苦労、夫に対する苦労などあったかもしれないけれども、どうしてアイヌ女性はこんな思いをしなければならないのかと思いました。(6)

さて、先ほどの多原さんの語りの中で「私たち」は以前の用法では差別を受ける当事者としてのアイヌ女性だったが、ここでは行政と交渉する場面で登場する。一見異なる場面であるものの、この二つの用法にはアイヌ女性が外部と接するときに使われているという共通点がある。「私たち」複合差別の当事者は、ともに学ぶ中で「みんな」となり、ともに調査をすることで行動する「自分たち」になっていく。そしてかつて「分からなかった」ことは、調査の中で「分かって」「認識」されていく。調査結果からも「ここの中で教育もできるはずもないし」と、他のマイノリティたちと比べても教育水準が低いという実態を数値であきらかにするのだ。

調査は差別に抗う活動に効力を与える。そして声を出すことを可能にする。ここで初めてアイヌ差別に対して声を挙げることが話題となる。今まではアイヌ「女性」の複合差別、女性としての権利の主張が話題となっていたのが変化する。

当時の文脈を理解するために第6章の新井かおりさんの論考を引用する。

二〇〇七年に国連で「先住民族の権利に関する国連宣言」が採択され、それを受けて翌年に日本の衆・参両議院で「アイヌ民族を先住民族とすることを求める決議」が採択された。小林よしのりはかねてから歴史修正主義的な漫画を描いていたが、その決議への反感をきっかけとして（小林・香山二〇一五）、二〇〇八年からアイヌに対する歴史修正主義的で差別的な漫画を発表した。その語り口を真似たネット右翼がアイヌをターゲットにし始めたのである（岡和田・ウィンチェスター二〇一五）(7)。

3-2　声を出して差別に抗う

杉田水脈は国連女性差別撤廃委員会で撮影した民族衣装姿の多原さんたちの写真を誹謗中傷する内容を二〇一六年二月一七日にブログに投稿した。発言を撤回しない杉田に対し多原さんたちは二〇二三年三月法務局に人権救済を申し立て、九月に認められたのだった。

多原　だから、多分今回のヘイトスピーチ問題で、今までやっぱり私も、メノコモシモシ（多原さんのグループ）を作って、それで複合差別解消のために、「みんな勉強して活動しよう」っていうことが目的だったけど、みんなそういう「人権問題とか、権利問題って苦手、多原さんに任せる」っていう感じだったんだけど。やっぱりそれじゃあ駄目だと思って。〔……〕「気持ち悪いだの、薄汚いだの、小汚いだの散々言っているけれども、やっぱりこれは多原だけに言われたんじゃなくって、これは民族を否定していることだし、あなたたち一生懸命アイヌ衣装作って、衣装を作ったり、作ったりして作家としているけど、このこともね否定されているのに、それでも黙っているの？」って言ったら、みんなそれは許せないということで、「じゃあそのことを声に出して言いましょう」って言って。〔……〕そのときに、「やっぱりみんなは自分の声で、怒りの言葉を出さなきゃ、今の思いを出さなきゃ駄目」と言ったら、みんなそれぞれ抱えてきて、もう人前でしゃべるのも嫌って言っているんだったらいいけれども、人の前でそういうのをしゃべるのは嫌って言ったけれども、「絶対頑張ってね」と言ったら、みんな考えて書いたり何だり。そうしたら、車の中でも練習していたっていうぐらい。(19)

「みんな」はアイヌ女性が当事者として活動していくときに、とくにピアグループである側面を強調して用いられる。「自分たち」が活動の主体性を表すのと少し差異がある。もう一つの違いは、「みんな」はアイヌとして民族差別へと対抗する場面でのみ登場する。つまり「みんな」という言葉は抵抗の印だ(おそらくは「メノコモシモシ」の「みんな」なのだろう)。

インタビュー前半では、さまざまなポジティブなことがあっても「やっぱり」差別されるという「やっぱり」の使い方だった。権利回復の活動を語った後半では、「やっぱり」で導かれるものが変化する。学ばないと「やっぱり」分からない。あるいは「やっぱりみんなは自分の声で、怒りの言葉を出さなきゃ」いけない、と権利回復へ向けての動きに使われるのだ。

国会議員によるアイヌに対するヘイトスピーチという集団としてのアイヌに向けられた差別だけではない。「みんな」は一人ひとり差別された経験を持つことが次の引用で語られる。

多原〔メノコモシモシの〕勉強会に来る人たちも、最初は全然〔アイヌの文献〕読めなくて、読める人、一人、二人だけだったけど。やっぱりこのみんな読んでくるようになって、勉強して。そういうことに取り組むっていうことが、なかなか、『私は駄目だ、駄目だ』って思っているけれども、やっぱりそういう場所があれば。そういうふうなことをやっていくんだな。

例えばフォーラムを開いたときも、いつものように差別体験についてつぎつぎつぎつぎ言わないつもりでいたけれども、前の人も、だから「私も同じような思いしてるから言おう」とかっていう、そんな雰囲気もあって、そういう場所も必要なのかなと思ったりもしましたけど。どうしても言えなかった人が、終わった後に、私の所へ来てほんとにもう「人の前では言えないけど、墓場まで持っていこうと思ったけど、きょうこんな話を聞いてそのまま帰れないから多原さん聴いて」っていう話をされたのかなって。だから、やっぱりそういう、そういう場所、場だとか、そういういろんな取り組みを、新たな取り組みをしていくことってすごい大事なんだなと。(24)

「みんな」が受けた差別は、しかし語られることがなかった経験でもある。「みんな」という場を持つことではじめて声に出すことが可能になるのだ。

「すごく嫌」という感覚が、「勉強して」「複合差別」という学びをへて「私たち」当事者となり、実態調査をする「自分たち」主体となり、さらには自らの差別体験を語りだす。学ぶことが、ネガティブな感情を、社会へ向けての言葉へと生み出すきっかけになる。学んだ人は「やっぱり」言葉を持たざるを得ない。ここでも「やっぱり」は複合差別に抗う変化を導入するときに登場する。

3-3　差別と沈黙

なぜこの最終場面で当事者として語りだすことが話題となるのかは、続きでその理由が語られた。

村上　アイヌであることをずっと隠している方が多いって、多原さんご自身もおっしゃっていたと思うんですけど。それだけじゃなくて、差別されていることも隠して、語る場所がないんですか。

多原　語る場所もないし、よく差別されたことを、子どもがいじめられても親に言わないとかね、自分も差別されたことを語らないということは、自分がそういう、情けない人間だっていうことを言わなきゃならない。差別される人間なんだということを。だから、私は生活相談員やっていましたけど、そういう発想だからみんなに聞かない。聞かなかった。ちょっとはあるけど、軽い差別は。だから、そこがやっぱり自分の心の中でも、人にそんなふうにおとしめられる卑しい人間だって、そういうふうに思われるって、やっぱり恥ずかしいことでしょうから。だから、なかなか言えない。「自分はそういう人間だ」っていうことをね。

だけど、本当に、だけど差別の構造が分かれば、それは恥ずかしいことでもなくて、差別する人間が悪いんだっていうことは、そういう仕組みが分かれば言っていけると思って、そのきっかけなんだと思うのね。どういうときにそれをしゃべれるかどうか、自分だったらどうか。まあ、少しずつ学んでいったりとか、いろんなことを知っていったりとかしたときに、「あなたたちに差別される必要なんかないんだわ」っていうようにどんどん変わっていくのかもしれないけど。
(25)

語りにくい差別の経験については「そういう」というように範囲を決めるものの具体化されないしかたで登場する。しかし複合差別について学ぶことによって、差別されることが自分自身に理由があるわけではなく、社会構造の問題なのだと理解することになる。学びが力を与えて当事者化するとともに社会に向けて言葉を発することを可能にする。

当初は女性格差について声を出していったのだが、アイヌとしての民族差別は「やっぱり」恥ずかしいことなので語りだせない。しかし差別の構造を学ぶことで、社会の側の問題であると理解し、語りだすことができるようになる。つまり受け身だった被差別が、能動的な運動へと変化する。

このインタビューを分析した後に法務局が多原さんたちの人権救済の訴えを認める判断を下した。そのあとヘイトスピーチはむしろ激しさを増して現在にいたる。その後村上も何度か多原さんとお目にかかる機会があったが、「こんなことで負けられない」と言い切る強さに圧倒される。多原さん本人の決意と力とともに、多原さんと行動をともにするメノコモシモシの仲間がいるということが大きいと感じる。多原さんとアイヌ女性の状況を調査し、抗議活動を組織する中でみなさんも大きく変化していったのだろう。

多原さんの活動は、沈黙を破って声に出していく活動だ。次の第5章では、石原がフェミニズムの中に埋め込まれたマイノリティ差別、そして日本の法制度の中で位置を持たない先住民について考察していく。

＊「アイヌ女性実態調査報告書」および『ウコパラルイ』は多原さんのご厚意でお借りすることができた。インタビューへのご協力と合わせて感謝申し上げる。

(1)「めのこ」は少し古い日本語では「娘の子」であり特に差別的な意味は持たなかったようであるが、北海道ではアイヌの女性について侮蔑的に「メノコ」と使うそうだ。

(2) **多原**「で、アイヌの中に行って、私も何かアイヌの女性のこともって、「誰か理事の中に入れてください」って、「一般的に〔「アイヌ」と〕言ってたら、私たち〔アイヌ女性〕は競争に勝てないでしょう」って。「であれば」って言ったって、「アイヌのことも終わってないのに、女のことはまだだべ」って。本当に今でも忘れません。そういう協会の理事であっても、アイヌのことは、じゃあアイヌ女性のことも全く別のように考えているというか。「じゃあ、私たちはどうするの?」っていう感じを持っていたけど。この差別の概念っていうのが、本当にまさに、もう『これを私がして、これからは闘っていこう』って、それだけはもうそのときに決めましたね。分からないけど頑張って食らい付いていって、みんなと一緒にこの運動を続けていこうっていう考え、当事者だから」(15a)。
「アイヌ女性のことも全く別のように考えている」、「全く別」というあいまいな表現は、アイヌ男性にとっては問題として存在していないことを示している。この状況のなかで、多原さんは「当事者」となったことで「みんな」を組織化して運動を進めるのである。

(3) 反差別国際運動(IMADR)「人種差別撤廃委員会(第五六会期、二〇〇〇年)　人種差別のジェンダーに関連する側面に関する一般的な性格を有する勧告二五」。http://imadr.net/wordpress/wp-content/uploads/2012/09/W4-1.pdf：二〇二四年二月二一日最終閲覧。

(4) マイノリティ女性(アイヌ女性)に対する複合差別問題プロジェクトチーム編『ウコパラルイ——アイヌ女性の

エンパワーメント』社団法人北海道ウタリ協会札幌支部、二〇〇七年、三六頁。
(5) 同書、二六頁。
(6) 同書、一八頁。
(7) 新井かおり「百五十年、胸中に去来するもの」、石原真衣編著『アイヌからみた北海道一五〇年』北海道大学出版会、二〇二一年、九八頁。

第5章

先住民フェミニズム批評

——Ain't I a Woman?／「私」は女ではないの？——

石原真衣

はじめに

フェミニストでないひとたちをどう呼ぶか?
性差別主義者(セクシスト)というのだ。
〔……〕いや、もうひとつ、忘れてた。傍観者っていうのがあった。
〔……〕傍観者と見えるひとたちは、その実、共犯者なんだ。(1)

——上野千鶴子

「人種差別主義者ではない」ことだけでは、十分ではないのです。「反人種差別主義者」であることが必要であり重要なことなのです。(2)(3)

——大坂なおみ

リブの時代からフェミニストといえども「日本人」は「日本人」のことしか考えていなかった。〔……〕
「日本人」フェミニストが拠って立っている基盤＝「日本人」がもつ特権構造——戸籍法・国籍法・国籍条項などの諸制度と、日本語・日本文化至上主義——そのものを正面から打破しようとする動きは、「日本人」フェミニストの中にどれほどあるのだろうか。(4)

——鄭暎惠

本章では、先住民女性が被る植民地主義とレイシズムが交差する暴力と、その暴力の共犯者である日本人女性知識人の白人性を問う。なぜ問うべきは日本人女性知識人か。それは、マジョリティ男性にもマイノリティ男性にも、先住民女性や被植民者の女性たちが被る暴力を止める萌芽をみいだせないからだ。それゆえマジョリティである日本人女性知識人のなかに変化の可能性を期待したい。本章では、先住民ではない人びとをマジョリティと呼ぶ。本来は、植民者・入植者や非先住民と書くべきだが、そのような名指しが一般化されていない日本では、マジョリティとした方がわかりやすいと考えるためである。また、マイノリティ男性とする際には、先住民や被植民者の男性たちを指す。マジョリティ・マイノリティ関係は、先住民問題にかかわらず、セクシュアリティやアビリティなど様々な属性でありうる。しかし、先住民への植民地主義における責任は、他の属性のマイノリティ性をもつ人々においても同様に問われる必要がある。

黒人女性は白人女性がもつ特権性を明らかにし、女性という概念そのものを問うてきた。そうした経緯をたどり、反発しながらも受容してきた白人女性の歩みは、北米におけるフェミニズムを深化／進化させてきた。ひるがえって日本ではどうか。鄭暎惠が提起するように、「フェミニストといえども「日本人」は「日本人」のことしか考えていなかった」のではなかろうか。家父長制とレイシズムおよび植民地主義は分かちがたく結びつき、近現代のあらゆる抑圧を生んできた。日本では慰安婦問題を含む戦争責任に関する議論は進展をみせてきたが(5)、今日続く植民地支配と先住民や被植民者の女性が経験するインターセクショナリティに関する議論は育たなかった。日本のフェミニズムにおける思想的限界はここに露呈する。日本人女性の白人性を問うことは、女性の連帯をコスメティックでマジョリティ中心主義なものから、それぞれの属性における特権性と疎外性を意識させ、それぞれを損なうのではなく互いの回復を志向するものにすると信じたい。

被差別状況によってマジョリティの自画像をトレースする他に生き延びる方法がない中で、植民地支配による家父長制を深く内面化したマイノリティ男性はフェミニストにはなりえない。疎外された人間ほど性差別的になると言い換えてもいいかもしれない。ジェンダー平等後進国である日本のマジョリティ男性は、当然まだ不十分であるとはいえ、フェミニズムやジェンダー論の一連のながれのなかで、暴力性や特権性の自覚を促されてきた。マジョリティ男性に急激に突き付けられている変化の要請はなかなか過酷にも思える。だがマジョリティ男性による特権性の自覚の「進化論」といったものがあるならば、彼らが先住民女性の疎外について理解できる日は気が遠くなるほど先のことだろう。

レイシズムや排外主義の宛先になるということは、毎日を殺されるかもしれない恐怖と共に生きるということだ。つまり、人種的特権性をもつということは、この「殺されるかもしれない恐怖」から免除されていることを意味している。レイシズムや排外主義の宛先は、民族的・人種的マイノリティのみではないが、「血」や出自によって徴《しるし》づけられ行使される日本のレイシズムおよび排外主義は、世代を越えて執拗に攻撃されるという意味において特有のものである。レイシズムや排外主義の被害者は圧倒的に女性である(6)。さらに、執拗なまでに暴力の矛先が向けられるのは、在日コリアンやアイヌ、沖縄などの被植民者である。日本で先住民女性として生きるということは、植民地支配の初期から現在まで継続的に形を変えて行使されている多重のレイシズムの暴力を日々受け続けていることに他ならない。

日本人のマジョリティ女性は他に例をみない複雑な地政学的状況を生きている。日本は一八世紀以降の近代化の過程で、非西洋であり、かつ帝国となった唯一の国家である。旧帝国であり、植民国家の成員である日本人は一方で、現在も西洋社会においてレイシズムの対象となる。このような国家は他に例をみない。さらに、第二次世界大戦の敗戦後には、ＧＨＱによる七年間の占領を経て、現在もアメリカによる政治経済および国防への影響は少なくならない。このような複雑な背景ゆえに、日本人女性が自国においてはレイシストであることに気がつかない。たびたびレイシズムを向けられ、さらに商品として消費される大きな波の中で行動し続けるプロテニスプレーヤーの大坂なおみは、「人種差別主義者ではない」と宣言することだけでは、十分ではないと語る。日本で女性学を創設した上野千鶴子は、フェミニストではない人間はセクシストだといい、さらに傍観者はセクシストの共犯者だと語る。私が敬愛する鄭暎惠は、日本人フェミニストは「日本人」のことしか考えていなかったのだという。

本章では、以上のような日本のジェンダー状況およびマジョリティ・マイノリティ関係をふまえ、鄭による日本人フェミニストが、「「日本人」のことしか考えていなかった」という指摘をラディカルに読み替え、現在において日本人女性のほとんどすべてがレイシストおよびその共犯者であると述べてみたい。日本におけるレイシズムと植民地主義や自らの白人性について認識せず、被植民者へのレイシズムに抗しない人間はすべてレイシストおよびその共犯者であるからだ。男性の多くをセクシストおよびその共犯者と名指す日本人女性知識人は、自身がレイシストおよびその共犯者であると名指され、どのような感情をいだくだろうか。そしてこれらの問いと視点は、日本のフェミニズム空間をどのように刷新しうるだろうか。

1　先住民フェミニズムの現在

1-1　先住民女性が被る暴力とフェミニズム

ここでは、先住民フェミニズムを進展させてきた北米に注目し、先住民フェミニズムが何を問うているのかを確認していきたい。本節で提示されることは、北米と日本における先住民女性を取り巻く状況を比較すると、北米において先住民女性たちの存在感が相対的に日本よりも明確である点である。その背景には、多文化・多民族国家であるカナダやアメリカの民族・人種状況と、ジェンダー規範をゆるがす存在である「ツースピリットの人びと[7]」の存在、さらに、MMIW(Missing and Murdered Indigenous Women：先住民女性や少女の失踪・殺人事件)を認知させるための運動のような、現在もなお続く先住民の虐殺事件への抗議が連帯を強めているという側面がある。

先住民はそれぞれが国家のなかで多重の暴力にさらされており、どの先住民の状況がましかという議論は意味がない。私は和人男性研究者から、「北米のような居留地がなかったアイヌは早く近代化ができて幸せだった」と言われたことがある。たしかに、カナダのMMIWのような凄惨な事件はいまのところ日本では起こっていないし、先住民が生きる場所を奪われたアイヌたちはマジョリティ社会に同化せざるをえなかったため、他の先住民よりも近代化しているのかもしれない。しかし集団として司法によって守られず、日本人のマジョリティ男性およびマジョリティ女性、さらにマイノリティ男性からも、マイノリティ女性が日々被る暴力が認識されない社会を生きることが本当に幸せなのだろうか。国際社会において先住民に関する議論を行う際に、日本の先住民や先住民女性を取り巻く政治や研究が相対的に遅れていると位置づけられることがしばしばある。西洋の規範や法制度、個人の人権を軸とする価値観を、日本の文脈にそのまま取り入れることは齟齬を生じさせる。こういった視点を捨てずに、海外諸国では先住民女性によるどのような抵抗の歩みが行われてきたか、そこから生まれたフェミニズムはいかに日本で応用しうるかについて考えてみたい。

エレイン・コバーンによる一九九〇年代から現在までの先住民フェミニズムの変遷を概観し、さらに、批判的人種理論の論者たちと先住民フェミニストたちの緊張関係から連帯が志向されている動向を紹介したい。先住民の女性の声は、主流派から疎外されることのみならず、しばしば先住民の学問の中で周縁化されてきたという。(8)

先住民女性にとって植民地化は、権力の座からの排除、伝統的な性別役割分担の西洋家父長制的慣行への置き換え、女性の身体管理による先住民コミュニティへの植民地的支配の行使、そして性的暴力を伴うものであった。よって先住民フェミニズムは、ジェンダー差別と闘い、先住民女性のための社会正義を確保し、彼女たちの社会的抹殺と疎外に対抗することを目的とした女性たちの活動と文化の歴史から生まれてきた。(9)コバーンは、一九八五年から現在までの北米における先住民女性による学問を、第一波(一九八五年―一九九五年)：インディアン法への先住民女性の挑戦、第二波(一九九〇年代)：先住民女性の声の多様化、第三波(二〇〇〇年代)：先住民女性の学問分野の強化と拡大、としてまとめている。第一波の前夜には、「カナダでは一九七〇年代以降、学術文献はアボリジニ知識人の幹部の出現によって強化されてきたが、そのほとんどはジェンダーに盲目的であったり、ジェンダー分析に敵対的であったりした(10)」状況がある。さらに、白人の女性や男性が学術的な会話を支配している状況では、黒人女性の経験と先住民女性の経験の違いが何なのかわからないという状況も生じた。(11)

こうした中で、一九八五年から一九九五年までの先住民女性の学問の第一波は、インディアン法の性差別的な条項に対する法的闘争の分析と支援を中心とした。家父長的でヨーロッパ中心主義的な文化的伝統を法律として根付かせた一八七六年のインディアン法は、非ステータスの女性がステータス・インディアンの男性と結婚した場合には、彼女たちにステータスを与えることを規定していた。[12]その一方で、非ステータスの男性と結婚した先住民女性は、強制的にそのステータスを剝奪され、女性とその子どもや子孫が連邦公認の「インディアン」ではなくなることになった。このような法律は、白人女性を先住民の土地に土着化させる一方で、ステータスを失った先住民女性とその子どもたちは、自分たちが育ち、多くの場合、家族がまだ住んでいる保護区を離れることを余儀なくされた。[13]このジェンダー化された強制的な権利付与は、母系制の伝統が存在する場所ではそれを破壊し、新しい社会的現実を作り出し、これらの女性たちやその子どもたち、子孫たちを部外者とし、[14]家族や先祖とともに保護区の土地に住むことも、埋葬されることさえもできなくした。[15]

先住民女性の学問の一九九〇年代の第二の波では、均質化し非人間化するステレオタイプに対して、先住民女性の多様性が主張された。動物化された還元主義的なイメージは、先住民女性の生活の複雑な現実を否定し、彼女たちを殺人的暴力の標的にしている。[16]一九九〇年代に最もよく知られた先住民女性研究者のひとりであるパトリシア・モンテュア・アンガスは、「〔白人で善意の〕中流・上流階級のフェミニストたち」に向けて、とりわけ彼女のつらい経験を勝手に分析対象にして、自分たちの学者としてのキャリアを高めようとすることを非難した。さらに、カナダ権利自由憲章を含む植民地法が、「植民地主義と植民地化」を認めておらず、ましてや先住民女性の抑圧にそれらが関与していることを認めていないために、先住民女性を被害から守る効力をもたないのではないかという疑問を呈している。[17]

クリー族の法学者であるメアリー・エレン・タ―ペルは、性差別的な植民地法の原則に異議を唱えるカナダ先住民女性協会（NWAC）の努力を強調し、人権という植民地的な言葉の限界を指摘する。[18]NWACは、植民地国家における家父長制的人種主義と、先住民コミュニティにおける男性支配に異議を唱えた。家父長制は、現代の先住民男性のリーダーシップによって再生産された、外在的に課せられた不公平のシステムとして表現されている。[19]

1-2　先住民フェミニズムの固有性

このような状況の一方で、先住民女性の内部における対立もある。女性として伝統を思い起こす際には慎重でなければならず、エンパワーメントの源泉はどこにあるのかを自問しながら、女性の主体性にとって有害で制約的な伝統を批判し、それを越えていく準備をしなければならないとする論者もいる。[20]一方で新伝統主義的アプローチは、女性の母性を中心とすることこそが植民地的家父長制支配によってもたらされた「混沌、絶望、敵意、死」を生き抜く女性たちの進むべき道であると主張して、伝統に批判的な関わりを主張するフェミニストたちと対立する。[21]

第三波先住民フェミニズムでは、ローレンスとアンダーソンによる*Strong Women Stories*[22]を筆頭に、多くの論集が編まれた。総合すると、活動家、伝統的知識の保持者、作家、アーティストを含む一〇〇人近い先住民女性の声が、テキスト、インタビュー、場合によっては詩や写真を通して、学術的な会話に持ち込まれている。[23]二〇〇二年にカナダで開催された先住民女性のシンポジウムにおいて、先住民女性の権利活動家であるシャロン・マカイヴァーが、一度先住民女性がフェミニストであるとスティグマ化されると、コミュニティの内部も含めてあらゆる場所に居場所を失うと述べた。そしてその後、彼女はそうした経験を共有する場を少しずつ創設することで、さまざまな民族を越えて連帯を強化してきた(24)。

こうした北米の先住民フェミニズムの最も特徴的なことは、回復と抵抗を同時に捉え推進している点である。かつての先住民社会における女性の活発なありかたを回復しようとするとともに、「犠牲者・被害者」として女性たちをステレオタイプ的に描くことへの抵抗がみられる。先住民フェミニズムがもつ、白人や和人による主流フェミニズム、あるいはブラックフェミニズムと異なる側面とは、伝統の尊重と批評性を同時に備えるという点だろう。ブラックフェミニズムも、白人女性による主流フェミニズムが黒人の文化を軽視していることを批判したが、それでも伝統の尊重よりも人権の侵害や疎外が提起されてきた印象をもつ。一方で、先住民フェミニズムでは、植民地化によって破壊された土地やさまざまなつながり、さらに伝統的なありかたが、奪還の対象となっている。さらに、先住民女性たちが、そうした「伝統」のありかたに資本制が深く内面化した家父長制の存在を嗅ぎ取ることも重要なポイントである。大日本帝国の負の遺産が少なからず議論に組み込まれてきた日本の文脈では、伝統回帰という視点はもちえないだろう。新しい学問であったフェミニズムの売りとは、まぎれもなく家父長制への挑戦を軸とした批評性であったはずだ。それは既存のものを覆していく行為であり、伝統回帰ではありえない。この点において先住民フェミニズムの固有性は際立っている。

北米において多数の民族が同居していることも、先住民女性たちの歩みを振り返るとき、連帯および権利回復を志向するうえで重要な要因であった。北海道と沖縄それぞれが、ひとつの集団として捉えられていることとは大きく異なる点だろう。

さらに、ツースピリットの人びとの存在やMMIWへの抵抗も連帯を強化する大きな要因となっていそうだ。北米の先住民フェミニズムのさまざまな場面において、「女性たちとツースピリットの人たち」が主体となっていることは、その他のフェミニズムと異なる視点をもたらすだろう。異性愛および家父長的な支配の力学に抗する点で、先住民女性たちはツースピリットの存在に注目する。植民地支配と近代化および家父長制の侵食が、もともと先住民社会に存在したツースピリットの人びとへ暴力的な状況をもたらしたことを直視するからだ。このことは、近代化された社会と別の規範の比較において、伝統文化が明確に自覚される先住民独自のフェミニズムのありかたであろう。

すでに述べたとおり、伝統文化への距離の取り方については対極的な立場もある。しかし一方で、MMIWへの抵抗が絶え間なく告発するのは、現在進行形の先住民女性や少女たちの殺害であり、その暴力への対抗および抵抗という点で、北米の先住民女性たちは団結する。人権および多文化主義において最も先進的であるとされるカナダにおいて先住民女性たちが被るレイシズムおよび暴力は苛烈である。[25]

2　先住民女性と構造的暴力

2-1　日本の排外主義・レイシズム状況

「レイシスト（人種主義者）」という言葉は、白人至上主義のリチャード・スペンサーが主張するような侮蔑的な言葉ではない。これは、あまたある英単語のなかで、最悪の言葉でも、相手を罵倒するために用いる言葉でもなく、〝ある状態を説明する言葉〟にすぎない。レイシズムを乗りこえる唯一の方法は、絶えずレイシズムとはなにかを特定し、言葉で表現し、とりのぞいていくことだ。この有用で記述的な言葉を、忌避すべき侮蔑語のように扱ってしまえば、乗りこえるどころか逆のことが生じてしまう。そう、この言葉を侮蔑語として避けていると、人々を思考停止におとしいれ、身動きをとれなくしてしまう(26)（イブラム・X・ケンディ）。

歴史学者のイブラム・X・ケンディによる『アンチレイシストであるためには』は、全米一三〇万部のベストセラーとなり、二〇二〇年にはケンディは米タイム誌の「最も影響力のある一〇〇人」に選ばれている。彼は同書のなかで、いかに黒人男性である彼自身がかつて黒人へのレイシズムを内面化していたかについて詳細に述べている。ケンディは、高校生のときに「プリンス・ウィリアム郡マーティン・ルーサー・キング・ジュニア・スピーチコンテスト」で彼が行ったスピーチについての回想で、「ぼくは同胞である黒人のためにスピーチをしているつもりだった。だが実際には、黒人についてのレイシズムの考えを黒人に押し付けていただけだった(27)」という。

ケンディは「黒人の若者たちの心は囚われている。その隣では、黒人の大人たちの心も同じように囚われている」とスピーチで語った。

当時の自分がこれほど強いレイシズムの思想で頭をいっぱいにしていたと思うと空恐ろしくなる。ぼくはレイシズムがしみこんだ文化から、黒人と自分自身を撃つための〝弾薬〟を手渡され、そしてそれを使った。こんなふうに内面化されたレイシズムは、まさに黒人の黒人に対する犯罪、つまり「ブラック・オン・ブラック」と呼ばれるものだった。

スピーチコンテストがおこなわれたキング牧師記念日、ぼくは、当時の社会でもがき苦しむ黒人たちを見て、その原因は彼ら自身にあると考えていたわけだ。まさにだまされやすい愚か者であり、カモだった。ぼくはレイシズムやあらゆる種類の偏見がしかける罠にまんまとはまっていた。問題の原因は人々をからめとるポリシー、すなわち政策や法律、規制などではなく、人々そのものにあると見なすようにあやつられていたのだ(28)。

ケンディが過去に自分が内面化し、行使してしまっていたレイシズムに向き合う姿は、疎外されるあらゆる人びとの姿でもある。黒人を女性に置き換えることもできるだろう。われわれは、自分と同じ属性をもつ人びとの無知やふがいなさを身勝手に嘆き、達成できないことをその人の自己責任にしてしまう。当事者が当事者に行使する暴力を回避するためには、ケンディのように自らの経験や無知、恥をあえて語り、過去の過ちから現在行使される暴力を阻止する回路をさまざまな形で作っていくしかないのかもしれない。

私自身もまたレイシストであった。アイヌの子孫であるにもかかわらず、北海道大学の医学部の駐車場にあるみすぼらしい「アイヌ納骨堂」に強制収容されたままのアイヌ遺骨たちに心を寄せることができなかった。酒に酔い、くだを巻き、ネガティブな言葉や振る舞いと生きるアイヌの人たちに出会う時、ケンディのようにその苦しみの原因を彼ら・彼女らに押し付けていた。その振る舞いの背景にある過去からの不正義やレイシズム、彼ら・彼女らを取り巻く深刻な状況について私が理解できるようになるには、私自身がレイシズムの攻撃を受けるまで待たねばならなかった。ケンディが自ら行使してしまった「ブラック・オン・ブラック」について述べたように、私自身が「マイノリティ・オ

表　アメリカおよびヨーロッパ諸国の法制度の比較

	ヘイトスピーチ法	ヘイトクライム法	人種差別禁止法
アメリカ	なし	ヘイトクライム予防法ほか	公民権法
イギリス	公共秩序法，宗教的憎悪法ほか	犯罪及び秩序違反法	平等法
フランス	人種差別禁止法(刑法)ほか	(あり)	差別禁止法
ドイツ	刑法130条ほか	なし	一般平等待遇法
日本	(ヘイトスピーチ解消法)	なし	なし

※2023年8月現在

かつて日本にはどれもなかったが，2016年6月に「ヘイトスピーチ解消法」(ただし罰則のない理念法)が施行された(明戸隆浩氏による2023年度北海道大学アイヌ・先住民研究センター「先住民フェミニズムプロジェクト」での講義資料より).

ン・マイノリティ」——マイノリティを抑圧するマイノリティ——だった。困難から免れた特権的な立ち位置から、疎外された人びとを取り巻く不正義と不平等について認識することは容易ではないが、そこにこそ、これからのフェミニズム・ジェンダー論をはじめあらゆる抑圧についての思考を深める鍵が隠されている。つい近年まで私自身がレイシストだったと気がついたように、先住民や被植民者を取り巻くレイシズムが広く日本の女性知識人に認識され、あらゆる日本人女性がアンチレイシストとなることを信じてみたい。

以下では、ヘイトスピーチ／ヘイトクライムと排外主義について概観し、さらに明戸隆浩、倉数茂による論考から、レイシスト／排外主義者たちの「傷」についても考えてみたい。ケンディが述べたように、レイシストと名指す行為そのものにはその人物を罰し侮蔑することは目的とされていない。どうすればその暴力を止める力を生み出すことができるのか。暴力行為をめぐる法制化の必要はいうまでもないが、加害者を罰することのみでは、レイシズムの暴力は止められないように思う。

明戸隆浩は、二〇一四年以降、ヘイトスピーチ、ヘイトクライム、そしてレイシズムについて一連の論考を発表している。二〇一四年にはエリック・ブライシュによる『ヘイトスピーチ――表現の自由はどこまで認められるか』が明戸らによって訳され明石書店から刊行されている。明戸は同書の出版の動機について、「新大久保でのカウンター活動を最初に直接間近で見たのは二〇一三年二月一七日、〔……〕そこで新たな流れになりつつあったカウンターという文脈の中で、自分なりの役割をいろいろと考えたことは記憶している。本書の翻訳を思い立ったのも、そうした過程でのことだった」と訳者解説で書いている。

この解説では日本のレイシズムの現状を二〇〇七年に設立された「在特会（在日特権を許さない市民の会）」からたどり、在特会の街宣が人種差別と認定された二〇一三年の京都地方裁判所での判決、さらに同年の政府による「立法措置をとるほどの人種的差別はない」という立場などがまとめられている。明戸はその後、ヘイトやレイシズムを考える上で重要なポイントである法整備の課題や表現の自由に関する議論を深めてきた。日本ではアメリカやヨーロッパと比較するとヘイトクライム法や人種差別禁止法が存在せず、唯一存在するヘイトスピーチ解消法も理念法にとどまる点で問題は深刻である。この背景には、「表現の自由」を重要視する社会的背景がある。

明戸が、「ヘイトスピーチ規制」と「表現の自由」の二項対立は、実は「表現の自由」と「表現が侵害する自由」の対立であると述べていることは特に重要であろう(29)。

2-2　ヘイトとトラウマ

ヘイトをふくめた「サイバーハラスメント」において重要なことは、被害者がかかえる深刻なトラウマである。『サイバーハラスメント』の著者であるダニエル・キーツ・シトロンは、心理学者のエリザベス・カーギルの著作を紹介し、被害を受けた人びとはどこにでも加害者がいると感じるようになり、トラウマ、うつなどが広くみられるという。また、被害者たちの不安が時として強まっていくとする研究にも触れている[30]。

ヘイトに遭ってから、私は世界に対する信頼を失ってしまった。ジュディス・L・ハーマンが述べたように、その傷は時間が経過して癒されるものではなく、時がたつほどに悪化し、職場で、家を出たところで、カフェで、電車の中で、そして当然インターネットのあらゆる場所で、私は攻撃される恐怖に怯えている[31]。第3章で述べたように、こうした暴力は暴力者によって温存・助長されているのではなく、圧倒的多数の傍観者によって可能となっている。

私は排外主義者やヘイター、レイシストをモンスター扱いするあらゆる人びとに絶望してきた。犯罪や暴力が起こった場合、「犯人は自分だったかもしれない」という想像力のみが、その暴力の根源へとたどり着き、安全な場所を確保していく道なのではなかろうか。私がヘイトに遭ったときほとんど全ての人が、「ああいうやつらはおかしいから」「そういうものは見なければいい」と言った。被害に遭う私の傷や恐怖は軽視された。そしてそのことによってこそ今日そのトラウマは増長され続けている。「自分はレイシストではない」という多数派の「フラジリティ（心の脆さ）」は、まさに暴力をめぐる思考停止であり、レイシズムを可能とさせる最大の力学である。

翻ってレイシストたちをモンスター化するのではなく、ありえたかもしれない自分として想像することは、レイシズムを止めることに役立つものであると考える。明戸は、ヘイトスピーチにつながる源流を日本のナショナリズムをめぐる議論を通じて説明している。ヘイトスピーチの源流には、小林よしのりによる『戦争論』[32]や「新しい歴史教科書をつくる会」などがあった。ナショナリズム的な言説であったものがヘイトスピーチに至る過程を明戸は丹念に追うが、ここでは明戸が整理した「ナショナル・アイデンティティ／反ナショナル・アイデンティティ」に注目したい(33)。

明戸は、評論家の加藤典洋と哲学者の高橋哲哉の論考をたどる。加藤は『敗戦後論』において日本の死者をアジアの死者よりも先に弔うということを示したことで、高橋らによって批判されることとなった。この高橋らの姿勢を明戸は反ナショナル・アイデンティティと呼ぶが、つくる会的なナショナリズム同様に、加藤がもつナショナル・アイデンティティが批判された点を明戸は注目する。高橋に従うならば、日本人は過去の弔いをしえない可能性をもつことになる。

小説家であり大学教員でもある倉数茂は、レイシズム運動参加者の心理について、説得的な議論を展開しているとして、精神科医の松本卓也によるラカン派の議論を参照している。そこでは、レイシストたちにおいて「享楽 joissance（あらかじめ失われた完璧な快楽、悦び）」が在日コリアンなどによって盗まれているという幻想につながっていると説明される。倉数は松本の議論に加えて、レイシスト／排外主義者たちの「在日」に対する異様なまでの執着を説明するために、ジュリア・クリステヴァの「アブジェクト」やメラニー・クラインの「妄想分裂ポジション」といった概念を付け加えることを提案する。アブジェクトとは、憎悪と執着という両極端の感情を同時に引き起こす対象のことであり、「おぞましいモノ」である。クリステヴァのこの考えの背景には、クラインの発達理論がある。乳児は母親の身体とのあいだの壮絶な闘争にあり、乳児の身体内部に入り込む母の身体の断片のうち、「悪い部分対象」が乳児の身体を破壊し、苦しめる。このような妄想分裂ポジションにあるとき、乳児は世界から迫害されているという不安の中にいる。倉数はこうした事態をレイシスト／排外主義者の振る舞いと重ねている。

倉数は「普通の人」であり「ありふれた市民」とされる排外主義者が、「朝鮮人首吊レ毒飲メ飛ビ降リロ」「いい韓国人も悪い韓国人もどちらも殺せ」と述べることに「なぜ「普通の人」がそのような異様な情念に囚われてしまうのか」と問う。倉数はその結論を、以下のように述べる。

レイシズムが憎み攻撃しているのは直視したくない過去の象徴であった。日本型排外主義の根底には、汚辱の歴史の否認があった。つまり、その過去との和解がなされなければならない。「良い日本」と「悪い日本」を統合しなければならない。しかし、左派もまた、過去を悪しきものとして祓う態度をとってきたのかもしれない。戦後一貫して左派は過去の継承と追悼を課題とすることはなかった。(34)

倉数がいうように、排外主義者の異様な執着と情念の一端が、弔いや「喪の作業」を奪われたことに起因するのであれば、先住民が奪われた弔いと、日本人が奪われた弔いはつながり合う場所を見出せるのかもしれない。人間とは弔う動物である。弔いを奪われるということは、人間であることを奪われることでもある。われわれは、いかに双方が弔いを回復できるのかについて議論を拓きたい。

レイシズムの最大の効力は、怯えさせて、馴化させ、黙らせることだ。黙らせることによって、マジョリティは自分たちの暮らしをマイノリティの権利回復のために変更せずに済む。レイシズムの暴力を行使するのは、一人ひとりの暴力者だが、その暴力を可能とするのは傍観者として共犯者であるマジョリティであることは何度確認されてもよい。マジョリティが当たり前だと思っている暮らしは、レイシズムと植民地主義が交差する暴力と収奪によって可能となっている。レイシストではないことを証明するためには、日本で行使されているレイシズムについての深い知識を持ち、その暴力を止める意志を持ち、暴力の共犯者であることをやめて、アンチレイシストになるしかない。レイシストは多くの場合モンスターではない。どうすれば自分自身がレイシストであるかもしれないと予感しながら、レイシストたちの心性と振る舞いを理解し、その暴力を止めることができるのか。その可能性はまさに、暴力を受けることや疎外されることを問うてきた日本人女性知識人からはじまるものではなかろうか。

2-3　日本国憲法において幽閉される先住民

アイヌ民族が現在かかえる大きな課題のひとつとして、福祉政策として展開してきたアイヌ施策が、本来追求されるべき人権の回復を阻んでいることが挙げられる。日本において先住民の人権が疎外される背景について、憲法や日本の法制度と関連づけながら議論を進展させることは重要である。日本人がその拠り所としてきた日本国憲法による平等概念は、日本人の心性に深く入り込んでおり、翻ってこのことによってアイヌ民族の権利回復は阻まれているとはいえまいか。ここでは、排外主義的攻撃やヘイトスピーチ／ヘイトクライムを助長・温存してしまうものとしての日本国憲法について考えてみたい。

北海道大学アイヌ・先住民研究センターの初代センター長を務めた憲法学者であり、「アイヌ政策のあり方に関する有識者懇談会」メンバーであった常本照樹は、憲法とアイヌ民族の関係について同懇談会の審議過程および報告書に基づき以下のように説明している。

日本国憲法にはアイヌ民族の存在を前提とする規定は設けられておらず、かえって憲法は個人主義を基本としていると考えられている。しかし、懇談会は、「すべて国民は、個人として尊重される。」と規定する憲法一三条に着目した。すなわち、同条でいう「個人の尊重」とは個人の生き方の選択の尊重を含むのであって、アイヌとしてのアイデンティティを持って生きる道を選択する人がいる場合には、それを尊重することはもとより、それを可能とする環境を国として整備することも求められる、と報告書は指摘した(35)。

同論考では、「独自の文化を持っている人々や生活に困窮している人たちはほかにもいる」といった外部からの疑問や批判についても触れ、「アイヌ民族だけを対象とする政策については平等原則に反するという疑問が生じる余地がある」としている。

平和学を専門とする暉峻僚三は、日本国憲法とレイシズムの親和性について述べ(36)、憲法学者の君島東彦は暉峻の提起した問いを引用しながら「日本国憲法の下で政治的共同体をつくる場合、これら二つが持っている排外性・暴力性を意識する必要があろう」と述べている(37)。また、国際関係論を専門とする上村英明は、「憲法構想のすべてに、多文化・多民族主義社会あるいは多元的な市民権に関する規定がないこと」および「日本政府あるいは日本社会の多数派市民の多文化・多民族社会に対する無関心」を指摘し、日本国憲法の功罪を議論している(38)。

先住民は、それぞれの国家や地域の法制度において権利回復を志向せねばならず、その困難に関する議論は小坂田裕子をはじめとする法学者によって蓄積されてきた(39)。本章において重要な論点とは、憲法における法的主体とは個人であって、特定の集団や異民族がその主体として想定されていないために、憲法が前提とする個人の「平等概念」が、排外主義者たちによる先住民への攻撃へとつながる余地があることであろう。憲法一四条で人種や門地において差別されないと表明されていたとしても、排外主義者の前提は「アイヌは民族などの集団とはいえない」というものである。実際には「血」や出自によって徴づけられてヘイトクライムや差別や排除にさらされているにもかかわらず、憲法学者や保守派および排外主義者がもつ社会的通念における「集団権」に関する認識の低さが、アイヌをはじめとするマイノリティへの排外主義を助長していることは強調されてよいだろう。

さらに、憲法によって深く日本人の心性に根付いた平等概念は、アイヌ民族に特定の権利を付与することへの反発ともなっている。常本の提示している憲法一三条における「すべて国民は、個人として尊重される」をアイヌ政策の正当性に援用することは、結局のところ集団よりも個人を法的主体としている点において、アイヌの集団性を憲法では扱えないことを言外で示してしまっている。「すべての国民」が「個人として尊重される」という文言は、日本におけるダイバーシティ推進の最大の課題および障壁である「反レイシズム規範の不在」や〈ヘイトスピーチすらも許容する〉「表現の自由」の擁護にもつながるだろう。小坂田らが明確に議論を進展させてきたように、それぞれの国家や社会制度の枠組みの中で先住民の権利を回復していくことは極めて困難な作業である。早急で安易で感情的な理想論に陥ることなく、こうした問題を多角的および深い次元で思索していくことが求められる。

人間が平等であるというのは理念であって実態ではない。沖縄の基地問題や、北海道のUnceded Territoryの課題は、先住民や被植民者も「同じ人間」あるいは「平等であるはずの人間」だという建前が幻想であることを示している。実態からかけ離れた平等概念に依拠した現状把握は、権利から疎外されている人びとが今日この瞬間に行使されている暴力を不可視化するだろう。こうした問いに、平和を体現および実現させうるものとして捉えられてきた日本国憲法がどのように対応または介入しうるのかについて今後深い議論が求められる。

3　女性知識人への手紙——日本人の白人性

3-1　「日本人女性」とは誰か

「私」はあなたと同じ「女」[40]ではない。この声を発するために、私たちには一〇〇年という年月が必要だった。

アイヌ女性であった私の祖母は懸命に「日本人」になろうとしたし、その結果なにひとつ「アイヌらしさ」を身に着けられなかった母[41]は、文化的な振る舞いのほとんどすべてが日本人女性のそれである。私の一世代上まではそうしなければ生きることが困難だったのだと思う。祖母は生涯「土方《どかた》」(肉体労働者)をしながら、家畜を飼い、畑を作り、身体を酷使した。文化を捨てて、自分の血を否定し、表面的には多数派に同化してもなお、レイシズムによる人権侵害は決してなくならない中で、祖母は子どもたちに「普通」の暮らしを与えたかったからだ。母は、「私たちは恥ずべき民族じゃない」と思うための努力に人生の多くを費やしている。そのための労力と痛みはとても大きい。マイノリティ当事者ならではの極度な自己責任感や勤勉さ、そして他者の痛みにこころを寄せるあたたかさと、その結果引き寄せてしまう様々な人間のしんどさ、そうした背景による混乱を抱えながら母は今日も生きている。

しかし、八歳から和人の農家で労働し識字能力を持たなかった祖母や、言語化できるほどには傷が癒えない母を想えば、私たち家族は世代を下るごとに回復の道をたどっていると言えるのかもしれない。祖母や母には、「私はあなたと同じ女ではない」と多数派女性に言えなかっただろう。「普通の女性と同じであること」が――レイシズムという人権侵害がなくならない以上それは幻想にすぎなくとも――彼女たちには大事だった。そのために払いすぎた対価は、彼女たちの心身を損なってきた。そのような歴史性をなかったことにしたくないからこそ、彼女たちの犠牲の上に今日を生きる私は「私」はあなたと同じ「女」ではない」と言わなければいけない。

祖母や母、私のあいだには明確な違いがある。多くの疎外された人びとが特権を持つ人びとに自ら追随や同化をしようとするのは、さまざまな資本の欠如によりそうした非対称的な力学に気づくことができず、気づいたとしても抗する術がないためだ。祖母や母はそうした状況を生きてきたのだと思う。しかし、マイノリティ自らが被る疎外について認識し、それを言語化する術を得たときには、「同じである」としてマジョリティ規範に包摂されることにひそむ暴力性を発見することが可能になる。たとえば女性の受ける抑圧が訴えられるとき、女性としての抑圧を経験しない「男性」が、したり顔で「女性の経験」について語るとすればそれは歪な行為であるし、当事者性の境界への一方的な侵犯となる。特権性の本質とは、それを有する人が気づけないことだろう。

私が階段を上り下りする特権性も、選挙に行くときに当たり前に投票できることの特権性も、好きな人について恋バナできる特権性も、そしてそもそも大学へ、ましてや大学院へ進学できる特権性も、私はその特権性から疎外されている人びとに教えてもらった。私はその人びとが経験する疎外において、いくばくかの責任を負っている。ただし、特権性へのこのような気づきは、疎外されている人が訴えるという不当なアンペイドワークによってしか成しえない。さらに、訴えがあったとしても、特権を持つ人がそこから学び、声を受け取るという相互横断的行為がなければ、疎外されている人による訴えは、「また騒いでいる」と捉えられ、さらに疎外されてしまう。

フェミニズムやジェンダー論の教科書をみても、日本におけるアイヌを含む被殖民者女性やレイシズムの対象となる女性——沖縄や部落や在日など——を取り巻く植民地主義あるいはレイシズムを取り上げているものはない。(42)「日本人女性」は——とくに知識産業に従事する女性たちは——旧植民地や、現植民地の沖縄や北海道から収奪した／し続けている資源による利益を今日享受していることを直視できるだろうか。先住民女性フェミニストたちが提起するように、先住民問題の核とは、不法にその領土に侵入した多数派がその地に居座り、土地や資源や自己決定権、人間としての尊厳を奪い続けていることである。(43)また、ブラックフェミニズムの提唱者の一人であるベル・フックスが、一八世紀末のニューヨーク州に奴隷として生まれたソジャーナ・トゥルースによる演説の言葉「Ain't I a Woman?（私は女ではないの?）」を一冊目の著作のタイトルにしているように、人種的に疎外／人権侵害される女性の経験を考慮しない「女性」概念には重大な問題がある。

日本では、複数のマイノリティ女性がこれまでも提起してきたにもかかわらず、こうしたことが不可視化されたまま、女性たちのあいだで「連帯」という言葉がコスメティックに使われてきたのではなかろうか。

3-2　複合差別とインターセクショナリティ

マイノリティ女性を取り巻く権力構造を可視化させるために、複合差別論とインターセクショナリティ論が役立つ。(44)学術においては上野千鶴子が一九九六年に複合差別について論じており、当事者による運動の文脈においては一九八〇年代以降の世界女性会議をはじめとする国際的な議論からの日本への導入があった[45]。近年流行となりつつあるインターセクショナリティは、さまざまな要素や属性が交差する権力関係と社会的立場の複雑性を捉えるための概念である[46]。

両者は日本においてどのように重なるのか。コリンズとビルゲの著書『インターセクショナリティ』の下地ローレンス吉孝による解説によると、日本ではインターセクショナリティという言葉が浸透する以前に、在日コリアン女性、アイヌ女性や部落女性、沖縄の女性たちによる運動においてインターセクショナリティの「感性」や「アイディア」「精神《エートス》」を内包する批判的探求及び実践が積み重ねられてきた[47]。

単純な二元論や当事者を一枚岩と捉えてしまうような視点の不備を、複合差別やインターセクショナリティという概念を経由することによって回避することができる。しかし、ジェンダー権力から疎外された多様な人びとについて、その複雑性と権力構造を捉えるために複合差別論やインターセクショナリティ論が有効であるとしても、特に日本における先住民女性の経験と現実を明らかにすることはなお極めて困難である。

先住民を取り巻く現代的課題について知りたいと思う読者に、最も薦めたい著作は石山徳子『「犠牲区域」のアメリカ――核開発と先住民族』である[48]。同書は、九七％の領土を一方的に収奪されたアメリカ先住民[49]の多くの居住区が核開発の現場となっており、先住民たちがその犠牲となっている状況について、多角的かつ実証的な資料から分析している。

石山は同書をバラク・オバマ元米大統領による広島訪問とブラックライブズマター運動からはじめる。石山はオバマの訪問について感情的な議論は展開しない。しかし、広島と長崎で膨大な数の命を奪った主体が誰だったのかについて明言しなかったオバマの演説を紹介し、「演説でうやむやにされた破壊の主体が、アメリカという世界随一の軍事大国であること、「偉大な国」を標榜しながら、国家形成の基盤に、植民地主義と人種差別の問題を抱えている国であることは、決して偶然ではない」と述べる[50]。

世界中を席巻した黒人に対する人権侵害および殺害への異議をとなえるブラックライブズマター運動は、運動として極めて革新的なものだった。その一方で、むしろだからこそ、先住民への入植者《セトラー》植民地主義《コロニアリズム》やレイシズムが不可視化されている構造を、石山は可視化する。さまざまな統計を根気強く紐解けば、先住民へのレイシズムや人権侵害は明白であるにもかかわらず、黒人への人権侵害に比して、先住民が被る暴力について市民が認識することは極めて困難である。石山はその構造のひとつとして、入植者《セトラー》植民地主義《コロニアリズム》における先住民の忘却を指摘している。

圧倒的なジェンダー不平等を抱え(女性の疎外)、国内における民族・人種的な多様性が把握されない社会であり(マイノリティ女性の疎外)、先住民という存在が過去のものであると認識される中で(先住民女性の忘却と疎外)、日本国内においても先住民女性が被る疎外は多重な構造となっている。私自身や家族・親戚がそうであったように、当事者自身が先住民への暴力や不正義を過去のものとして扱ってきたことも記しておこう。しかし病や障害、依存症、自死といった私たちの身体に刻まれた傷たちは、さまざまな形で今日も私たちが被り続けている歴史的および社会的な暴力を訴え続けている。幾重にも不可視化された先住民女性の経験を照らしてくれるのは、明示的な記憶や歴史よりも身体の傷なのだろう。

病や障害・依存症の場、自死の場、連鎖する暴力の場には、マイノリティ女性がずっと存在している。それは本章で述べてきたとおり、日本社会の制度上いまは不可視化された状態にある。多数派が意識できていないのみならず、マイノリティ自身も自分の傷がどこに由来するかについて十分に分節化できていないだろう。しかしだからこそ、当事者がかかえる傷には世代間継承された社会的背景があるというフレームは、臨床や研究、支援のフレーム自体を組み換え、マイノリティ当事者の回復につながる可能性を秘めているのではないだろうか。逆にマイノリティを取り巻く社会的背景や文化的背景が共有されていない治療やケア、支援は、当事者の傷をさらに深めるかもしれない(51)。

西洋におけるフェミニズムが、黒人女性や先住民女性、第三世界の女性たちから白人中心主義であることを問われたように、日本でもまた、「女」とは誰を指してきたのかを考える時を迎えている。明治の開国以降、日本はあまりに慌ただしい一五〇年を過ごしてきた――この一五〇年は北海道の植民地化と重なる――。人類を驚かせた驚異的な近代化と経済発展は、それまではばらばらだった日本という国家や市民を均一にすることで達成されてきた。特に植民地のほとんどを失った第二次世界大戦以降、「国内に」存在する民族および人種的多様性はなかったことにされている。単一的であることが重要な社会では、男性も女性も「わきまえる主体」であることが求められてきた。

本章は多数派がもつ人種的特権性についての不理解(52)を述べてきたが、それは個人に不適切な大きさの主語(53)で、社会の罪や責任を個人におしつけることを意図しない。われわれがどのような近代を経てきたのか、われわれの社会とは本来はどのような彩りや構造なのか、抑圧の根源とはなにか、そうした議論を進展させることで、国家レベル、社会・組織レベル、個人レベルにおける責任の大きさ――「主語の大きさ」――が明確になるだろう。

多数派はマイノリティが被る人権侵害について、当事者として対峙することに怯えを抱える(54)。一方で、不理解に囲まれて生きている少数派は「被害者権力の発露」[55]を続けてしまう。議論の進展を阻んできた原因の一つはこうした多数派の怯えと少数派の攻撃性なのかもしれない。しかし、「主語の大きさ」を間違えずに、怯えも攻撃性もケアされながら互いに安全を確保できる場所で対話を続け、女たちを分断する背景や構造がどのようなものであるのかについて相互に認識できるとき、コスメティックではなく適切な連帯がうまれ女性全体が被る抑圧の克服につながるのではなかろうか。

日本社会はジェンダーを取り巻く状況についてあまりに霧が深い。マイノリティ女性に関する認識の不在はその証左だろう。少しずつ霧を晴れさせるためには女性たちそれぞれの彩りの回復が必要だ。特権性を持つ人は無色透明であり、当事者は単色に塗りつぶされてしまう。われわれは彩りを回復し、誰もがカラフルになる必要がある。誰もが何らかの特権性を持ち、一方で何らかの特権から疎外されている。それがそれぞれの人間の彩りだ。人間の彩りを奪うことこそが権力構造に潜む支配形態であり、だからこそ一人ひとりによる彩りの回復は社会を照らしだし、人類を損なう権力に抗する強力な術になる。先住民女性を含むマイノリティ女性も、社会構造へのアクセスが可能となり、自らの傷が癒えたときには、自分が持つ特権性について思索をするときがくるだろう[56]。自覚できていない特権性についての深い思考と挑戦のみが、適切な連帯を築き、女が生きる世界をもっと優しいものにするのではなかろうか。

3-3　結論——アライになるために

本章の冒頭で、日本人女性知識人のほとんどがレイシストであると述べた。それは私自身がつい最近までレイシストだったことをなぞるものである。自らの世界をまなざすメガネが持つ死角は、避けることができないものである。しかし一番やっかいなことは、その死角に気がつかず、同じ属性を持つ疎外された人びとを、自らの手によって疎外してしまうことだ。マジョリティ女性は、同じ女性としてマイノリティ女性を包摂してしまっていたがために、マイノリティ女性の疎外を深めてしまっていた。そしてマイノリティ女性に行使されているレイシズムの暴力と共犯をしてしまってもいた。本章を経てわれわれ一人ひとりができることとは、自らの暴力性への感性を養い、暴力の予感によってひろくつながり合うことでアライ(ally)の空間を作り上げることだろう。

本章では先住民女性を例に、マジョリティ女性の暴力性／共犯性を述べてきた。先住民女性は三つの疎外(女性の疎外、マイノリティ女性の疎外、先住民女性の忘却と疎外)を生きている。さらに、植民地主義とレイシズムを否定する日本社会においては、マイノリティ女性が被る暴力は、行使されているにもかかわらず認識される枠組みがない点において一層深刻である。

それぞれがアライであろうとすることは、奪った資源を返すことに他ならない。それは疎外された人びとを温情的に保護することとは対極にある。女性たちは、みずからの疎外について学び、声をあげ、状況を変えてきた。奪われたものを返せと言ってきた。この先は、その「女性たち」の中のそれぞれの属性において奪われたものを返却する段階を迎える。セクシュアリティにせよ、アビリティにせよ、そして先住民や被植民者にせよ、マイノリティの権利回復とは奪ったものを返すことにある。そしてだからこそ、先住民女性と被植民者の女性たちの権利回復は一層難しいことは強調しよう。黒人女性を含めて、マイノリティ女性の闘いとは主として「公民権」の回復だったが、植民地主義による傷と不正義の回復は個人の人権の回復に留まらないからだ。

「日本人」女性たちは、自らが収奪者である事実を受け入れ、行使している暴力をみつめ、奪ったものを返す思考の萌芽をみつけることができるだろうか。それとも、「日本人」女性たちは、これまで通り、先住民女性や被植民者の女性が被る不正義と暴力をなかったことにし続けるだろうか。

（1）上野千鶴子「解説」、チェ・スンボム『私は男でフェミニストです』金みんじょん訳、世界思想社、二〇二一年、一八五―一八六頁。
（2）原文では、"not racist' is not enough. We have to be anti-racist." と書かれている。
（3）大坂なおみ「大坂なおみがつづる、人種差別根絶への決心。「行動する必要性を感じた」」『Esquire 日本版』。https://www.esquire.com/jp/culture/column/a33272327/naomi-osaka-op-ed-george-floyd-protests/：二〇二〇年七月一二日公開／二〇二四年二月二五日最終閲覧。
（4）鄭暎惠「フェミニズムのなかのレイシズム」、江原由美子・金井淑子編『ワードマップ　フェミニズム』新曜社、一九九七年、九六頁。
（5）高雄きくえ編『広島　爆心都市からあいだの都市へ――「ジェンダー×植民地主義　交差点としてのヒロシマ」連続講座論考集』インパクト出版会、二〇二二年など。
（6）ダニエル・キーツ・シトロン『サイバーハラスメント――現実へと溢れ出すヘイトクライム』明戸隆浩・唐澤貴洋・原田學植監訳、大川紀男訳、明石書店、二〇二〇年。
（7）「ツースピリット」とは、男性的な精神と女性的な精神の両方を持っていると自認する人のことであり、先住民の中には自分のセクシュアル、ジェンダー、および／またはスピリチュアルなアイデンティティを表現するために使用する人もいる（"Two-Spirit Community," *Re: Searching for LGBTQ2S+Health*, University of Toronto. https://lgbtqhealth.ca/community/two-spirit.php：二〇二四年二月二五日最終閲覧）。
（8）Green, J. (ed.), *Making Space for Indigenous Feminisms*, Fernwood Publishing, 2007; Coburn, E., "'Theorizing Our Place': Indigenous Women's Scholarship from 1985–2020 and the Emerging Dialogue with Anti-racist Feminisms," *Studies in Social Justice*, 14(2), 2021, pp. 429–453.

(9)　Huhndorf, S. M. & C. Suzack, "Indigenous Feminism: Theorizing the Issues," C. Suzack, S. M. Huhndorf, J. Perreault & J. Barman (eds.), *Indigenous Women and Feminism: Politics, Activism, Culture*, UBC Press, 2010, pp. 1–20.

(10)　Green, J., "Taking Account of Aboriginal Feminism," J. Green (ed.), *op. cit.*, p. 14.

(11)　Coburn, *op. cit.*, pp. 433–434.

(12)　インディアン登録簿に登録されている先住民をステータス・インディアンという。

(13)　Simpson, A., "From White into Red: Captivity Narratives as Alchemies of Race and Citizenship," *American Quarterly*, 60(2), 2008, pp. 251–257.

(14)　*Ibid.*

(15)　Green, J., "Sexual Equality and Indian Government: An Analysis of Bill C-31 Amendments to the Indian Act," *Native Studies Review*, 1(2), 1985, p. 94.

(16)　Coburn, *op. cit.*, p. 439.

(17)　Monture-Angus, P., *Thunder in My Soul: A Mohawk Woman Speaks*, Fernwood Publishing, 1995; Coburn, *op. cit.*, p. 440.

(18)　Turpel, M. E., "Aboriginal Peoples and the Canadian Charter of Rights and Freedoms," *Canadian Woman Studies*, 10(2), 1989, pp. 149–157.

(19)　Coburn, *op. cit.*, p. 438

(20)　LaRocque, E., "The Colonization of a Native Woman Scholar," C. Miller & P. Chuchryk (eds.), *Women of the First Nations: Power, Wisdom, and Strength*, University of Manitoba Press, 1996, p. 14.

(21)　Armstrong, J., "Invocation: The Real Power of Aboriginal Women," *ibid.*, p. xii; Coburn, *op. cit.*, p. 44.

(22)　Lawrence, B. & K. Anderson, *Strong Women Stories: Native Vision and Community Survival*, Sumach Press, 2003.

(23)　Coburn, *op. cit.*, p. 443.

(24) Green, J. (ed.), *Making Space for Indigenous Feminisms* (2nd ed.), Fernwood Publishing, 2017.
(25) カナダ先住民へのレイシズムについては、タニヤ・タラガ『私たちの進む道——植民地主義の陰と先住民族のトラウマを乗り越えるために』村上佳代訳、青土社、二〇二二年を参照。
(26) イブラム・X・ケンディ『アンチレイシストであるためには』児島修訳、辰巳出版、二〇二一年、一五頁。
(27) 同書、一一頁。
(28) 同書、一三頁。
(29) 明戸隆浩「表現の自由／表現が侵害する自由——アートはヘイトスピーチとどう向き合うべきか」、北田暁大ほか編『社会の芸術／芸術という社会——社会とアートの関係、その再創造に向けて』フィルムアート社、二〇一六年、九八—一一一頁。
(30) シトロン前掲書。
(31) ジュディス・L・ハーマン『心的外傷と回復　増補新版』中井久夫・阿部大樹訳、みすず書房、二〇二三年。
(32) 小林よしのり『新・ゴーマニズム宣言スペシャル　戦争論』幻冬舎、一九九八年。
(33) 明戸隆浩「ナショナリズム批判と立場性《ポジショナリティ》——「マジョリティとして」と「日本人として」の狭間で」、山崎望編『奇妙なナショナリズムの時代——排外主義に抗して』岩波書店、二〇一五年、一九七—二三一頁。
(34) 倉数茂「〈おぞましき母〉の病理」、岡和田晃・マーク・ウィンチェスター編『アイヌ民族否定論に抗する』河出書房新社、二〇一五年。
(35) 常本照樹「アイヌ民族と「日本型」先住民族政策」『学術の動向』第一六巻九号(特集＝今、アイヌであること——共に生きるための政策をめざして)、二〇一一年。
(36) 暉峻僚三「憲法理念からのネイション意識の再構築」『平和研究』第五〇号、二〇一八年、六五—六七頁。
(37) 君島東彦「巻頭言　平和研究は憲法をどのようにとらえるか」『平和研究』第五〇号、二〇一八年、vii頁。
(38) 上村英明・Gayman, J.「多元主義から見る日本国憲法の総体的意義——先住民族の視点から近代日本の基本法を考える」『恵泉女子大学園大学紀要』第三〇号、二〇一八年、一二三頁。
(39) 小坂田裕子『先住民族と国際法——剝奪の歴史から権利の承認へ』信山社、二〇一七年／小坂田裕子・深山直子・丸山淳子・守谷賢輔編『考えてみよう　先住民族と法』信山社、二〇二二年。

(40)　本章では、アイヌを含むマイノリティの女性たちの経験から、ジェンダー状況を取り巻く力学について考察することを意図している。女性として位置づけられる人びとにフォーカスしているが、現在ノンバイナリーやXジェンダーなども含めて、女性と男性というカテゴリーに違和感を覚える人びとが一定数おり、既存のカテゴリーに必ずしも合致しない人びとを不可視化する意図は持っていない。一方で、これまでアイヌ当事者のジェンダー／セクシュアリティにおけるマイノリティ性はわずかな例をのぞき報告されたことがない。周辺化され特権性から疎外された人びとの生には、特に資本制に基づく権力が欲望する二元論的なジェンダー概念が深く刻み込まれているともいえる。そしてだからこそ、「マイノリティ女性」が女性であるがゆえに被った暴力に抗するプロセスにおいて、そうしたジェンダーを取り巻く資本制に基づく権力を強化してしまうことには注意が必要なのかもしれない。

(41)　母方の祖父は「和人(多数派日本人)」だが、出自が半分でもアイヌと位置付けられる人種編成がある。

(42)　英語圏の教科書では、ブラックフェミニズムや先住民フェミニズム、第三世界女性によるフェミニズムが取り上げられる。日本におけるそれらの不在はたとえば鄭暎惠による「長すぎる注」にもみられるだろう。鄭は、「フェミニズムのなかのレイシズム」という論考で、アメリカの例を論じた。しかし注では四頁にわたり日本のフェミニズムを批判している(鄭暎惠「フェミニズムのなかのレイシズム」、江原由美子・金井淑子編前掲書、八九―一一三頁)。この注が本文では述べられなかったこと、そして注であるにもかかわらず、長すぎる説明の中に、日本のフェミニズムや学術の世界における鄭の居心地の悪さを私は自分の当事者性とともに読み取ってしまう。

(43)　Tuck, E. & K. W. Yang, *op. cit.* など。

(44)　上野千鶴子「複合差別論」、井上俊・上野千鶴子・大澤真幸・見田宗介・吉見俊哉編集『岩波講座　現代社会学15――差別と共生の社会学』岩波書店、一九九六年。

(45)　熊本理抄「「マイノリティ女性に対する複合差別」をめぐる論点整理」『人権問題研究資料』第一七号、近畿大学人権問題研究所、二〇〇三年、三九―七三頁。

(46)　パトリシア・ヒル・コリンズ、スルマ・ビルゲ『インターセクショナリティ』小原理乃訳・下地ローレンス吉孝監訳、人文書院、二〇二一年。

(47)　同書、下地による解説。
(48)　石山前掲書。
(49)　アイヌの場合は、自治権を有する領土を全く所有していないのでこの数字は一〇〇％である。
(50)　石山前掲書、vii頁。
(51)　周囲にいるアイヌ女性たちの多くがメンタルヘルスにおいて困難を抱えている。しかし、複数人のアイヌ女性から、アイヌを取り巻く状況について知識がない医療者からの治療やケアによって、さらに状態が悪化したと聞く。こうした状況に関する調査は十分ではなく、今後の課題としたい。
(52)　「不理解」とは「あなたの理解は理解ではないことに気づいてください」だという。「私はわかっていますよ」と言うことが、原発避難問題をめぐっては、様々な暴力につながる可能性があると市村高志は述べる（山下祐介・市村高志・佐藤彰彦『人間なき復興――原発避難と国民の「不理解」をめぐって』明石書店、二〇一三年、二六頁）。社会的に不可視化されている人びとの背景に、善意や不理解が介入していることについて述べた拙稿も参照されたい（「〈沈黙〉が架橋する――弔いの人類学とケアし合うオートエスノグラフィへむけて」『文化人類学』第八七巻第二号、二〇二二年、二〇六―二二三頁）。
(53)　「主語の大きさ」について森崎和江の思想的軌跡を経由して思索したものがある（石原真衣「地球上から消え果た植民地主義？――森崎和江が遺したものと〈沈黙〉」『現代思想』第五〇巻第一三号、二〇二二年、一九八―二〇八頁）。
(54)　日本ではそもそもレイシズムやコロニアリズムがあるという認識すら不在であるので、多くの人びとにとってこのような怯えはまだリアリティがないかもしれない。しかしレイシズムを克服することが命題である社会では、レイシズムに対峙する際の多数派の心の脆さが議論となっている（ディアンジェロ前掲『ホワイト・フラジリティ』を参照されたい）。
(55)　信田さよ子『家族と国家は共謀する――サバイバルからレジスタンスへ』角川新書、二〇二一年。
(56)　とりわけ強力な「北の国」に属する女性たちには、暮らしそのものに深く埋め込まれた特権性がある。また、私自身が経験したように、女たちの多大な犠牲の上に成り立ちつつも、マイノリティならではの「機会を得ること」や文化資本を得ることもある。階級・階層および経済的・文化的に特権性を持つに至ったマイノリティが安易な自己責任論を強め、無意識に他者を疎外してしまう弊害についても自戒も含めて今後検討していきたい。

第3部

アイヌと外部を行き来する

第6章

羽をパタパタさせればいい

——アイヌ近現代史研究者である新井かおりさん——

1　スピってるまなざし

1-1　まなざしと言説

新井かおりさんは、アイヌ近現代史研究をしている研究者である。祖父である貝沢正（一九一二―一九九二）の資料をもとに研究している。貝沢は平取町二風谷出身でアイヌの権利回復に尽力した社会活動家であり歴史家である。新井さんとのインタビューは、アイヌの出自を持つことと外部とのさまざまな軋轢を強調するものとなった。語りはおもに幼少期、アイヌの国会議員萱野茂の事務所での勤務、大学院進学から研究者となる時期に区分されている。

このインタビューにはもう一つの特徴がある。新井さんがライフストーリー研究法を行う研究者であり、村上の研究方法と近いことだ。緊張があったようで、新井さん自身普段よりもとてもゆっくりとした話し方だった。インタビューは二〇二三年初頭に北海道大学アイヌ・先住民研究センター内で、村上が単独で行った。そのあと数度にわたって原稿をメールでやり取りしたほかに、オンラインで画面共有しながら文言の確認も行っている。

「「アイヌ語やらないとは意識が低い」みたいな、そんなまなざしにさらされながら育ってきて」（4b）

「外の目に反発しながら自己形成してきて」（5）

新井さんは、幼少期から外部の人間がアイヌに対してひとりよがりのイメージを押し付けてくるまなざしの暴力に対して強い違和感を持っている。このことがライトモチーフになっている。

もう一つ大事な背景はアイヌの出自を公にしてアイヌにかかわる研究をしている研究者はきわめて少なく、圧倒的多数のアイヌ研究者は和人であるというアンバランスである。アイヌ自身が研究することがないがしろにされることは第8章の石原も論じる。当事者の声が研究の中で十分に反映されてこなかった歴史と現状があり、新井さんの、ときに過激な言葉づかいはこのことと関係している。

1-2　スピってるイメージを押し付ける「彼ら」のまなざし

新井さんが受けるまなざしには研究者や左翼支援者のものとヘイターからのものがある。新井さんの語りでは左翼の運動家と「支援者」、そして和人のアイヌ研究者は同じものとして扱われており、区別できない場面も多い。次の引用では「関係者」というくくられ方をしている。

新井　だから私が大人になっていく過程でアイヌ関係周りって、関係者って、すごいそこにあった言説みたいなのがすごくスピってるわけですよ。スピってるって私の用語ですけど。当時はそうでした。一九八〇年代、一九九〇年代ぐらいは。〔……〕〔例えば〕「どこの先住民族はこんなふうにスピってる」っていう話〔……〕だけで、若干、客観的な記述がないんですよね。でも読んでるだけで私も具合悪くなるみたいな、そういうものばかりがある世界だったんです。（4a）

「私が大人になっていく過程でアイヌ関係周り」で、新井さんを取り囲んでいた「世界」が「スピってる」という。「すごい」「そういうものばかり」といった言説が新井さんの周りに蔓延していたことが強調される。

子ども時代の新井さんを取り囲んでいたのはまずは「関係者」だ。インタビューの中では「左翼」への言及が多いのだが、もう一つの典型は研究者が押し付ける「スピってる」まなざしだ。原稿を読んだ新井さんのコメントによると、「スピってる研究者はアイヌや海外先住民研究の人によくいました。今もいる。分野はさまざまです。アイヌ研究ではなくてもアイヌにふれるとスピりだすのが通常運転」だそうだ。「スピってる」の内実はのちほどの引用に登場するが、自然との共生やアニミズムを強調する発想だ。(1) アイヌ関係者は「スピってる」言説「ばかりがある世界」だと、新井さんは全面化していることを強調する。それらの言説は「読んでるだけで私も具合悪くなる」という違和感となる。

アイヌをめぐっては一六世紀以来、多数の宣教師や欧米人研究者が調査を行ってきており、(2) そもそも初期の先住民研究は植民地と不可分であるから欧米中心である。もともとアイヌ研究の場合も、ジョン・バチェラーなどの宣教師が出発点にいる。第1章に記したように幕末にアイヌ遺骨を最初に盗掘したのも駐留したイギリス人であり、本国の博物学者に売却しようとしたものだった。文化研究の中で生まれてきた「スピってる」イメージは、植民地主義の暴力を隠蔽する裏面として形成されている。このあと登場するアイヌ文化振興法についての議論の背景にも潜在的に横たわるのが、「植民地主義に対してどのようなスタンスを取るか」という問題であり、西欧近代文明へのアンチテーゼとして流行した「スピってる」言説はこのような社会的文脈の中に位置づけられる。そもそも日本人が入植するより以前のアイヌは、自分たちを「スピってる」とは自己規定しないはずだ。

ところでアイヌにおける神々や自然との共生を謳う日本語の言説は、西欧化した日本との接触の中で、アイヌの神謡を日本語に翻訳した知里幸恵によって一九二一年に発明されたものと思われる。

天真爛漫な稚児の様に、美しい大自然に抱擁されてのんびりと楽しく生活していた彼等は、真に自然の寵児、なんという幸福な人だちであったでしょう(3)。

知里幸恵自身が「スピってる」わけではない。知里自身は、土地の収奪とコミュニティの破壊を目の当たりにし、言語学者金田一京助に見出されて帝都東京に移住し寄宿するという極端な権力勾配の中で、無文字言語である母語アイヌ語から日本語へと翻訳するという植民地主義の布置を背負っている。この文脈のもとでは、『アイヌ神謡集』の序はあのようにしか記しえなかったはずだ(侵略と自然破壊の文脈で知里を引用した新井さんの祖父貝沢正はおそらくそのことを正確に認識していた(4))。その後一九七〇年以降、知里幸恵が再評価・偶像化されるとともに、皮肉なことに現代の「スピってる」自然との共生のモデルとして『アイヌ神謡集』序は機能するようになっている。

後日新井さんは日本のみならず「海外の先住民研究も九〇年代はスピりちらかしていた」とコメントした。このようなまなざしについて、新井さんは子どもの頃から遍在していたものとして語っている。

スピってるイメージを押し付けるまなざしは、知里幸恵の消費において典型的であるように、アイヌを偶像として商品化するまなざしと並行する。アイヌの人口が多い地域では、観光という産業の中で個人ではなく類型化されたアイヌとしてまなざされることにつながる。例えば関口由彦の『首都圏に生きるアイヌ民族』に登場する女性「D氏」は、阿寒湖の生家の土産物屋を手伝っていた中学生の頃を振り返って次のように語っている。

その頃の観光客の中には、アイヌをバカにしたような態度の人が多くいた。特に年配の人達にね。だから、何故こんな不躾な事を言うのだろう、何故、私という個人を無視した態度でアイヌとしての写真を撮られなければ行けないのだろうとかさ。(5)

店員をしているD氏の写真を観光客が「アイヌとしての写真」として不躾に撮る。このまなざしは一九〇三年に大阪で開かれた内国勧業博覧会における「人類館」においてアイヌの人たちが「陳列」されたことにまで遡るまなざしだろう。新井さんが「そういうものばかりがある世界」と語るとき、このようなまなざしが遍在し、さらされ続けている状況の中に置かれたことを意味している。

新井さんの祖父貝沢(貝澤)正の著書『アイヌ　わが人生』には差別の歴史や権利回復運動についてのテキストのみが収録され、狭義の文化についての記述は表に出ていないことも思い出される。(6)貝沢はアイヌの手によるアイヌ史の編纂に尽力したが、貝沢とともにアイヌの権利回復に尽力した萱野茂がアイヌ語に精通し、口承伝承や風習について多くの著書を残したことと対照的であり、新井さんによると二人は役割分担をしていたという。新井さんのスタンスの中には、この貝沢の立ち位置とのつながりもうかがえる。と同時に貝沢の周りにもスピってるイメージを押し付ける「関係者」が集まっ

たことものちほど話題になる。(7)

新井　例えばXさんっていうY大の名誉教授がいるんですけど、〔……〕「バイオグラフィティ的な事実を拾っていくだけだったら、それはライフストーリーじゃないんだ」っていうふうに言うわけです。彼の言うには、「本当にやらなきゃいけないのは、アイヌでも先住民族でも自分たちのランドに対しての特別な愛着があって、そういう哲学があるんだ」と。「そこがベースにあるはずなのに、そこにたどり着かないでバイオグラフィだけを研究するというのは、ただのライフヒストリーだ」と。(20b)

Xさんはアイヌの権利擁護の活動を積極的に行ってきた研究者だ。スピってるイメージは例えば「ランドに対しての特別な愛着」というような形を取る。なぜこれが問題かというと、アイヌの出自を持つ人たちは必ずしも「ランドに対しての特別な愛着」など語りはしない。しかし研究者のゆがんだまなざしは「ランドに対しての愛着」に収斂しないと気がすまないのだ。Xさんはライフヒストリーとライフストーリーを区別し、ライフストーリー研究は「ランドに対しての愛着」を抽出することなのだという。言い換えると一人ひとりのアイヌのナラティブの個別性は無視され、スピってるイメージに還元されることを望んでいる。

「ランドに対しての愛着」という幻想は奇怪にいびつである。アイヌが土地を奪われ、さらにはアメリカの先住民のような自治区すら保障されていないこと、(8) そのうえ植民者の末裔であるアイヌ研究者が土地の収奪を指摘すらしないという隠蔽があるからだ。(9)「ランドに対しての愛着」を土地を収奪した和人が語るのは、悪い冗談でしかないだろう。
成り行きとして、スピってるイメージに乗らないと関係者から敬遠されることになる。

村上　そうですね。そういうもの〔左翼の支援者〕に対する違和感っていうのはすごく。で、最後の今のスピってる人たち。

新井　スピがどうなのか、聞かれたから普通にしゃべってしまった。

村上　でもそれは共通してますよね。何かそういう違和感があるものが取りついてるみたいなところはありますよね。

新井　そうですね。それがアイヌに貼り付いていて、それ以外の在り方を許されないみたいな不自由さとか、気持ち悪さとか、〔石原〕真衣さんの息苦しさとは違うのか。(10) 似てて違うところもあるのかもしれないですけど、気持ち悪い。だから彼らにとって、私とか、すごい、ゴミなんですよ。(13)

このようなスピってるイメージが「アイヌに貼り付いて」いることの弊害は、アイヌがそのイメージ「以外の在り方を許されない」「不自由さ」にある。スピってるイメージはやはり遍在しているのだ。そのため「左翼(和人支援者)」と研究者をふくむ「彼ら」が、スピってるイメージから逸脱する新井さんのような人を「ゴミ」として扱う。「彼ら」vs「私」という対立は、遍在するスピってるまなざしvs(スピってるイメージを拒む)「ゴミ」という対立の構図でもある。このようなまなざしは「気持ち悪い」。先ほどは「具合悪くなる」だった。ゆがんだイメージを自分に押し付けられる違和感である。

新井さんのインタビューで「関係者」が一回しか登場していないのに対し、同じ意味を持つ「彼ら」が一四回、「左翼」が二二回、「研究者」が五六回、「支援者」が三回登場した。「彼ら」という言葉づかいには、新井さんとネガティブであれなにがしかの関わりがあり、関わりから逃れられないというニュアンスがありそうだ。つまり「彼ら」と呼ばれる他者は、違和感のあるまなざしを押し付けながら新井さんを煩わせる人たちの総称なのである。

ところでアイヌの出自を持つ人は、出自を公にせず暮らしている人のほうが多いと言われる。苛烈な差別ゆえに混血が進み、アイヌの出自を公にせずに暮らしてきた人が何代にもわたり多数いるという現実と、植民側の研究者が夢を見て「スピってる」イメージをアイヌに押し付けることとは裏表の関係にある。不可視化されている現実のアイヌと、イメージだけが増殖する様子が対になる。

さて、「彼ら」「関係者」には研究者だけでなく、左翼の運動家が含まれる。

新井　Z大学で定期的にやっている左翼の固まりの研究会があって。左翼の煮こごりと私は呼んでるけど、左翼を煮出して放置したら固まるみたいな感じですよ。その研究会に固まってる左翼なんて、私と目も合わせてくれないですから。昨日、電話きた。そういえば。彼らにとっての正しいアイヌっていうのは、アイヌ文化をやって被差別のことを涙ながらに訴えるみたいなアイヌが正しいんですよ。（16ａ）

凝り固まった思考とまなざしを持つ左翼たちを新井さんは「煮こごり」と呼ぶ。アイヌの側を「スピってる」イメージに固める左翼自身が、煮出されて固まって「煮こごり」になっている。イメージは、まなざされるアイヌをメデューサのように固めるだけでなく、まなざす側も固めるのだ。

新井さんは左翼からは「目も合わせてくれない」。つまり運動家がまなざすアイヌのイメージにあてはまらない新井さんは、「ゴミ」であり、まなざされることすらないのだ[11]。

「彼ら」煮こごり左翼の「まなざし」はステレオタイプなイメージだけを見ているのであって、多様なあり方をする実在のアイヌの出自を持つ人たちと出会ってはいないということになる。差別はたしかに存在したのだが、「アイヌ文化をやって被差別のことを涙ながらに訴える」ことに還元できるわけではない。「彼ら」にとってはこれらのイメージが「正しいアイヌ」という規範性を持つのであり、逆に言うと規範性を要求する時点でゆがんでいるということだろう。

1-3　差別のまなざし

外部からのまなざしは、研究者や左翼支援者による肯定的だがスピってるイメージだけではない。存在を否定する差別もまたイメージを貼り付けるまなざしだ。例えば新井さんと同世代のアイヌである原田公久枝さんは次のように語る。

五才の頃からアイヌの踊りを習い始めます。それが当たり前だと思っていた六才の春、小学校に入学。幼稚園に行かず、二才下の弟の面倒をみていた私は、初めてよその地域の同学年と出会い、「アイヌ！　きもちわるーい」って言われて、自分が他の人と違うことを知ります。同地域の同級生でも、私ほど血が濃い子はもう居なく、ぱっと見、アイヌとはわからない幼なじみから、

「声かけないで。同じと思われたら困るから」と言われて、孤立します。[12]

弟の面倒をみるヤングケアラーとして育った原田さんは小学校に通い始めた途端に「アイヌ！きもちわるーい」と差別によるいじめに遭う。子どもがアイヌを理由にいじめるのは親あるいは社会が差別をしている影響を受けているからだ。そしてアイヌの出自を持つ友人もまた差別を内面化しており、原田さんを避ける。一九四〇年代生まれの木村二三夫さんや五〇年代生まれの多原良子さんの世代が受けたのと同じ差別が一九七〇年代にまだ続いていたということだ。

見聞きしてきたこのような差別の具体的な場面に触れながら、新井さんは次のように語った。

新井　すごいことが多分この世にはいっぱいあって。それをアイヌ差別というならば、私の受けたのはアイヌ差別というカテゴリーには入らないです。

ただ、そうではないかもしれないけど、先ほど言ってくださったように、そういう視線の中に置かれて受ける暴力っていうものだとか、構造的な差別っていうものに、犠牲者に多分、私はなっているし、昔からそうだし、これからもそうでしょうね。それは個人の努力でいかんともし難い世界に生きてるんだと思いますね。アイヌに生まれたっていうことは。

それでヘイトスピーチですよ。ヘイトスピーチも、あんなにひどいことを言われる集団がいていいはずないのに、いて、平気でいることがとても私は左翼の人に対して不思議で。だって左翼って差別の問題やってるはずじゃないですか。でもそれは見えないんです。構造が見えない。なんであんなに見えないのか分かんないです。[13]ネットやってないからとか、いろいろあるのかもしれないけど。〔彼らが〕「アイヌの問題は差別だ」というふうに解釈するならば、それは一番最初に取り組まれなきゃいけない差別なはずなんですよね。(17)

ここでは古典的な差別と現代のヘイトスピーチが並べて論じられている。古典的な差別は、侵略者などマジョリティが搾取をしている人たちに対し、異なる身体的特徴を持つ民族、教育水準の劣った民族であるなどとしてラベリングすることで人種化する。人種化する差別の背景には、江戸時代以来の不平等交易や明治期以降の土地の収奪・強制移住による搾取により生じたアイヌの逆境、貧困があり、このような逆境をともなう差別は貧困、教育格差や結婚差別のような姿で今でも残っていることは序章で論じた。

「構造的な差別」「昔からそうだし、これからもそう」という表現は、この差別が持つ遍在性と執拗さを表している。スピってるイメージでひたすらアイヌを礼賛することがアイヌ周りの「彼ら」に遍在したことと、社会全体で「構造」として差別が遍在することが対になる。さらに、スピってるイメージもまた構造を持ち、「彼ら」「左翼」には自覚はされていない点も共通する。「視線の中に置かれて受ける暴力」が構造的な差別であるという指摘は重要だ。まなざしは「彼ら」一人ひとりの個人のものだが、それが社会構造として構成される。スピってるイメージも差別も社会構造の問題であり、その構造が見えていないときには、アイヌだけでなく実は「彼ら」左翼やヘイター一人ひとりも構造にからめとられて個別性が消えている。

「これからも」あるだろう「構造的な差別」の土壌の上に、近年のヘイトスピーチが現れる。近年のヘイトスピーチは、アイヌを身体的な表徴や困窮に基づいて差別する古いタイプの差別とは異なる特徴を持つが、新井さんは連続的に捉えている。

例えば最近では、国会議員の杉田水脈が「アイヌの民族衣装のコスプレおばさんまで登場。同じ空気を吸っているだけでも気分が悪くなる」と自身のブログに投稿した例がよく知られる。(14)あるいはある北海道大学の教授が「アイヌ民族は先住民族ではない」とSNSで投稿して問題になった。(15)現代のアイヌに対するヘイトスピーチは、「アイヌは存在しない」と存在を抹消しつつ、「アイヌ利権」なるものを仮構して不正に利益を得ている人間がいると言い立てる。これは在日コリアンに対して「在日特権」を言い立てて暴力に及ぶヘイトクライムと同じだ。厳然として存在する社会的なハンディキャップと差別を否定し、差別状況に置かれてきた人たちの歴史と存在までも抹消しようとするという、「なかったことにする」差別だ。アイヌを称揚するスピってるイメージのもとでも現実のアイヌの存在は消されており、ヘイターにおいては歴史修正主義によって歴史的な主体としてのアイヌは存在しなかったことにされている。

ところで新井さんは、「あんなにひどいことを言われる集団」と、「言う」側のヘイターではなく「言われる」側のアイヌに焦点を当てている。被害を受けたアイヌを中心として思考している。スピってるイメージでも新井さん自身が被る「気持ち悪さ」「具合悪くなる」違和感が話題となった。どのようにまなざされ、どのような言葉を投げかけられるのか、という当事者の経験が焦点となる。当事者の経験が問題になるときには、たとえ「集団」や社会構造上の差別が問題になったとしても、個別具体的な経験が問題になる。ヘイトに脅かされる経験の個別性は消えない。

新井さん自身はヘイトスピーチに対抗するカウンターと協力して活動してきた。かつての左翼の運動家は、現代的なヘイトスピーチは自分たちの持つイメージから外れる言説であるためか、最近まで反応が薄かった。「左翼」の反差別運動は国家といった抽象的な仮想敵を想定した幻想の中での活動であって、現実に存在する個人の加害者と闘うものでもないし、現実に危害を加えられているアイヌをサポートするものでもないのだろう。ここでも個別性が忘却され、集団のイメージのみが話題となる構図は続いている。

1-4　まなざす主体の不在

ここまでのところでは外部の人間がまなざすときのアイヌのイメージと、実在するアイヌの出自を持つ人たちとのあいだに埋められないギャップがあるということ、それによってまなざされる側が被害を被ることが話題となった。しかし、ゆがんだイメージが蔓延する中で消えるのはアイヌだけではない。まなざす側の運動家もだ。

村上　さっきの話だと、どちらかというと左翼の人たちは当事者の言説をちゃんと聞いてないっていうほうが表に出てますよね。

新井　でも本多勝一的に、アイヌの話をそのまま使って自分は後ろに隠れるというようなやり方も結局、〔当事者の言説を〕聞いてないです。(16) 両方とも要するに、言説の主体は何かっていうことを隠してるというか、責任を免れる。

村上　そうか。

新井　そう。〔礼賛〕してるっていう意味では同じなんですよ。当事者礼賛になっちゃうんですよ。自分たちのお好みの任意の当事者一人か二人に憑依して、その人をひたすら礼賛していく中

で、自分の意見を実は言っているっていうのは主流のやり方な感じがしますけどね。（20ａ）

当事者の言葉を明らかにゆがめるスピってるまなざしだけでなく、真逆に見える当事者の言葉をそのまま使う本多勝一の「やり方」も同じく当事者をゆがめることになるという。新井さんは、本多勝一が分析抜きでアイヌの語りの引用だけを投げ出す記述をしたことを批判していた。一見すると、アイヌのナラティブをそのまま尊重しているかのように見えるが、本多は自分のイメージに合った「お好みの」当事者の語りを選んで、そこに一体化している。「ひたすら」当事者を礼賛するのは、「ひたすら」スピってるイメージを肯定する研究者と同じである。

本多は自らの分析を添えることはなく、地の文の主語としてすら登場することをやめて、自分の位置をあいまいにしつつ「自分の意見を実は言っている」。当事者の語りは、後ほどわかるように、運動家に都合が良いイメージを提供する語りであり、書き手はアイヌを無自覚に消費している[17]。つまりアイヌはステレオタイプのイメージへと歪曲され、同時に、記述を残す運動家は自らのポジショナリティを隠すことで、言説に対して責任を負わない。このとき、例えば書き手がもつマジョリティ特権や侵略した加害性は、まったく視界から消え去るだろう。

ゆがんだイメージを当てはめることで現実の当事者の存在を消すのか、「お好みの」イメージを帯びた言説と一体化することで運動家の主体が消えるのか、という二重の消去が裏表の関係になっている。先ほどは煮こごりのように固まった思考をもつ左翼が、固定したイメージをアイヌに押し付けることが話題となった。まなざす左翼もまなざされるアイヌも「固まる」と同時に、双方の主体がイメージの背後に消えるのだ。これまでに登場したすべての他者は、ゆがんだイメージを押し付けるにしろ語る主体が消えるにせよ、新井さんとすれちがっており対話者とはなっていない。

2　まなざしの中のアイヌ

2-1　イメージから逃げられない

ではイメージを押し付けるまなざしのもとにいた新井さんはどのような経験をしてきたのか。小さい頃からアイヌ関係者と関わりがあったが、新井さん自身は大人になるまで関東地方でアイヌのコミュニティの外で暮らしていた。

新井　あとは運動的な要請みたいなのがあって。うちの祖父はある意味、〔二風谷ダム建設反対〕運動の結節点というか、そういう人物でもあって。二風谷が一種。
村上　そうですよね。
新井　左翼観光みたいな。
村上　なるほど。
新井　そういうふうにしたのも祖父の功績というか、なんかなんですよね。夏休み・冬休み・春休みは、私は必ず二風谷で過ごしてたんですが、そこに行って、観光客みたいな人がいっぱいいる。その人たちはいわくありげな、大体、左翼の運動家みたいな人たちばっかりなわけです。〔私も〕よその人が話聞いてくれるのがうれしいから、軽々しく。「おじいちゃんは貝沢正で」、とか。

あと私、北京大学に留学してたんですね。「でもアイヌ語はやってない」みたいなことを言うと、すごい怒られるんですよ。「あの貝沢正の孫で、しかも中国で勉強してて、それでアイヌ語やらないとは意識が低い」みたいな、そんなまなざしにさらされながら育ってきて。後から思うんですけど、だいぶ私も、うっかりしてたなって。本当もうそもないけど、もし私が二風谷で育った子どもだとしたら。北海道でもいいか。のアイヌだとしたら、自分がアイヌで誰それの家系でみたいなことを外の人に言わないですよね。言って、ろくでもないことが分かってるから。でも私は本当に祖父を誇りに思ってたし、あと萱野茂先生とうちは遠い親戚なんです。（4b）

「祖父はある意味、運動の結節点」と語り始めたが、ダム建設反対運動におけるアイヌ当事者の活動ではなく「支援」に入った左翼からのまなざしが話題となった。「左翼の運動家みたいな人たちばっかり」と、ここでもゆがんだまなざしの遍在が語られる。

新井さん自身は関東地方の出身である。長期休みに祖父母の家がある二風谷を訪れていた。日常的にはアイヌへのまなざしが存在しない場所にいたが、帰省するとまなざしの圏域に入る。まなざしの圏域で無防備に「私はアイヌである」「私は貝沢正の孫」だと語ることで、外部が押し付けるイメージに巻き込まれ、軋轢が起きる。「言って、ろくでもないことが分かってるから」とは、スピってるまなざしにさらされるか、あるいは多くの場所ではいじめを受けるというような帰結を指すのだろう。北海道で生まれ育って幼少時に差別を受けてから関東に移住をした（18）人や、出自を公にせずに北海道で生きている人と、道外で生まれ育った新井さんとの経験の違いとも言える。

多くのアイヌが出自を公にせずに生きているが、それは差別を避けるためだった。これに対し、二風谷というアイヌであることが価値をもつ場所を訪れた新井さんの場合、出自を明らかにすることは、「スピってる」イメージにからめ取られるという帰結を生む。差別やヘイトスピーチと、スピってる言説とは裏表の関係で並行している。

アイヌ文化の継承を押し付けてくる外部の「まなざし」に囲まれている中で、アイヌ語を勉強することを拒んでいる新井さんが、アイヌの出自とりわけ貝沢正の孫であるという家系を明かすことは「ろくでもない」結果、すなわち他者からの「〜であるべき」というイメージの押し付けを生む。イメージが支配する世界の中ではイメージから外れる存在は許されない。それゆえアイヌ語を学ばないことを告白することは、存在を否定される経験を引き起こす。個別の自由な意思決定が否定されるのだ。同時にスピってるまなざしの外に住んでいた新井さんであるからこそ、まなざしの圏域へと越境したときにまなざしの力を明瞭に可視化できたのだろう。

ところで、そもそも踊りにせよ木彫りにせよ文化伝承自体が、植民地化の中で観光としてアイヌが対象化されたことと無縁ではない。一九三〇年代には白老や近文で観光産業が発達した(19)。踊りにしても木彫りにしても見せるためのもの、商品として伝承されるものになったのであり、現在続く伝承も二〇世紀初頭に生まれた観光という文脈とは切り離せない。つまり植民地化され観光地化されたものへのまなざしのもとにある。しかしその後、一九七〇年代から一九八〇年代にアイヌが再度権利擁護の自己主張を始めたときに、チカップ美恵子においてそうであったようにアイヌは伝統文化を自らの主体性の一部として捉え返して行くことになる。新井さんの主張は、さらにその後の世代の捉え方の一つを示すだろう。

家族に対する愛情や尊敬があるので、新井さんの反応は両義的である。新井さんは、外からのまなざしだけでなく家族の願いもあって出自から逃げられなくなっていく。貝沢正は、カミングアウトを重視していたのだろうと推測しながら次の場面を語った。

新井　これも後で思うことですけど、『二風谷』[20]っていう本ができたの初めて見たとき、私の名前が系図に載ってるわけですよ。貝沢正。それがちょっとしたショック。もう隠すことができないわけですよ。そしたら日本人のふりしても日本人とは思ってもらえなくなるっていうか。でも祖父も萱野先生というか、れい子さん、奥さん〔新井さんの親戚である〕も好きだったし、二風谷と関係あってアイヌと関係あるみたいなことは否定はしたくなかったし。それで外の目に反発しながら自己形成してきて。（5）

地域史『二風谷』には貝沢正の家系図が掲載され、そこには新井さんも登場するという。[21]現代の基準では「アウティング」である。このときの新井さんの反応は、しかしきわめて複雑である。〔先ほどは左翼vs新井さんだったが〕ここでは家族vs新井さんという構図の中で「ショック」が起きる。「日本人のふりしても」、つまり新井さんはもともと日本人であるという帰属意識はもっていない〔もちろん国籍は日本である〕。同時に「日本人とは思ってもらえなくなる」、つまり日本の中で出自を問われることがないニュートラルな存在ではいられなくなる。新井さんは初稿へのコメントでこう書いている。

私は自分の民族がなんであるかということを語らないで済む、パッシングする道をここでふさがれたんだと思いました。その時「あっ」と思って、でもまぁ内部向けの本だからいいか、でもなぁ、と十年以上は戸惑っていたのです。

「パッシングする道」を「ふさがれた」ということは、民族・出自に囚われたしかたでのみ言説の空間の中に参入できるということだ。スピったイメージにしろ差別にしろ正当な語りにしろ、とにかく社会の中でアイヌという属性のもとにしか存在し得ないという限定である。マジョリティの日本人は、日本に居住する上で自分の出自について問うことも問われることもないのだから、このような限定が人種化の一様態だということが分かる。

一種のアウティングによって、スピってるイメージと差別のまなざしにさらされることになったとはいえ、アイヌの運動を牽引した祖父たちやアイヌであることを否定したいわけでもない。たしかに祖父から継承してもいる。イメージと差別を押し付ける「外の目に反発しながら」しかしアイヌであることを何らかのしかたで引き受けて「自己形成」するのだ。何重にも屈折したひだの中で新井さんは「自己形成」している。

ところでこれらの両義的な状況は、「後で思うこと」と但書がついている。つまり子どもの頃はこのようには言葉になっていなかったのだろう。大人になって先住民や差別の問題を学ぶようになったことで、あいまいに経験された子ども時代の出来事が言語化されている。

2-2　まなざしに合わせる当事者

しかしこのような外部から押し付けられるスピってるイメージやヘイトスピーチは、アイヌ自身の言葉の不自由さと裏表の関係にある。次の語りでも外から押し付けられたイメージが話題になっていたが、突然それがアイヌ自身の言葉に切り替わる。アイヌという限定の中でしか語ることができないときの一つの応答の在り方だ。

新井　イメージ的な、夢をみちゃうんですよ。アイヌに関して。
村上　外からですよね。それは。
新井　外からです。
村上　それは自然と一体みたいな言説ってたくさん流通したじゃないですか。
新井　アイヌが自分を説明するときに、自分たちを説明するナラティブがないというか、イデイオムがないなっていうか、そういうところ借りてくるんですよね。〔アイヌ伝承者の人たちの〕口述の生活史みたいなところがあるわけですよ。「カムイイピリマ」とかっていって、「神さまが教えてくれるんだ」とか、「ささやきがあるんだ」とかね。スピリチュアルってもともとアメリカのネーティブアメリカンとの関係から成立してきてるから親和性がすごくあって。それでそっちの議論を取り入れていっちゃう人とかもいるわけですから。(12)

外から当てはめられるイメージは、アイヌ自身の言葉にも影響を与える。新井さんは左翼から「ゴミ」として扱われてアイヌから区別されたが、新井さん自身もスピってるイメージに合わせて語るアイヌから自分を区別する。しかしいずれにしてもアイヌという限定の中で自らの言葉を作らないといけない。

「アイヌが自分を説明するときに、自分たちを説明するナラティブがない〔……〕〔から〕、そういうところ借りてくる」のだ。外からのスピってるイメージを現代のアイヌが内在化し、現代のアイヌ自らスピってる語りをすることになる。「カムイイピリマ」(22)というような言説が、実は植民地主義のもとで生まれたイメージにすぎないというのだ。

歴史的には、同化教育によってアイヌ語が失われたこと、同時にアイヌ語であっても(個人の経験ではなく共同体の)口頭伝承の書き起こしを研究者も重視してきたという矛盾した二つの力動が、個別のナラティブを持たないということの背景にありそうだ。スピってるイメージもまた、アイヌが自らを語るナラティブを持たなかったことと裏表の関係にある。アイヌは和人の欲望に合わせて語るのだ。

新井さんはある著名なアイヌの活動家についてこう語った。

新井　ちゃんとアイヌの話聞いてたら分かるはずなのに、Uさんの話だってちゃんと聞いてれば分かるはずなのに。少なくともアイヌは分かってますね。私は彼女が何を言いたいのかよく分かんないっていうか、聞きたい人に合わせてストーリーをつくっていっているんであって、それが「ランドに対する愛着」だとか、聞きたいとか思う人にはそう話す。

村上　そのUさんがね。

新井　Uさんがね。これ多くのアイヌの人が持ってる能力なんですよ。〔……〕人の顔色を読むのにたけている。何が聞きたいのかに合わせて話をしてしまう。だから本当に何を考えてるのかっていうのはなかなか語られないし、聞かれないし、私でもよく分かんない。〔……〕

でもあまりにも彼ら〔支援者〕は枠が大き過ぎて、その枠以外のことは考えられないし、知ろうともしないからああなっちゃうんですかね。私に言わせれば、ほぼ全員ろくでなしです。（21）

この部分は、新井さんの語りに一見すると矛盾がある。「ちゃんとアイヌの話聞いてたら分かるはずなのに」から議論が始まるが、すぐに、「〔彼女が〕本当に何を考えてるのかっていうのは〔……〕私でもよく分かんない」というふうに変化する。分かるのか、分からないのかはっきりしない。この矛盾に意味がある。「ちゃんと聞いてれば分かるはず」なのは、外部がゆがんだイメージを押し付けていても、語る側がナラティブをはっきり持っている場合である。しかし「私でもよく分かんない」のは、実は語る側が研究者に合わせて話しているからだ。つまり一人ひとりのアイヌが何を考えているのかは謎にとどまることになる。アイヌに押し付けられるスピってるイメージと、アイヌ自身が自分の言説を明かしづらいこととが裏表になっている。

なぜアイヌが自分のナラティブを語れないかというと「聞きたい人に合わせてストーリーをつくっていっている」からだという。「人の顔色を読むのにたけている。何が聞きたいのかに合わせて話をしてしまう」がゆえに、和人が期待するイメージをアイヌ自身も語ってしまうというのだ。「何が聞きたいのか」に合わせて語るアイヌは、左翼にとっての「お好みの当事者」と同義だ。「スピってる」イメージも「ランドに対する愛着」も、「差別の悲惨さ」も、アイヌに対して好意を持つ他者がアイヌに向けている欲望をおびた幻想だ。「彼ら」和人が押し付けたイマジナリーな枠を用いて語っているがゆえに、アイヌ自身は自らを失う。イメージを介しているがゆえに左翼vsアイヌの関係は現実と出会うことなくすれちがうことになる。左翼は現実のアイヌと出会わず、アイヌは相手に合わせることで自らを失う。

何を考えているのか「語られないし、聞かれない」、そして「私でもよく分かんない」。「彼ら」左翼は「枠以外のことは考えられないし、知ろうともしない」と、当事者も支援者も、傍観する新井さんも否定形でしか語れないような状況だ。そしてこのような状況を作り出す「彼ら」支援者は、「ほぼ全員ろくでなし」というように、画一化された仕方で遍在しているのだ。

2-3　コミュニケーションの不調

外部が持つイメージを押し付けられるとともに、固有の語りが失われる不調はもう一つ別の不調と並び立つ。アイヌの人たちと和人支援者は、和人が作った制度でのコミュニケーションがかみ合わないと感じられている。一九九四年から一九九八年まで参議院議員だった萱野茂の東京事務所で新井さんが勤務していた場面の語りである。つまりアイヌの出自に自覚的に関わり始めた頃に、アイヌおよび和人支援者に感じた違和感だ。

新井　アイヌの人たちと和人の支援者が萱野先生とお話ししてるのとか見たりすると、そういう政治上必要なコミュニケーションっていうのとは全く違った原理でみんな動いてる。それはコミュニケーションとして何か決定的に足りないと私には見えたんですね。まずアイヌ文化振興法の用意をして。〔……〕シャモの制度をアイヌが理解して、そこにかみ合うような話を展開していかなきゃいけないっていうわけでもないのかもしれないですが、とにかく何でも話がかみ合わなくてすごかったです。(23)（7）

スピってるイメージを内面化したアイヌでもなく、二風谷の家族としてのアイヌでもなく、東京で政治の現場に関わる第三のアイヌが登場する。(24) 言い換えると、まず基盤には「彼ら」に遍在しているアイヌへのイメージがあり、それに気づかずに無防備にアイヌの出自を語った若い頃の新井さんがいて、そしてアイヌ問題に自覚的に関わり始めたときにはアイヌと和人支援者の、交渉への違和感をもつようになっているというように、ライフステージの変化とともに言説の水準も変化している。

(「日本人」でも「和人」でもない)「シャモ」という表現は一回だけ登場したが、これはアイヌの外部にある、もともとは関わりがない他者としての日本が登場する場面だ(「日本人」は二回、「和人」は一〇回登場した。アイヌに関わりのある場では、非アイヌ日本人については「和人」という表現を使う人が多い)。この場面の特徴は、日本の言説空間の中にアイヌが位置づけられることだ。他の場面では一貫して「アイヌ」を前提とした言説空間の中での言葉の不自由さが話題となった。「シャモ」という言葉づかいは、アイヌと無関係な日本語の言説空間を示している。

新井さんには法律についての知識以外の面での交渉技術について、あいまいな仕方で何かが足りないと感じられている。『アイヌ通史』はアイヌ文化振興法の制定過程を次のように描写している。

この自分たちの未来に影響を及ぼす重要な法律の準備と法案作成作業において、アイヌの参加はほとんどなかった。一八九九年の保護法制定における天皇の「慈善活動」を彷彿とさせるかのように、アイヌ文化振興法は権力構造にしっかりと埋め込まれた和人の官僚と「(和人のみによって構成された)有識者」たちによって起草され、その後アイヌ民族に与えられていたのである。(25)

「足りない」「かみ合わない」と、否定形でしか描写できない。交渉においてすべきことが欠如している。新井さんは詳しくは述べなかったが、何かの文化的な差異や社会構造の中での断絶が背景にはあるのかもしれない。アイヌが前提となる空間では差別にせよ、スピってるまなざしにせよ、固定した言説ではあれコミュニケーションが起きていたが、アイヌ文化が前提とならない日本の政治空間では、そもそもアイヌについてのコミュニケーション自体が成り立たなくなる。どちらの場合もアイヌ自身の声は消えるが、消え方が異なる。

3　アイヌとして語ること

3-1　アイヌであることの核と継承と語ること

新井さんは、萱野茂事務所での勤務経験のあと、アイヌになりすました人によるオンライン上の発信に対抗するため、正確な情報発信と当事者の議論のためにホームページを立ち上げる。オンライン上での発信に飽き足らず、坂田美奈子、木名瀬高嗣、マーク・ウィンチェスターといった研究者たちとの研究会などを経て、自身が大学院に入学し、研究者を志すことになる。どちらも新井さん自身が固有の言葉を作る試みだ。

アイヌの当事者と和人の支援者たちが政治的な交渉でかみ合わないのを目の当たりにした経験、アイヌを騙る偽者にアイヌ自身の言葉が奪われる経験をしたあと、新井さんは自らが言葉を作らないといけないという自覚をもつにいたる。

村上　大学院に行かれようと思った動機。

新井　何だったんですかね。結局ホームページで四の五の言ってるだけだと、らちが明かないって思ったんだと思います。そんなに深くならないというか、現実への影響力がないというか、もっとちゃんと勉強したいというふうに、ちゃんとした文章を書かないと勝てないと思ったんだと思うんです。(9)

研究を志して大学院に進学した動機、とくにライフストーリーを重視する研究者である桜井厚に師事することを選んだのも、アイヌの生活に即した言説を産出するという、言説を獲得するための動きだ。オンラインの活動では「らちが明かない」「深くならない」という否定形は、言説が「深くならない」という否定形だが、新井さん自身がその次にすべき、「ちゃんとした文章を書かないと勝てない」という、言説を産出する肯定的な方向性を見据えた否定形である。今まで登場した言説も「スピってる言説」や政治の場でのコミュニケーションの不調など、「現実への影響力」が不足していることが問題となっていた。イメージが先行している状況は、現実との接点が薄い。

新井さんは大学院ではじめは台湾の先住民研究を手掛けようと考えたが、「現実」と向き合おうと思い直す。

新井　何より思ったのが、それが私のポジショナリティみたいなことに対して誠実なのかどうかっていうことに対して思って。私がやるべきなのは、こんなに研究が足りない。近現代史のことが全くされてないよな。〔……〕アイヌのことをやろうと思って誰もやってない近現代史のことをやろうかと。
自分の疑問っていうのは、今でもそうなんですけど、当時のアイヌ研究ってアイヌ文化研究なんですよ。ほとんど。明治初期とか江戸時代以前とか、そういうものを基礎にした中で、私と過去の人と結び付かないわけですよね。その過程が見えないんです。なぜ私に至ったかっていうのは。〔……〕
ふと気が付いたんですよね。「おじいちゃんの資料がある」って。それまで忘れてた。(10)

新井さんが育つ「過程」の中での環境はスピってる言説や「運動家みたいな人たちばっかり」だった。つまり固定したイメージ「ばっかり」がある環境と対比して、新井さん自身につながる近現代史の「研究が足りない」、「過程が見えない」。法制定の交渉において「コミュニケーションが足りない」ことと、近現代史研究が「足りない」ことはおそらくリンクしている。現代の政治と、近い過去のアイヌの言説が顧みられていないということだ。雑な左翼イデオロギーとスピってるイメージ、そして文化研究によって、現実のひだが覆い隠され、個別的なナラティブと具体的な歴史も隠されるのだ。

文化史や言語学に偏った先行研究では、「私と過去の人と結び付かないわけですよね。その過程が見えない」。つまり研究史には本質的な欠落があるという否定形だ。「なぜ私に至ったか」という問いは第2章のBさんの遺骨探索と同じ動機だ。

逆に言うと、獲得すべき言説は、現代のアイヌが自らの生活と過去の世代のアイヌとの連続性を語りうるような、そういう言説であることになろう。過去のアイヌの言説を取り戻す営みであり、今のアイヌが自らを語る言説を作る試みだろう。「過去の人」と私との結び付きを見出すことは、スピってる言説やコミュニケーションの不調といった言説のゆがみによって生まれるずれとは異なる、現実のアイヌの人たちのつながりを回復することである。これを新井さんは「継承」と呼ぶ。「おじいちゃんの資料」はまさにそのような過去のアイヌが遺した言説だ。

村上　彼らのイメージするところのアイヌの言説に乗っからない。

新井　そうです。私は「アイヌ文化をやってない」と公言しちゃうので。でもそれも最近、引っ込めようと思ってるんです。だって『貝沢正の文章読んで、何事かはそこから継承しようとしていくっていうのも、アイヌ文化のうちに数えられたっていいじゃないか』と思うようになって。だから彼らの考える継承の在り方みたいなものがあまりにも貧しいんだと思う。

あと、いわゆるライフストーリー論から見たらよく分かるんだけれども、彼らは自分の枠でのみしか他人、見てないんですよ。自分の見たい像を見ながら生きてるから。そうじゃないのは当たり前であるはずなのに。そんなことで彼らの世界を組み立てているからヘイトスピーチに対処できないんですよ。と私は思っています。

村上　僕、思ったのは、結局、ヘイトスピーチしてる人たちも、今のも同じように聞こえたんですよね。

新井　そうなんです。

村上　左翼と支援者とヘイトスピーチする人たち。あるイメージをアイヌに。

新井　「これがアイヌだ」という文化決定論じゃないです？　両方共通して言えるのは。遺伝決定〔論〕もそうだけど、先天的という面から思うんだろうけど、そういうようなイメージみたいなのがあって、人間の日々暮らしていく中での創造性であったり、そういうものをあまりにも軽んじているなというふうに私には見えます。それが気に入らないし、ぶちかましたいですね。

（14b）

自らの言葉を作ることが、新井さんの場合は祖父の遺した文章から何事かを「継承」することと重なる。そしてそのことが「日々暮らしていく中での創造性」へと結び付けられる。「継承の在り方みたいなものがあまりにも貧しい」ことは、イメージ「ばっかり」という状況と対比される。画一的なイメージしか認めないことの貧しさだ。そしてこの「貧しさ」は、本当であれば生活の中には「創造性」があることの裏返しである。

ここで新井さんが「枠」と呼んでいるものは「イメージ」と呼んでいたものとほとんど同じだろう。左翼の支援者もヘイターもアイヌに対して雑な「イメージ」や「枠」を押し付ける（以前の引用では「枠が大き過ぎる」と言われた）。ただし、一つ違うのは、「彼ら」左翼のイメージは現実のアイヌの人たちとすれちがうのに対し、ヘイトスピーチは直接現実のアイヌの人の生存をおびやかすことだ。ところがヘイトスピーチが押し付ける「枠」に対抗する言説を左翼の支援者はもたないだけでなく、そもそも自分たちがもつ「枠」「イメージ」とかかわらないヘイトスピーチを認知もしない。なので「彼ら」「支援者」はそもそも支援者として機能していない。これが「ヘイトスピーチに対処できない」という否定形だ。

と同時に、ここでは新井さんが進むべき肯定的な方向性も語られている。「貝沢正の文章読んで、何事かはそこから継承しようとしていくっていうのも、アイヌ文化のうちに数えられたっていいじゃないか」と、近い世代の言葉を継承することで生活そのものの創造性に目を向ける方向性だ。日本人研究者が「アイヌ文化」を芸能や工芸のイメージにしばることに対抗して、現在のアイヌ自身の「日々暮らしていく中での創造性」を尊重するまなざしへと変更しようとする。貝沢正が残した資料自体が個別の言説でありアイヌの声の集積であり、それを継承して語りだすことも個別の言説だ。

左翼もヘイターも「文化決定論」つまり固定したイメージを押し付けることは変わらないのだが、これに対し「気に入らないし、ぶちかましたい」と、今までのゆがんだイメージに対する「具合悪くなる」「気持ち悪い」「ショック」という受動性とは異なり、固定したものに創造性を回復して積極的に反発する運動をこころざす。

新井　言ってしまうと、そういう支援者のマスターナラティブに自分たちを引き寄せ過ぎてはいけない。萩尾望都ってご存じです？

村上　マンガ家の？

新井　はい。萩尾望都に『山へ行く』(26)という短編集があって。〔その中の「ゆれる世界」では〕ある一族は羽を持って生まれてきて。でもその羽の存在を公にしてしまったら世界は壊れるんだみたいなことを根拠なくずっと聞かされてきて育った人がいて。羽が畳んであって隠されていて、かゆいから時々パタパタしているんだが、それを人に見つかったらとんでもないことになると思っていて。でもある日、娘がそれをやっていて、私たちが羽をパタパタさせても別に世界は壊れないっていうことが分かって、二人で風が出るときに羽をパタパタさせるんだっていうマンガがあって。
だから「パタパタしろ」って言いたい。アイヌの人はパタパタさせてていい。人の顔色を読んで、そういう人たちの引き出したい言葉を言うんじゃなくて。そんなことより地域の人とか、自分のご先祖とかにちゃんと話を聞けばいい。それでいろんな継承すればいいのだと思います。(23a)

マスターナラティブとは異なる一人ひとりのナラティブを作り出すことと、過去を継承することがつながっている。「羽をパタパタさせるんだ」というのが肯定的に自分のナラティブを生み出す創造的な動きである。自由な語りで「羽をパタパタさせる」という、萩尾望都に託された軽やかなイメージは、「左翼の煮こごり」の凝り固まったイメージと対比されている。さらには、遍在するマスターナラティブに収まらないがゆえに「ゴミ」扱いされるマージナルな存在こそが創造的である、という価値の逆転でもある。「人の顔色を読んで、そういう人たちの引き出したい言葉を言うんじゃなくて」と、ステレオタイプなイメージに迎合して自らを否定するのではなく、である。この姿勢は祖父が編纂に深く関わった地域史『二風谷』(27)におさめられたアイヌの人たちの自由なナラティブとも通じるのだろう。

新井　暫定的なことは何だろう。だからそういう変な関係の中で、ある程度それを引き受けながら生きていかざるを得ないっていうようなプレッシャーか、あるいは喜びかもしれないけれど、そういうものと共に生きていかなきゃいけないっていうことがアイヌであるっていうことを引き受けた以上、引き受けなきゃいけない。折り合いをつけなきゃいけない。すごいうっとうしいことですかね。

村上　要するに循環するんですね。アイヌとして生きることっていうのは、いろんな人から押し付けられるうっとうしいイメージだったり、暴力だったりに対して耐え続けることがアイヌとして生きることなんだっていう。アイヌとは何かっていう本質論じゃなくて。

新井　そうですね。

村上　例えばヘイトスピーチに対抗して生きていくことが、アイヌとして生きていくことなんだっていうふうな形に。

新井　そういうものに耐えつつ、そういうものと折り合いをつけつつ。何て言ったらいいんだか私も分からないですけど、羽をパタパタさせればいいんじゃないかな。

村上　そうか。羽をパタパタさせる。

新井　そう。ちゃんと遺産継承すること。

村上　その羽が遺産なんですね。パタパタする。

新井　そうかな。そうですかね。もう少し創造的なイメージがあるんですけど、その遺産を使って何か考えたり、どっかに行ったり、飛んだり、軌跡に何かを付け加えたり、何かを変えたり。それがパタパタな気がする。まずはそのアイヌの頭の中に、がしっとはめられてる孫悟空の「緊《きん》箍児《こじ》」。(25)

社会状況と研究の関係は、「そういう変な関係の中で、ある程度それを引き受けながら生きていかざるを得ないっていうようなプレッシャーか、あるいは喜び」という「折り合い」としてより具体的に説明されている。「具合悪くなる」違和感から、ここでは「プレッシャーか、あるいは喜び」というようにポジティブな行動へ向けての触発へと変化している。

このやりとりでは、私の理解がずれているために、新井さんが修正していこうとするジグザグの会話になっている。「ヘイトスピーチに対抗して生きていくことが、アイヌとして生きていくこと」と私が語った内容を訂正して、「もう少し創造的な」行動、つまり「どっかに行ったり、飛んだり」と状況を踏まえて個別の自発的なナラティブを発することを新井さんは主張する。

そして「羽が遺産なんですね」という私の言葉を訂正して、遺産継承は出発点にすぎず、自由に自分が持っている「羽を」隠すことなく「パタパタさせる」創造性を主張する。

アイヌであるとは、「アイヌとは何か」という決定論的な本質を指すのではなく、何かを継承したり継承しなかったりする動的な運動自体がアイヌであることを生み出しているというような捉え方だ。アイヌという磁場から逃れられないことが一貫して問題になっていたのだが、その中でこの磁場そのものを揺さぶることが目されているのだろう。

村上　そこで隠蔽しようとしてる。いろんな政治的なものも。

新井　多分、そういう外からの力も大きいんだと思いますけど、アイヌ自身も考えるのを、考え続けることを休みたいんだと思う。あんまりにも大変だから。そういうことを考えたり、そういうことに向き合ったりしなきゃいけないっていうのは。だからアイヌであるっていうポジショナリティは特権化するみたいなやり方が嫌いっていうのは、そういうところですかね。いっぱい

いろんなナラティブが埋もれてるんだと思うんですよ。(29)

ここまで、和人の側から働く大きな力とそれに迎合するアイヌが話題となったが、ここで新井さんは私の言葉を否定しながら別の要素を導入した。

「アイヌ自身も考えるのを、考え続けることを休みたい」ことは「羽をパタパタさせる」創造性と対比されている。考え始めたときには、新井さんがそうであるように理不尽な状況、例えばヘイトスピーチにすら直面することになるだろう。同時に、前の引用で新井さんが「アイヌの何かを継承してるんだ」と認めてほしいという研究動機とも裏表の関係にある。イメージを拒否し、そのうえ「アイヌであるっていうポジショナリティは特権化する」在り方に抗して言葉を見つけ出すのは「あんまりにも大変」であり、言葉を発したとしてもステレオタイプのイメージに乗らないので認められないかもしれない、その中での実践である。

「スピってる」イメージを押し付けられることについての語りから始まったインタビューは、「いろんなナラティブ」を掘り起こすことへと終着した。画一的なゆがんだイメージから解放されることは困難でもあるが、アイヌ自身による多様な表現と継承を描いていくことを新井さんは対置するのだ。

新井　それだけでいいのか分かんないけど、そのくらいは。先祖が私たちにどう思ってたかって、差別を受けても大丈夫なように生きていくことがまず大事だし、差別を受けても大丈夫なように自分たちにプライドを持つことができるように、差別的にアイヌと言われてもプライドを持つことができるように文化を継承していくとかいうことだろうし。

大体、アイヌが混血してるのは先祖がアイヌ的な特徴を。アイヌ的な身体的な特徴っていうのがあるんですよ、どうしても。それをいろんな人との婚姻で薄めていく。それでアイヌだっていうことをどんどん薄めていくことが、よりよく生きることにつながるって、先祖は多分、思って、それをやってたんで、それはプレゼントになるんじゃないですかね。先祖からのプレゼント。そしたら何だろう。まだよく考えられてない。(27)

差別をサバイブする別様のナラティブを作ることが話題となっている。

奇妙なプレゼントである。混血によってアイヌの特徴を薄めていくことが、アイヌの先祖からのプレゼントだという。このときプレゼントされているのは何なのだろうか。第2章のBさんにおいてもそうであったように、生存そのものを受け継ぐことがプレゼントなのだろう。あるいは特徴を「薄めていく」という生存戦略の中でなお、アイヌであることを「継承」していくことが問われているとも言える。(28)

そしてここでは「先祖」が主語になっている。先祖が「プレゼント」し、新井さんは「継承」する。ここには祖父である貝沢正たちの主張を、アップデートした姿がある。「アイヌ民族の復権」に尽力し、二風谷ダム建設反対運動を牽引して土地収用に抗議した貝沢自身、同化が進む環境の中で育ち、アイヌ語は解したものの話せなかったという。その中で何を継承するのかという問いを立てていたのだと思われる。貝沢は一九七一年に執筆した原稿の中で「十勝の女子高校生の原稿をお借りして新しいアイヌの考え方を知ってもらいたい」と次の引用をしている。

同化政策の波は、もはや止めることはできないだろう。私は、何とか、アイヌの団結でシャモを征服したいものだと思った。アイヌになる。北海道をアイヌのものにできないものか。だが、アイヌの手に戻ったとしても差別や偏見は残るだろう。やはり、根本をたたき直さねばならないのです。アイヌは無くなった方がよいという考え方、シャモになろうとする気持が、少しぐらいバカでもいいからシャモと結婚するべきだと考えている人が多いと思う。〔……〕私はこのような考え方には納得できない。〔……〕なぜ差別を打倒しないのか。なぜ、アイヌ系日本人になろうとするのか。なぜアイヌを堂々と主張し、それに恥じることのない強い人間になれないのか。どうしてアイヌのすばらしさを主張しようとしないのか？　私は完全なアイヌになりたい。(29)

貝沢の差別に対する闘いと継承への意識を、新井さんは継承する。

貝沢のテキストから五〇年以上たった今では「同化」はさらに進んでおり、アイヌの出自を公にせずに生きている人だけでなく、自らの出自を知らない人も少なくないと思われる。「シャモと結婚するべき」という発想を貝沢は批判しているが、新井さんは日本人との結婚によって特徴を薄めることが祖先からの「プレゼント」だと語った。この点について二人は異なるが、新井さんは村上への私信の中で「「プレゼント」というのは薄めてでもなんとか生きていくという、アイヌの全般的な戦略について言っているのであって、貝沢正の思いとは別のアイヌのもつ思いを受けているわけです」と補足し、「だから、私にとってはその思いは矛盾ではない」と付け加え、さらに貝沢自身の見解にもこのテキストの後に変化があるように思う、と言葉を足した。

貝沢は、アイヌから土地を収奪してきた北海道の植民化の歴史を丹念に追った上で、ダム建設の土地収用を批判した(この土地収用は、同じ日高地方で一〇〇年前に起きた御料牧場建設をめぐる土地の収奪と強制移住を反復している)。貝沢の死の五年後の一九九七年に二風谷ダムは完成しアイヌ文化振興法が施行される。二〇一九年施行のアイヌ施策推進法のもとでウポポイが建てられることで現在のアイヌの運動は、(土地の回復の可能性を封印されて)文化に押し込められている。

同化が浸透した歴史的条件を前提とした上で、何を継承することがアイヌであることを示すのか？というのが、新井さんが立てている問いであろうと思われる。貝沢を研究し継承することも文化継承の一つの在り方とみなすという新井さんの主張にはこのような歴史的な背景がある。

3-2　アイヌの外へと開いていく

しかし以上の議論はアイヌだけにとどまる話題ではない。新井さんは、インタビューの最後で「他のマイノリティグループ」全体の中に問題を位置づけようとする。

新井　思うんですけど、普遍的っていったら多分ライフストーリー的ではないけど、人権だとかそういう基本的な普遍的な問題に対しての意思を持てて、それがなんか実行できるような人になれるのが私的にはベストかなって気がします。自分の問題だけに関わりあっていくだけじゃなくて。例えば在日の人だったり、同和の人だったり、沖縄の人だったり、いろんな被差別もそうだし、他の先住民族もそうだし、いろんな経験を経てきていて。その中でアイヌの経験が特権的かっていったら、それは違う気がするんですよね。私。

それはアイヌっていうポジショニングみたいな、立場性みたいな、暫定的なものであって、そこだけで貫徹して、そこだけで終わるようなたちのものじゃなくて、そこが一種リソースみたいな感じで、そこを手掛かりに足場にものを考えていくことってできるんじゃないかなって。それで得られた知見をアイヌにも返すし、アイヌだけじゃなくて他のマイノリティグループにも理解を返すみたいな、そういうほうがいいんじゃないかなって。(26)

一人ひとりのライフストーリーは、個別であって共通項を見出してもしかたないものなのだが、人権という「普遍的な問題」に関わる。普遍的な問題を設定することは、一見すると個人のナラティブを重視することと矛盾するかに見えるが実はそうではない。まさに一人ひとりの権利が無視されたときに個別の経験が無視され、消費可能なイメージへと還元されたからだ。個別の経験を起点としてアイヌが置かれた状況を議論することは、新井さんの文脈では、アイヌを越えて、差別を受けている他の集団と問題を共有するという視点につながっている。

実は最後に語られたアイヌから先住民全体への拡がりは、新井さんがアイヌとしての自覚を持つことになったきっかけへと遡行する。大学生だった新井さんは台湾の街路で先住民の少女たちが人身取引される姿を目撃する。『アイヌからみた北海道一五〇年』に寄せられた新井さんのテキストを引用する。

その通りの鉄格子の中では原住民族の年端もいかない少女たちが、生命を持たないモノのように、その体を売られていた。鉄格子の中に少女たちを見た瞬間、私は号泣してまっすぐ歩けなくなった。〔……〕

私は号泣しながら、体に電流が走ったように理解した。先住民族の若い女性として生まれるということは、そのような不正義にさらされやすい、ということを。その子たちと自分は同じだと。(30)

新井さんがアイヌというアイデンティティを自覚し、研究と権利擁護の活動に取り組むきっかけとなったのは、この瞬間だったという。つまりそもそも世界中の先住民の女性が生きてきた(あるいは死なされてきた)(31)理不尽から出発して、アイヌであることはこの大きな文脈の中に位置づけられるのだ。

4　当事者研究としてのインタビュー――外在化、ユーモア、行為のヒント

新井さんの語りは、祖父貝沢正が取り組んだ課題を現代においてアップデートしたものだ。アイヌの権利回復と固有のナラティブの回復に取り組んでいる点は、明瞭に貝沢を継承している。アイヌ自身が語る地域史を作ろうと尽力した貝沢に対し、アイヌを取り巻く言説の構造を問うメタな視点を取っているのは世代の経過にともなう変化だろう。

その中で、アイヌを取り巻く左翼に対する違和感やアイヌ自身のナラティブの喪失への視点は、振り返って眺める視線を獲得したがゆえに浮かび上がった変化だろう。とりわけ二〇〇〇年代に出現したヘイトスピーチへの対抗は現代的なテーマである。さらに、同化が進む中でアイヌの特徴を「薄めていくこと」が先祖からのプレゼントだという視点は、貝沢の時代にはありえなかったものだ。この点で、世代間の継承と断絶をどのように身体化し、言語化するのかという問題を新井さんが引き受けているといえる。

新井さんとのインタビューで私は「べてるの家」の当事者研究を思い出した。苦労をユーモアで包む言葉を見つけることは、新井さんの大きな特徴となっている。村上との対話の中で、「左翼の煮こごり」「ほぼ全員ろくでなし」というような卓抜なユーモアが語られ、深刻な問題から距離を取る。このユーモアは、状況に内在した視点と状況を俯瞰する視点を自由に行き来することと無縁ではない。アイヌが置かれた状況と直面するときに生まれるはずの大きな怒りが、ユーモアによって理性的なメッセージとなっている。これもまた祖父の時代からアップデートした言説の姿だ。

次の第7章では、美術家の結城幸司さんの語りを聴く。一九七〇年代の運動の歴史の影響を子ども時代に受けるとともに、アイヌとして新たな言葉を作り出して世界へ向けて発信していく試みについて、これまでの語り手とは大きく異なる言葉が発せられることになる。

(1)　このようなナラティブへの批判について新井さん自身が論文にまとめている。新井かおり「戦後のナラティブ・ターンから眺めるアイヌの諸運動と和人によるアイヌ研究の相克」『応用社会学研究』第五六号、二〇一四年／新井かおり「あるアイヌの「共生」の内実――貝沢正の二風谷ダム問題に関する記録から」『アイヌ・先住民研究』第二号、二〇二二年。これらの論文のなかで、新井さんは金田一京助などに代表される「アイヌは滅亡しつつある」というナラティブのあとに、さまざまな差別的言説やそれに対する抵抗の言説を経て登場したナラティブとして、梅原猛や花崎皋平などに代表される「自然との共生」というラベリングをあげている。

(2)　本書第3章注(19)参照。

(3)　「その昔この広い北海道は、私たちの先祖の自由の天地でありました。天真爛漫な稚児の様に、美しい人自然に抱擁されてのんびりと楽しく生活していた彼等は、真に自然の寵児、なんという幸福な人だちであったでしょう。冬の陸には林野をおおう深雪を蹴って、天地を凍らす寒気を物ともせず山又山をふみ越えて熊を狩り、夏の海には涼風泳ぐみどりの波、白い鷗の歌を友に木の葉の様な小舟を浮べてひねもす魚を漁り、花咲く春は軟らかな陽の光を浴びて、永久に囀ずる小鳥と共に歌い暮して蕗とり蓬摘み、紅葉の秋は野分に穂揃うすすきをわけて、宵まで鮭とる篝も消え、谷間に友呼ぶ鹿の音を外に、円かな月に夢を結ぶ。嗚呼なんという楽しい生活でしょう。平和の境、それも今は昔、夢は破れて幾十年、この地は急速な変転をなし、山野は村に、村は町にと次第々々に開けてゆく。

太古ながらの自然の姿も何時の間にか影薄れて、野辺に山辺に嬉々として暮していた多くの民の行方も亦いずこ。僅かに残る私たち同族は、進みゆく世のさまにただ驚きの眼をみはるばかり。しかもその眼からは一挙一動宗教的感念に支配されていた昔の人の美しい魂の輝きは失われて、不安に充ち不平に燃え、鈍りくらんで行手も見わかず、よその御慈悲にすがらねばならぬ、あさましい姿、おお亡びゆくもの……それは今の私たちの名、なんという悲しい名前を私たちは持っているのでしょう。

その昔、幸福な私たちの先祖は、自分のこの郷土が末にこうした惨めなありさまに変ろうなどとは、露ほども想像し得なかったのでありましょう。

時は絶えず流れる、世は限りなく進展してゆく。激しい競争場裡に敗残の醜をさらしている今の私たちの中からも、いつかは、二人三人でも強いものが出て来たら、進みゆく世と歩をならべる日も、やがては来ましょう。それはほんとうに私たちの切なる望み、明暮祈っている事で御座います」（知里幸恵編訳『アイヌ神謡集』岩波文庫、一九七八年、序三―四頁）。知里幸恵を植民地化との関係で位置づけた書物に西・崎山編前掲『異郷の死――知里幸恵、そのまわり』がある。

（4）　貝澤正『アイヌ　わが人生』岩波書店、二〇一五年、一六八頁。貝沢は、和人による蝦夷の侵略と自然破壊という文脈のなかで『アイヌ神謡集』序を引用している。これはアイヌと自然の共生を謡ったとされる知里幸恵のイメージからは奇妙に思えるが、むしろ知里幸恵が直面していた植民地化を正確に伝えている。

（5）　関口由彦『首都圏に生きるアイヌ民族――「対話」の地平から』草風館、二〇〇七、七〇頁。

（6）　貝澤前掲書。

（7）　新井さんの後日のコメント「あの時代の関係者はだいたいスピっていたので、そして行く場所が数か所しかないので萱野のあとに貝沢のところにも来ますが、その中でも貝沢の家には比較的まともな実務的な人が来る印象があります」。

（8）もちろん自治区には貧困やアルコール依存など大きな問題もある。鎌田遵『癒されぬアメリカ――先住民社会を生きる』集英社新書、二〇一九年。

（9）アイヌからの土地の収奪を問題にした著名な研究は、シドル前掲『アイヌ通史』／テッサ・モーリス＝鈴木『辺境から眺める――アイヌが経験する近代〈新装版〉』大川正彦訳、みすず書房、二〇二二年という二人の海外の研究者によるものである。

（10）『〈沈黙〉の自伝的民族誌――サイレント・アイヌの痛みと救済の物語』（北海道大学出版会、二〇二〇年）で石原は、出自を明かしはじめた当初、「アイヌでもない、和人でもない」ために社会に位置を持たなかったことを経験したと書いた。このような状況を生きる人びとを、様々な形で沈黙し、語り始めても誤解される、あるいは語る場所を与えられないがゆえに「サイレントアイヌ」と名付けた。そしてアイヌ遺骨返還問題などに積極的にかかわることでメディアから「商品化」され、ヘイトスピーチの標的にもなる。さらには大学教員となってからは、和人の男性がマジョリティである大学や学会のなかで先住民女性として不用意な言動によるハラスメントを被ったり、アイヌの出自を持つがゆえに説明を求められ表に立たせられるという形で不払い労働をさせられる（本書第8章参照）。

（11）実際には電話をかけてくるのだから、無視されているわけではないように見えるが、後日のコメントによると目も合わせてくれない「煮こごり」のなかで、新井さんから学ぼうとする姿勢を持つ「ましな左翼」もいるそうだ。そしてインタビューから一年近く経って、杉田水脈のヘイトスピーチに対して多原良子さんが法務局に人権救済を申し立て認められた報道が盛んになるなかで、左翼をめぐる状況に少し変化も出てきたようだ。

（12）原田公久枝「今、アイヌであることを語る」『学術の動向』第二六巻第九号、二〇二一年。

（13）新井さんからのコメント「私が思うに煮こごりの人たちは、国家とか体制に反対するというのは大好物です。ヘイトスピーチは民間人なのでどう対処したらいいのかわからないみたいです。民間人に対応するよりもっと大きな問題を扱うべきだ、という意見のようですね」。

（14）「官房長官　杉田水脈政務官の〝アイヌ差別投稿〟本人が説明を」『NHKオンライン』二〇二二年一二月九日。https://www3.nhk.or.jp/news/html/20221209/k10013918471000.html：二〇二三年四月九日最終閲覧。

(15) 北海道大学「本学教員による不適切なSNS投稿について」二〇二三年一月二〇日。https://www.hokudai.ac.jp/news/2023/01/post-1158.html：二〇二三年三月三一日最終閲覧／「「アイヌ民族は先住民族ではない」 北海道大教授がSNSに投稿」『朝日新聞』二〇二三年一月二三日。https://digital.asahi.com/articles/ASR1R6FT6R1RIIPE016.html：二〇二三年三月二六日最終閲覧。
(16) 本多勝一『アイヌ民族』朝日文庫、二〇〇一年。本書は、アイヌの歴史を描くノンフィクション形式の書物だが、ナラティブの主語として本多が登場することはない。
(17) 本書第8章参照。
(18) 関口前掲書にはそのような人物が複数登場する。
(19) シドル前掲書、一三八―一三九頁。
(20) 二風谷部落誌編纂委員会編『二風谷』二風谷自治会、一九八三年。この書物については新井かおり「アイヌの集落が自らの歴史を語り始めること――貝澤正が編集する地域史『二風谷』の到達」『応用社会学研究』第五四号、二〇一二年を参照。新井さんによると和人による研究が大部分であり、アイヌ自身の言葉が聞かれることがないなかで二風谷の住民に取材して民衆史を編んだことは、貝沢が主導した権利回復運動と連動している。また、『二風谷』は関係者向けに作られた本なので取り扱いには注意を要する。
(21) 二風谷部落誌編纂委員会編前掲書。
(22) もともとは萱野茂『アイヌ歳時記』(平凡社新書、二〇〇〇年)に登場した言葉が使われるようになったようだ。
(23) 後日新井さんから「もしかしたらシャモの制度に〔対して〕アイヌがかみ合うような話を展開していくことに抵抗がある、という発想があったのかもしれません」とコメントがあった。
(24) ただし萱野茂は新井さんの親戚であり、貝沢正と共同でアイヌを代表して権利擁護に携わったので家族と政治はつながる。
(25) シドル前掲書、二五七頁。
(26) 萩尾望都『山へ行く』小学館文庫、二〇一六年。
(27) 新井かおり「「アイヌ側から見たアイヌ史」はいかに不／可能か――貝沢正資料からみる各アイヌ史の編纂に

ついて」『アイヌ・先住民研究』第一号、二〇二一年。あるアイヌ男性が残した、ロシア人女性との逢瀬といったナラティヴについて新井さんは言及している。このような言説は流布しているイメージには収まらないものだ。

(28) 二〇世紀前半においては「アイヌの福祉救済」のための同化の手段として「混血」が考えられていた。『同化の主要な手段は、和人とアイヌの「雑婚」と、その結果としての「混血」の増加であった。〔……〕アイヌの血は滅ぶことなく、「大和人種」の中に流れ続けるであろう。これは、アイヌにとっての「進歩」である、と」(シドル前掲書、一二五頁)。シドルは北海道庁の行政官であった喜多章明による一九三六年の報告書を引用している。「アイヌの婦人は和人の男子と結婚することを望んでゐるので此の傾向は環境の影響を受けて勢力の優秀なる方に似る。即ち和人の形態を多く受けて生れるが故に、アイヌ人の特徴は次第に薄れ行きつ丶ある」(同書、一二五―一二六頁)。

(29) 貝澤前掲書、七六頁。

(30) 新井かおり「百五十年、胸中に去来するもの」、石原編著前掲『アイヌからみた北海道一五〇年』、九一―九二頁。

(31) タニヤ・タラガ前掲『私たちの進む道』。

第7章

家出少年は傍らに神話を持つ

——美術家結城幸司さん

1　釧路、祖母の神話、一九六四年

1-1　原風景とアイヌ文化

二〇二三年八月、美術家結城幸司さんが黒い森美術館(北海道北広島市)で開いた個展を拝見した折、少しお話を伺う機会があった。そのときの印象が鮮烈だったので、あらためて二〇二三年一二月に二時間半ほどのインタビューを石原の自宅でお願いした。

結城さんは、生まれ故郷の釧路から昭和後期の神奈川県相模原市へ、そして六本木や原宿といったバブル時代の東京へ、二〇〇〇年からはサッポロという、移動の軌跡の中でのさまざまなゆらぎを語った。

結城　一九六四年の四月に、釧路の春採っていう所に生まれて、その春採っていう地域が特殊な地域というのか、うまく言えないんだけど、アイヌの強制移住区。釧路中にコタンがいっぱいあったんですけど、明治、大正とどんどん、そのコタンが消滅してるんです(1)。最終的に旧土人保護法で与えられた土地が、最終的じゃなくて、今の釧路裁判所の所にコタンがあったんですけど、そこもどかされて。だから、いろんなコタンの人たちが集まらされた場所が春採。

僕は昭和三九年(一九六四年)生まれなんで、僕の中の記憶があるのは、まずアイヌ専門の保育園があった。あと、銭湯がありました。その銭湯なんか行くとアイヌの人たちがいて、アイヌのおばちゃん、子どもの頃だったんで、そのアイヌのおばちゃん、女風呂のほうに入るわけですよね。そんときにおばちゃんたちが、自分たちの毛深さを笑ってたりとか、ディスってんじゃないんですよね、ジョークで、「あんた毛深いわね」みたいな会話をしてるのも覚えてるし。あとはそこで、三助〔銭湯で背中を流すなどの労働をした〕みたいな仕事やってた人が、後にアイヌの女性と結婚して、釧路のカムイノミ〔神に祈る儀式〕をつかさどる人だったんですけど、でもその人が、いつもアイヌの女性にからかわれていたりとか。

あとは隣保館っていって、そこにものづくりのコーナーみたいのがあって、そこで、うちのおやじは最初の頃、木彫りをやってました。周りの、今のうちの奥さんのお母さんなんかも、手伝いに来てるような仕事場があって。だからずっと並んでます。銭湯があって、隣保館があって、保育園があってみたいな。ちょっとした、そこは生活館でもあったのかな、昔。(1)

複数回の強制移住の結果作られた地区の中で「ジョークで、「あんた毛深いわね」みたいな会話」を交わす銭湯のおばちゃんたちは、深刻だったはずの差別を相対化する。差別をユーモアとして取り込んだ上で、アイヌのコミュニティが維持されている(2)。結城さんの語りは、全体としても本書で今まで議論してきた差別から少しだけ距離を取ってずらしていく。

結城さんは祖母と父を自らにとって重要な人物として語る。のちに社会活動家として有名になる父親だが、初めは木彫りという当時のアイヌと和人の接点を象徴する活動に従事していたそうだ(木彫りは一九二〇年代に旭川で始まり、観光の土産物として全道で拡がったという(3))。

結城　僕、生まれたときはおじいさんはもういなくて。それこそ、後から調べればおじいさんは、アイヌ協会最初の理事の一人だったりもしますから。

石原　結城さんっていうの？

結城　そう、結城庄太郎っていう。そんな環境で育ってました。だから、あんまり引け目をちっちゃい頃から感じてないというか。でも単純にアイヌの人たちが、いつもけんかしていたり、悪口を言っていたり、苦しんでるのは、何となく見てはしてるのかな。今、考えるとですけど。でも、お酒飲みが多かったですよね。

僕が初めて他の文化と出会ったって考えるのは、実は小学校入学なんですよね。柏木小学校っていって、春採湖。歩いて一五分ぐらいのとこに小学校が、もう廃校になったんですけど、そこ行って初めて、他の地域の子たちも来るんで、初めて何となく違和感というのか、周りの見る目も感じだしたというのか。

でも、初恋の女の子がいたんだけど、その子がやっぱり普段、僕が見てる風景の中にいる子と違う。色白で、持ってるものから何まで全然違って。例えば昔はハンカチと、僕ら、わら半紙みたいなちり紙を持たされたんですけど、硬い。それが、家でもトイレでも使ってたから普通だと思ったんだけど、その初恋の子はすごいきれいな、薄い、白い。そういう持ち物の差みたいなの感じたかな。（2a）

結城さんの家は貧困ではなかったそうだ。祖父結城庄太郎は、宣教師のはからいで函館聖光会で学び(4)、四年制の義務教育のみだった旧土人児童教育規程の時代としてはめずらしく一七まで教育を受け、日本語だけでなく英語も学んだそうだ。祖父からの文化資本は父を経由して結城さんに受け継がれている。のちに結城さん自身の創作活動へとつながるルーツだ。

結城さんはアイヌから見た世界という視点を持つ。本章最後に提示されることになる〈アイヌのまなざし〉は、本書で今まで登場したことがないものになるのだが、そのベースには、日本人の視線にさらされることなくアイヌに囲まれて育った、幼い頃の原風景がありそうだ。もちろんかつてのアイヌ文化の世界ではなく、すでに入植した日本によって変質し、差別のまなざしを内面化しているがゆえに毛深さが話題にもなるアイヌ世界であり、その中で成立するアイヌコミュニティだ(5)。結城さん自身は「引け目を〔……〕感じてない」つまり差別を意識していないが、しかし周りでは「いつもけんかしていたり、悪口を言っていたり、苦しんでる」アイヌの姿も見てきた。

アイヌ社会の中で育った結城さんは小学校にあがったときに「初めて他の文化と出会った」。そこでは生活の差異を自覚し、「周りの見る目も感じ」るとともに、「僕が見てる風景」の中に今までとは異なる人と文化が登場する。アイヌの視点から出発して日本が定位される。「引け目を〔……〕感じてない」世界から、「周りの見る目も感じ」る世界に移行するのだ。

1-2　祖母と神話

幼少期の釧路時代の結城さんはおばあさんと親しかった。

結城　自分の中のアイヌ文化って、どっちかって言うとばあさん寄りで、そのばあさんが歌や踊りも、練習のときも連れてかれたりもしたし、そういうお祭りも行ったし。

〔……〕ばあさんは、そこで何を大事にしていたのか、よく子ども心に覚えてないんですけど。（2b）

アイヌの旧家である結城さんの実家には、「歌や踊り」が日常的なものとしてあったようだ。「〔祖母が〕何を大事にしていたのか、よく子ども心に覚えてない」と、意味づけられないあいまいさの中でアイヌ文化が感じとられている。結城さんの祖母は日常の中でアイヌ文化の中に文字通りに身を置いていた。

結城　おばあさんは、普段は家の中では、板の間っていうのがあるんです、フローリングみたいな、他は畳だったりするんですけど、そこに炉口が切ってあって、いろりを切ってあって、そこでいつも、鉄瓶で何かを煮立てて作ってて。「腹痛い」とか、「ちょっと具合悪い」とか言うと、みんなそこからやるんだけど。

後にシケレベ茶を飲んだときに、キハダの実のお茶を飲んだときに、『これだ』と思った。だから、別にこれが何だって説明受けてないけど、ばあさんは何となく、そういう変わりゆく社会の中で、自分を通したんではないかなとは思います。ばあさんの部屋行くと、でっかいタマサイ〔アイヌの首飾り〕があって、〔アイヌの〕着物が引っ掛けてあって。普段は着物、着てる人ではないですけど、普通の日本の着物は着てましたけど。でも何となく、その部屋が好きで。

でも、そのアイヌのおばあちゃんが来ると、アイヌ語で話してるようなところもあるんだけど、僕らが近づくと、やっぱり自分の部屋に入ってくんだよね。後の情報の勝手な思い込みかもしれないです。『みんなそうやって子どもに伝えないようにしたんだ』っていう情報が俺の中に入ってて、『あれはそうだったんではないかな』っていう自分なりの臆測ですけど。(3)

時代は高度経済成長期だ。板の間でシケレベ茶を煮立てるおばあさんは周囲が日本の風習に侵食される中でアイヌとして「自分を通した」人だったという(6)。のちほど結城さんの「自分の中」が対照的なしかたで話題となる。

ここで「俺」という一人称が一回だけ登場する。おばあさんの回想が、素の結城さんを引き出したかのようだ。のちほどだいぶ経ってから人称代名詞が「俺」に変わる前触れとなっている。「みんなそうやって子どもに伝えないようにしたんだ」という上の世代の沈黙の思い出が「俺」の登場を促している。

アイヌ文化の中に浸かって育ったが、それが説明されることはないというあいまいさとともに、アイヌ文化の中にいるのにアイヌ語は隠されているという二つの価値のあいだの両義性を結城さんは感じ取っている。日本文化に取り囲まれたアイヌ文化と、アイヌ世界から和人世界への断絶をはらんだあいまいな移行が意識されている。これからも、言葉にならない〈あいまいさ〉と、二つの価値のあいだの〈両義性〉は複雑に絡み合う。

結城　あとは、ばあさんは儀式でお酒を造る役だったのか分かりませんけど、どぶろくなのか分かりませんけど、自分でこの台所の下のほうに、当時はもう瓶なんて貴重品でしょう。カルピスの瓶みたいなの、もう空いたら全部そこにどぶろく、入れとくんです。子どもながらに、「カルピス見っけ」みたいに思って飲んだらどぶろくで、そのままぶっ倒れて、みたいなこともありました。だから何となく、アイヌ文化体験してるけど、説明されたことはないという。（4a）

「あとは……」「分かりませんけど」と断片的であいまいな記憶が積み重ねられていく。「アイヌ文化体験してるけど、説明されたことはない」というあいまいさが結城さんの経験のベースをなす。祖母が体現していたアイヌの世界を、身体経験として、言葉に置き換えることもなくあいまいな断片の集積として経験している。

さらにもう一つのライトモチーフも子ども時代に登場する。

結城　あとは、例えば深い水たまりか、池か何かに落っこったことがあって、そこの中でゆっくりと自分が落っこって、その水の中で回転し、夢かもしれないです。大事件があって。僕はすぐ病院に運ばれたみたいなんですけど、そのときにゆっくり回転するときに、妄想みたいのを見て。僕は意識が戻ったときに、ばあさんにその話をしたら、「それ、ラッコの神様だ」みたいな言い方をされたこともあるかな。何となく、その夢ん中のスローモーション、透明な水なんだけど、そこに何か変な生き物がいて。

あとは、子どもの頃から、熱出すとタヌキの幻覚を見るとか、訳分かんない感じも、そういう感性は何となく覚えてるほうなんで、と、ばあさんのその神話をたまにしゃべってくれたりとか不思議な話を聞くのがあって、自分の中でアイヌの中の神話みたいなのは、ちょっと大事にしようとしてるとこがあんのかな。優しいおばあさんで、何するんでも例え話をしてくれたりとか、

やってくれたような気がしますよね。それが僕のすべてかもしんないです、アイヌ文化。（1b）

この幻想的な回想は、「神話」という単語が初めて登場する重要な瞬間だ。のちほどだいぶ異なる姿で「神話」が登場するが、結城さんが大事にする神話のベースには子ども時代の幻想的な経験とおばあさんとの会話、おばあさんが語るアイヌの神話、神話と連続的なものとして捉えられている「例え話」がある。神話とは、まずもって結城さん自身の夢や幻覚、そして親しいおばあさんの記憶というように、子どもの頃の身体に根差した経験なのだ。

のちほど重要な意味をもってくる「自分の中」がすでに登場している。のちほどとは違う意味なのだが、ここで神話と結び付けられていることは意味深い。「アイヌ文化」として明示的には伝えられてはいないが、しかし身体経験と口伝えの伝承が「僕のすべて」の「アイヌ文化」だ。

2　相模原へ、不良と絵のあいだ、一九七一年

2-1　おやじ（結城庄司）

次に結城さんは父である結城庄司（一九三八―一九八三）について語り始める。祖母のもとで体で親しんだアイヌ文化と、父が最も先鋭的な仕方で体現したアイヌの社会運動、この二つの「アイヌ」を結城さんはバックボーンにもつ。

父結城庄司はアイヌの活動家として歴史に名前を残した人物である。一九六八年にウタリ協会の一番若い理事になったのち、一九七二年にアイヌ解放同盟を結成し代表になり、左翼の活動家太田竜と

知り合う。この年、札幌医科大学で開催された第二六回日本人類学会・民族学会連合会の壇上に上がり、アイヌ研究を糾弾するとともに、シャクシャイン像を破損したことで指名手配を受けることになる。急死する前年の一九八二年には鮭を迎えるための儀式であるアシリチェップノミをサッポロ市の豊平川で復活させた。豊かな家で育ち、父親結城庄太郎から文化資本を受け継いでいたと思われる。

結城　若き釧路のアイヌ協会の、釧路は昔、支部ですよね、そこで立って、若き理事っていうんで、新聞にも載ったんじゃないですか、当時。

だけど、おやじの転換期があって、そこでお金もあるし、車もあるしなんていう中で過ごしてて、あるとき、それこそ帯広から修学旅行生がやってきて、女の子がわざわざうちまで訪ねてくれて、うちのおやじに会いたいっていうんで、会いに来たんですよね。そんときに、「あなたは若い理事とか何とかって言って、みんなにちやほやされてるけど、私たち帯広のアイヌが、どんな苦しみを味わってるか知ってますか」みたいなことを言われて、突きつけられたみたい。〔……〕非常にショック受けて、そのときに同級生も、結婚差別か何かで自殺した同級生がいたりして、おやじはそこでスイッチ入っちゃった。（6a）

困窮を訴えた少女と自殺した友人に突き動かされた父結城庄司は運動の「スイッチ」が入る。五〇年後の今日、若者の自殺に結城さん自身も動かされることになり、父の身振りがかすかに反復されることになる。[7]

結城　アイヌ協会理事は二、三年で辞めたのかな。そっから社会運動。アイヌ解放運動。出会いも、山本多助さん（アイヌ文化伝承者：一九〇四―一九九三）とか、あとは、新谷行さん（詩人：一九三二―一九七九）とか、あの辺の人たちと会ってて、アイヌと差別とか、一番ダークな部分がはびこってる中で向かってくんですよね。そんときの子どもなんだけど、僕は。

だけど、おふくろにしてみれば、おふくろは樺太からもらいっ子、もらいっ子、もらいっ子で、もうすごい苦労して、何とか幸せになろうとしたのかもしんないんだけど、おやじは働かないし、そういう生き方だから、着いていけなくて、僕が小学校上がる前だから、六歳ぐらいのときに離婚して、僕はばあさんと暮らしていたんで。

でも、ばあさんも七歳の夏休みなんかで亡くなって、そっからずっと一人で家の中にいること、おやじは全然、僕のことを、もう気に掛けてくれてはいたの。お父さん子、おやじのこういう、あぐらの真ん中（に座っていたこと）とか覚えてるんで、愛情は感じてはいたけど、なぜか止まんなかったんでしょうね、その活動が。家に親戚が来て、飯の支度はしてくれんだけど、夜寝て起きたら誰もいなくてみたいな。怖くて、子ども心に。当時の何もない夜の世界が怖かったりとか。あとは、おやじが帰ってこなくて。釧路は昔、温水プールに行くのにお金払わなきゃいけなかったのかな、五〇円。でも、おやじが約束したのに帰ってこなくて行けなかったりとか。（6b）

父が家に帰ってこないことも、このあと青年期の結城さん自身の家出において反復される身振りなのかもしれない。とはいえ父親の場合は、社会活動が自分の居場所となっていたことが、居場所を探す旅が長かった結城さんとは異なりそうだ。

〔終戦時に樺太から北海道に引き上げ里子になった〕母親も、家からいなくなる。そして父親も不在がちになる。「おやじは全然、僕のことを」のあとは「気に掛けてくれなかった」という否定形が続くことが自然だが、「気に掛けてくれてはいた」と語る。ここには父親に対する両義的な思いが見え隠れしている。「そんときの子どもなんだけど、僕は」という語りかたは、社会運動に没頭する不在の父の姿を大人になってから学んで再構成しながら、家で孤独に過ごしていた当時を表現している。「お父さん子」であったが寂しい思いをしている結城さんは、ある講演で次のように語っていた。

親父はそうした〔木彫りの〕商売を急にやめてしまったのです。いつしか母親は、何も言わずに僕の前からいなくなりました。母親がいなくなって何日間かというのは、親父はとても優しくて、いろんなところに連れていってくれたりもしました。それでも、母親がいなくなったということで、とても寂しいという思いが僕の中にありました。〔……〕

〔一八歳のときになにかの理由で結城さんが警察につかまったときに父親が迎えに来る〕その当時でも、親父は左翼としてマークされていて、社会的には余りいい存在だと思われていなかったようです。まだそんなことをしているのかとも思いましたが、親父は身元引受人になってくれて、嫌いだと思っていた親父と何年かぶり会うことになりました。顔を見た時には涙が溢れ泣いてしまいました。(8)

父結城庄司の運動は、アイヌ現代史の中ではおそらく最も先鋭的な社会運動として知られている。(9)アイヌ解放同盟を結成した一九七二年とは学生運動の時代の末期、あさま山荘事件と同年である。結城庄司の『遺稿　チャランケ』では日本中心の歴史認識を改めようとする論考が目立つが、冒頭の「アイヌ宣言」（一九七三年）を開くと、自然主義者アイヌを破壊主義者の日本と対比させながら、民族解放運動を呼びかけている。

今やアイヌは自然主義者たることを全世界に訴え、アイヌウタリ自身の精神の統一をはかる時期でもある。その時にこそ多くの大衆は差別を忘れ、この時にこそ真の味方のいかに多いかを知るのである。

一九七〇年の世界は〝こんとん〟として、あきることを知らない。だが歴史は平和の積み重ねでなければならない。戦争は経済的侵略の手段にほかならない。アイヌ民族もまた、戦闘手段よりしらない経済侵略者の犠牲者であった(10)。

しばらく経って、真宗大谷派の境内爆破事件などの左翼運動などに触れつつ再び父親の話題になった場面では少し距離をおいたまなざしで父親の生涯を意味づけている。

結城　そんなかで、おやじの失敗っていうのがあって、それこそ、太田竜なんです。太田竜と一回くっついてしまったことがあって。それは太田竜が掲げてた、ヒッピー文化じゃないけど、自然と人間との融合、アイヌ文化じゃないかって彼が近寄ってきて、若いうちの、若かったうちの、青かったうちのおやじは、そのことに乗っかってしまった時期がある。

ところが、言ってることと、やってることが違うんで、一、二年、くっついたかもしんないけど、離れた。そのことは、だからその頃、貝沢正さんって、ずっと自分の筋を通した人が〔いて〕、〔……〕こっちのほうでぐちゃぐちゃになってるおやじがいてってことを、〔ある会で〕聞いたけど、ディスられたとも思わないし。おやじだって若いから、失敗もあるだろうと思ってるから、俺はそれでいいんだと思うんだ。（15ａ）

「お父さん子」でもあった結城さんは、置き去りにされて孤独を味わったが、しかし孤独の原因であった父の活動の失敗も含めて行動力への尊敬がある、このようなあいまいな仕方で父親は位置づけられる。

家族が離散しても顧みないほどの父の徹底的な行動力は理念値として結城さんに刻み込まれている。祖母から受け継いだ神話と、何かを追い求めて運動していた父の姿は、その後の結城さんのベースとなっている。どちらもアイヌの歴史だ。

2-2　神奈川のおば

母がいなくなり、父も不在がちだったため、結城さんは祖母とともに暮らしていた。しかしすぐに祖母が亡くなる。結城さんは神奈川に住んでいたおばのもとに身を寄せることになる。青年期の結城さんにとって、二つの世界のあいだの対比と行き場を求めての移動が主題となる。

結城　僕からしてもおやじが大好きなんだけど、おやじと、そこに何かが生まれていったり〔することはなかったし（?）〕。おやじが連れてくる女性も何人かいたんだけど、あんまりぴんとこないしっていう。ていう、なんかそうだったかな。何日もそういう状況だったんで、神奈川に、それこそ差別が嫌で、釧路離れたおばさんがいたんで、〔……〕僕のことかわいがってくれていたんで、カナちゃんっつうんですが、その人に育てられた。で、神奈川にいたんですよね。

だから、いろんなものを持って、でも、釧路も大好きだし、アイヌ文化も嫌いっていうわけではなかったんで、いきなり都会じゃないけど、神奈川の片田舎ですけど、相模原の。違和感みたいなの持ちつつ、それこそ家出、自転車で北海道、行けるもんだと思って、小学校に入る頃、自転車で何時間も走ったけど、全然、どこにも着かなくて、「北海道帰りたい」なんて、よく駄々こねたみたいなんですけど。そういうゆがみを持ちつつ、転校生で顔の濃い。いじめもくらったし。ドラキュラ、顔が濃かったんだ。ドラキュラっていうあだ名が付いたり。（6b）

父親の不在、そしてほとんど語られなかったことで逆に際立つ母親の不在をきっかけとして、結城さんは移動を始める。神奈川に転居し、さらにそこから家出を試みる。「違和感」を抱えて「行き場」「居場所」を求める「家出」が、一九七〇年から二〇〇〇年まで、六歳から三六歳まで三〇年間のライトモチーフとなる。神奈川から北海道に向けて自転車を漕いでも「全然、どこにも着かなくて」というゴールのない「家出」はこのあとの結城さんの歩みを暗示している。

「おやじが大好き」、そして「釧路も大好きだし、アイヌ文化も嫌いっていうわけではなかった」が、しかし結城さんは釧路に居続けることができなかった。好きだけど居続けられない、しかし戻りたいという両義性と、言葉で説明しにくいあいまいな違和感が通奏低音になる。

「北海道帰りたい」がゆえの家出に表現される、どこにあるか分からない居場所を求める動きを、結城さんは意外なことに「ゆがみ」と表現する。

結城　あとはもう、貧乏でした。そっから、貧困を味わうから。おばさんが子育て、結婚もしないって思ってた人なんで、鈍かったんだと思うんですよね。自分の子どももいないから。毎日、同じような服着ていたりして学校行くもんだから、それもいじめの原因にもなったし。
　面白いことに僕は、人に出会うことがすごく、人に出会って助けられることが多くて、小学校の女の先生が、「結城君、ちょっと」っつって、車乗っけて、服買いに行ってくれてとかっていう、そういうのはあったです。それが昭和だったんだと思う。家でも独りぼっちで、おばさんが町工場で働いてたんで、残業すれば腹減らしたまま待ってるんだけど、でも近所から、「きょう、カレー作ったから、こうちゃんカレー好きでしょ」って回ってきたりとか。長屋みたいなとこに住んでて、そこはだから全然、アイヌも何も関係なく、おばさんの人柄もあったんだろうし、みんな、近所の人が助けてくれたみたいなところもたくさんあったかな。（7a）

豊かな生活と貧困という対比も釧路時代と相模原時代のあいだには横たわり、二つの異なる世界を際立たせる。「いじめ」も前後三回登場するので刻み込まれた傷であることが分かるが、同時にもう一つ結城さんに一貫しているモチーフがある。結城さんは「人に出会って助けられる」場面を多く語った。のちに北海道に戻ってからは逆に若者をサポートする立場になる。人に囲まれるという陽性の傾向は、孤独の中での望郷の念やいじめと対比される両義性だ。結城さんはこの様子を「昭和」とも形容している。昭和という時代についての考察も、要素の一つとなっていく。

再度「ゆがみ」が登場する続きの語りは結城さんの根本気分を示している。

結城　でも、ゆがんでました。多分、小学校五年ぐらいまでは何となく、自分の中でいじめられたりとか、泣き虫であったりとか、僕の中で、あんまり納得してなかったんですよね。でも、四、五年から、足が速かったことと、絵が描けたことが幸いして、少しずつ友達ができるようになって、徐々に。転校生といえども二年も三年もいれば、やっぱりそこで友達ができ始めて。（７b）

「ゆがんでました」「あんまり納得してなかった」と結城さんは語る。先ほども「ゆがみ」「違和感」が語られた。このような状況そして自分自身に対する違和感が、その後も一貫して話題となる。このあいまいな違和感は同じ単語では表現されず、そのつど異なる表現となるのも特徴的だ。しっくりとした概念とならないのか、言い換えられていく。このゆがみや違和感は「僕の中」のものだ。これはのちほど「自分の中」という言葉で定式化される領域の萌芽である。「自分の中」であるのは確かなのだが、明瞭な説明にならないのだ。

そしてここからあと中学高校時代を語るときには「でも」「だけど」という逆接が頻出する。何重にも屈折した良いことと悪い出来事の両義性があり、結城さんは二つの世界のあいだで揺らぎながらあいまいな環境を生きる。その中で「絵が描けたことが幸いして」と、絵画が孤独から脱却するための手段として登場する。

2-3　不良とモッズのあいだ、一九八〇年

「ゆがんでました」という結城さんは不良の世界に身を置く。

結城　でも、相変わらず貧乏で、貧乏が嫌になったわけじゃないかもしれないけど、当時の、昭和の社会情勢もあって、ちょっと不良っぽくなってしまった。
　かといって何となく、おやじがいつも勉強してる姿とか、書斎もあったんですよね、うち、あの釧路の家は。そういうのもあったから、勉強はしたかったかな。だけど、そういうのを不良としたら、見せるのが嫌で。（7c）

昭和は生きづらさを抱えた若者が「不良っぽく」なる余地を残して受け止める懐があった。結城さんは現状への不満から不良の世界に身を置きつつ、「勉強はしたかった」というように、二つの世界のあいだを行き来する。「おやじがいつも勉強してる姿」という父親のポジティブな思い出と現在の状況とのあいだの対比でもあろう。父親の不在と父親への憧れの対比、故郷釧路と相模原の対比が、勉強と不良という対比と呼応しあっている。「見せるのが嫌」という「見栄」の主題は、本章最後に回帰する。
　父と釧路へのノスタルジーが知への好奇心へとつながり、アートと結びついていく。こうして不良と勉強という二つの世界は、不良と絵という対へと変化していく。

結城　テストで中の上ぐらいなんだけど、でもそれが、いじめられるっていうか。

村上　良くて。

結城　周りに、「おまえ、頭いいんじゃねえか」みたいなこと言われて。でも中学校、公立しか行けないから、何となく公立高校に入るんですけど、でももうその頃、夜は遊びまくってるし、高校になったらバイトができるんで、自分でお金ためてバイク買ったり。

でも一方では、僕の意味の分からない、学びたいとか、あとは絵っていうものに、自分を救ってくれた絵っていうものに、友達ができたり、子どもの頃、孤独だったのを、絵が全部癒やしてくれたんで、絵描きになりたいみたいなことはどっかで抱えてて、自転車で一時間ぐらい走ると、多摩美術大学、多摩美が入れたんです。こんな頭〔＝リーゼントの真似〕してたんだけど、でもそんときだけは頭下ろして、映画を見てるから。『さらば青春の光』とか。モッズの格好して、パッソル乗って、がーって行って。文化祭見たら、不良の世界とまた違う。当時の美大はみんなお金持ちだった。でも、そこでセックス・ピストルズのコピーバンドがいたり、それこそ、世の中にはアナーキーなんてバンドもあったり。だから、もう少し、もう一つのカルチャーを僕は知ってる。でも僕の同級生たちは不良の世界しか知らなかったりするから。でも僕は使い分けたんですよね。（7d）

「僕の意味の分からない、学びたいとか、あとは絵っていうものに、自分を救ってくれた絵」というように、絵の世界は「意味の分からない」あいまいな言葉にならない衝動を昇華する手段として捉えられている。「子どもの頃、孤独だったのを、絵が全部癒やして」と、絵は父と母がいないことによる孤独、生活上も独りで過ごしていたときの支えである。絵は孤独の中での救いであり、孤独から脱却するための手段ともなったのだ。不良と美術のあいだを行き来した結城さんは、ここでは家出ではなく二つの世界の「使い分け」で対処している。

結城　だから、モッズの格好して、いっぱいバッジ付けて、でもベスパなんか乗れないから。でも、すごいそこでカルチャーショックを受けたわけだな。だから、その二つの自分がいました。高校も、でもどうしても、絵描き、不良少年だって偉そうにもしたんですけど、暴走族も、リーダーもやったりもしたこともあるんですけど、でも田舎なんで、暴走族、右翼、やくざみたいなラインがあるんですよね。右翼ぐらいまでは、僕は引っ張られたんだけど、『俺、ここにいてもいいのかな？』って、高三ぐらいです。でも、みんな期待するんです、しゃべれるから。

だって俺、地元の右翼の人、ばかだと思うんです。ばかだと思ってる。不良少年、不良の、たかが不良の延長でやってる。でも、そこにいっぱい、例えば特攻隊の本とか、いろんな本があって、俺、本好きなんで、たまにトイレで読んでて、そのことを「何か書け」とか言われて、書いたらばっちり書けるんで、右翼トップの人に気に入られたっていう。俺、なんであんなことやったのかよく分かんないんだけど。

でも、ずっと絵に対する憧れがあって。当時、ちょうどＳＯＨＯとかそういうとこに、ニューウェーブとかバスキアとか、アンディ・ウォーホルとか、もう一つの世界がちょっと見えてて、『どうしようかな』と思ってたんだけど。高校の、それこそ冬越えたぐらい、二月ぐらいかな、卒業間近んときに友達がやってきて、「結城はここにいたら駄目だ」と。「絶対ぼろぼろになるから、おまえ出たほうがいい」って言ってくれて、出たんです。家出したの。（８ａ）

人称が「僕」から「俺」に不可逆的に切り替わる決定的な場面である。不良文化の中にいた結城さんは「暴走族、右翼、やくざ」の世界に引っ張られつつ、しかし現代美術の世界という「二つの自分」のあいだで逡巡する。このとき、「右翼ぐらいまでは、僕は引っ張られたんだけど、『俺、ここにいてもいいのかな？』って」と直接話法の内言とともに人称は「僕」から「俺」に切り替わる。状況から距離をおいてインタビュアーに説明するよそいきの「僕」ではなく、状況の中に身をおいた生身の声としての「俺」に切り替わる決定的な瞬間だ。

不良の世界から別の世界へと移動するために結城さんは再び「家出」する。くりかえされる家出は一貫した運動だ。小学生の時の家出は自転車で北海道にたどり着けなかったが、今回は（途中でやくざにつかまったそうだが）なんとか東京にたどり着く。目的地がない家出というあいまいさが続くが、今度はなりわいと絵という二つの世界のあいだを行き来する両義性がくりかえされることになる。

3　東京へ、再びアイヌへ、一九八二―二〇〇〇年

3-1　東京のディスコカルチャー、一九八二年

家出した結城さんは、東京のおしゃれな世界に身を置く。初期のディスコカルチャーだ。家出は続くが、不良とアートのあいだの揺らぎはなくなるため、「でも」はほとんど使われなくなる。

結城　家出した後が、当時の昭和の時代って、そんなに、一八ぐらい、一七ぐらいでもいろい

ろ雇ってくれることもあったり、どこ行っていいのか分かんないから、取りあえず原宿行ってみたり。当時はカフェで働いてみたり、何か知んないけど、家出少年のままでした。
当時、ディスコのカルチャーがあったんですよね。ディスコは二つあって、いわゆる不良が行くようなディスコと、もう一つはカルチャーが入ってくる。ツバキハウスとか玉椿っていう、僕らの世代で言うと、テクノ。テクノカットなんてはやってて、ＹＭＯが出て、そっちのほうに入り浸ってて、あんまり人に言わないんだけど、僕、ゲイにもてたんですよ。ゲイの人にもてた。別にそういう関係とかあれはないんですけど、でも「絵を描きたい」とか言ったら、「私が食べさせてあげるわよ」とか、面白い。（９ａ）

昭和は「どこ行っていいのか分かんない」家出少年を包み込む懐が深い時代だった。「何か知んないけど、家出少年のまま」という居場所を持たないあいまいな宙吊りの状態を続けている。結城さんはある有名なデザイナーのもとや、当時とがった人たちが集まったディスコとして有名なツバキハウスに出入りしている。「ゲイの人にもてた」[11]というように、子ども時代の学校の先生や近所の人と同じように結城さんは出会った人たちのサポートを受けていく。

結城　イラストレーターの人がいて、すごい優しくしてくれて、「じゃあアシスタントで雇うから、うち来な」っつって、しばらくアシスタントやってて。ところが襲われそうになったんです。これはまずいと思って、家出の家出をして、そこはすごいマンションで、部屋も一つもらったんです。一週間ぐらいは全然、安全だと思うし。『やった、絵の仕事だ』と思ったんですけど。

そんなこんなありました。〔……〕

　何だかんだ今度はもう一八も越えてるんで、カフェバーとか、昔はやったそういう所でアルバイトしながら、住み込みしながらやってて、ボギーズバーなんていうカフェバーで働いてて、結構、人が来たんですよね。で、六本木に出たんですよね。黒服みたいな仕事もやりながら。

　でも自分の中に、お金をためてニューヨーク、ＳＯＨＯに行くんだっていう決意が弱かったのか、一ドル三六〇円がきつかったのか、よく分かんないけど、だまされたんでしょうね。そんなんで生きてて、絵を描くって、絵の専門学校に、家出中だから入学もできないんだけど、そこの先生がやっぱ、ゲイの人がそこに、「なんちゃって学生でも大丈夫よ」っつうんで、絵習ったりとか、そんなことをやって暮らしてて、そのうち、一九ぐらいかな、おばさんが倒れたんですよね。（９ｃ）

「決意が弱かったのか」というなりきれなさのあいまいさもある。一つの世界からもう一つ別の世界へと移動しつつ、馴染み切ることもない。絵を描きたいというはっきりと言葉にはなっていない衝動とともに、「よく分かんないけど」と絵の世界へ向けて踏み込むこともないあいまいさがある。このあいまいさを結城さんは「だまされたんでしょうね」とここでも不思議な表現で語っている。

　決意の弱さを語るこのときから「自分の中」という単語が頻出する。一人称が「俺」に変化するとともに「自分の中」をどう扱うのかということが課題となり続ける。「自分の中」とはどのような領域で、どのような実践的な内容を持つのか、結城さんは問い続けていくことになる。

3-2　東京アイヌ、一九九四年

おばさんが倒れたことをきっかけに結城さんは不動産会社に就職し、在日コリアンの社長に連れられてバブル期の六本木や銀座を経験する。一〇年ほど勤めたところで、バブルの崩壊とともに会社が倒産したあと、建設業などにも関わる。絵の世界と関わりかけたところでまた離れてしまったのだ。

結城　それでも自分の心が全然、片付かなくて、『絵描きはどうした』とかいろんな焦りがあって、三〇近くなってきて。本が読むの好きなんで、自己啓発本をいっぱい読みあさって、本当にそれでいたけど、本読んだ二、三日は持つんだけど、社会の現実っていうか、そんな生易しくないので。だから揚げ句の果ては『マーフィーの法則』とか、『眠りながら億稼ぐ』とか。だからあんときに、ちょうどオウム〔真理教〕のカルチャーが始まってて、もし俺がそういう、逃げたい場所がそこだったとしたら、俺も危なかったかもしれないですよね。「何かにはまりたい」とか、「何か自分の居場所を探していた」とか。（10a）

「焦り」、落ち着かなさが結城さんを駆動している。全然片付かない「自分の心」は「自分の中」と同義だろう。自分の心が片付くための「何か自分の居場所」「逃げたい場所」を探すために結城さんはさまよっている。居場所とは、逃げ込むために探しているけれどもまだ見つかっていない何か未知のものなのだ。「自分の中」はこの居場所のなさ、片付かないあいまいさと強く結びついている。同時に「絵描きはどうした」と外から「自分の中」を対象化する視線も持つ。

この焦りがアイヌを再発見させる。読書という父親からゆずりうけた習慣が、アイヌへと結城さんを引き寄せる。

結城　そんなこんなやってるうちに、ネイティブアメリカンの『インディアン魂』[12]っていう本を読んで、何となくそこに書かれてあるカウンターカルチャーがちょうど入ってきた時代かな。先住民作業部会が出来上がったのもその頃じゃないかなと思うけど[13]、国連で。だから、そういう本があるんです。読んで、すごく引っ張られたんですよね。

自分の中にある、子どもの頃の経験がよみがえってくるんです、そういう本読んで、ネイティブアメリカンの本読んだりして。そこの中でやっと、自分の中にあるアイヌ、『俺はアイヌだよな』と思い始めていて、やってく。でも逃げ込んだみたいなもんですよね。一般の社会でいろんな挫折を繰り返して、居場所がなくて。(10b)

結城さんは、居場所を探し続けるが、そのなかで「俺はアイヌだよな」と「自分の中にあるアイヌ」にいたる。探しあぐねていた「自分の中」にアイヌという根っこを見つける。再発見されたアイヌは、「挫折を繰り返して、居場所がなくて」「逃げ込んだ」場所でもある。アイヌとは、かつて失った子どもの頃の身体経験なのだが、同時に家出して社会のなかで挫折した果てに見出した居場所でもあるという両義性がある。

結城　そこがいろんな啓発本を読むよりも、一番自分にしっくりした場所で。東京で昔、レラ・チセ、っていうアイヌ料理のお店があったんで、そこを一人で訪ねてったら、宇梶静江（一九三三―）がいて、なぜか知んないけど俺の顔見た途端に泣いて涙流してたんですよね。『何だろう、このおばさんは、でも、見たことあるような人だな』っていう。でもそれは、俺のアイヌの顔という見たことあるぐらいだったたんですけど。

名前名乗ったら、うちのおやじはそうやって社会運動やってたんで、その当時のアイヌは社会運動一辺倒だったんですよね。今みたいに文化なんていう話もなくて。最初にいっぱい影響受けた人たちがいて。（11ａ）

結城さんは「一番自分にしっくりした場所」としてアイヌが集まる場所を見つける。レラ・チセについては関口由彦のエスノグラフィーに詳しく、北海道の故郷を離れたアイヌたちが文化の中にルーツを見出していく様子が語られていく(14)。

結城　そこからアイヌに戻っていくってか、東京アイヌですよね。でも、なんとなく自分の中で納得できないっていうか、『なんでみんな差別のことしゃべんだろうな？』とか、『それしかないのか？』みたいなことはありました。踊り覚えたりで、東京のアイヌを支える人たち、ペウレ・ウタリの会(15)で出会ったり。

でも、よく怒られました。怒られた、アイヌのおばちゃんたち、それこそ『アヌタリアイヌ』の世代に怒られた。「あんた軽いのよ」ってよく言われた。（11ｂ）

アイヌの集う場所を発見し、アイヌが経営するアイヌに囲まれる会社で働き始めるのだが、しかし結城さんは「でも、なんとなく自分の中で納得できない」と再び「でも」で導かれるあいまいな違和感を持つ。東京のアイヌたちの反差別運動や伝統芸能とも距離を置く。アイヌであるといってもそのまま居場所にはなりきらない。依然として「自分の中」の課題に答えが出ず、落ち着く居場所が見つからず、何か言葉にならないあいまいな衝動を抱えたままである。

結城　でも、自分の中にどうしてもアートとくっつけたかったところは、もやもやしたところあったかもしれないです。（12b）

「自分の中」の「もやもや」は、アイヌとは出会ったがまだ絵には届いていないことに由来するようだ。そして結城さんにとってのアートとは、伝統文化ではなく現代に生きているアートだ。

4　サッポロ、アート、二〇〇〇年

4-1　サッポロへ

こうして結城さんは「自分の中」という課題に引っ張られて、北海道に戻る。父が不在となり母がいなくなった子ども時代から続いた家出と宙吊りの遍歴は、北海道に帰還することで落ち着く。

結城　それで、〔一九九七、八年〕三三か三四ぐらいになったときに、澤井アクさんに会って、〔……〕「今もう一回戻ってくれれば、いろんなことできる」みたいな。

俺は船造りを提案されて、ピリカコタンにあります[16]。それで「作ったら、これでロシア、樺太まで渡るんだ」ぐらいまで言われたんで。自分の中に、アイヌ文化と真剣に向き合うのは、言葉や踊りを見せるっていうだけでリアリティがなかったんで、船を造るっていうリアリティと、海を渡るっていうリアリティ欲しくなって、かみさんに相談したら、かみさんもやっぱり東京でそうやってアイヌなんで、どっかに迷いがあったんでしょうね。その自分のリアリティとも向き合いたいと思ったのか。で、二〇〇〇年に〔引っ越し〕したんですよね。

みんな、東京に来るアイヌの人たちは、自慢話をしたり、こうだああだって言っていて、憧れてやってきたんだけど、サッポロに来てみたら、みんな普段の生活すごいおとなしい。ただ、集まったときだけいろんな、テンション高くなってるんだけど。『どういうことなんだ?』と。『北海道って、アイヌ受け入れないの?』、ぐらいに思った。（12c）

結城さんはレラ・チセに集まる東京のアイヌに重視される言語や踊りといった伝統の継承が「自分の中」で「リアリティがなかった」。「自分のリアリティ」と向き合うために北海道に戻る。

ここで初めて「戻る」という言葉が登場する。北海道から神奈川・東京へと移住し、「家出」も繰り返した結城さんは、北海道へと「戻る」軌跡を始めるのである。しかし当初はサッポロで会うアイヌの人たちにも幻滅している。戻ったとしても落ち着ける居場所は他の人からは与えられないのだ。

4-2　版画の世界

結城さんはピリカコタンでの船造りのプロジェクトで出会った仲間たちとともに、二〇〇〇年、ア

イヌアートプロジェクトを開始する。(17)

結城　『なんで現代アートがないんだろう？』とか、もうすでに思って。『なんで今を生きるっていうことはしないんだろうな？』。だから、「古き良き」にお金がいっぱい出る時代が始まって、自分の中リアリティがなくて。そんなこんなで、アイヌアートプロジェクトっていうのを結成してたら、運というのかな。（12c）

「自分の中リアリティがなくて」というのはさきほどの「もやもや」と同じであろうし、ずっと続く落ち着かなさ、居場所のなさだろう。そしてこのリアリティはアイヌのルーツとともに「現代」であることと「アート」であることと双方をつなげることで見つかる。

結城　よその文化は、あれほど、自分が読んでたインディアンの本もそうだけど、あんだけカルチャーが並んでても、『なんで足元〔のアイヌ〕見ないんだろう？』みたいな感覚になったからで、活動し始めてってていう感じです。〔……〕

もちろん、自分と絵っていうので木彫りを習ったことで、版画っていうものに出会い、版画家の人に三カ月から半年ぐらい習って、版画覚えて。版画の表面の中に神話の世界、あとは〔砂澤〕ビッキが版画をやってたことも知っていたんで、そういう影響力もあって、俺は、『俺のこれが武器なんだ』と思って、武器というのかな、『自分の世界観を表現できるのはこれなんだな』と思って今に至ってる。個人としては。（13b）

結城さんは版画を発見する。同時に「版画の表面の中に神話の世界」を見出したことで、おばあさんと親しんだ神話の世界への糸口を得る。版画に表現された神話とは何なのかはこのあとテーマになる。版画において、アート、リアリティ、体で受け継いだアイヌの神話、この三つの要素がつながることがゴールとなる。自らアートプロジェクトを立ち上げ、版画を見出したことで、結城さんは自ら居場所を作り出す。行き場を探し求めた先で、他の人から与えられることがなかった居場所を、結城さんは最終的に自らの作家活動の中に見出すことになる。

版画による現代アートという表現手段を発見したときに、結城さんは自分自身については「自分の中」という課題を問題にしなくなる。ここからは「自分の中」の探索ではなく、表現主体となった主語としての「自分」が語られていく。

結城　今でもそうかもしんないす。俺の性癖かもしれない。うまく言えないけど。『納得、パーフェクトな世界ってないだろう』っていつも思うんです。自分がすごく満たされる世界って、何やったって満たされない。お金、今は困ってないけど、そんな満たされると思ってないし。でも満たされてるのかも。まひしたまま行けてる感じがするけど。うまく言えないですけど。(14)

アートを見出したことで「自分の中」の探求は終わるのだが、同時にずっと探されてきた「行き場」「居場所」は、「何やったって満たされない」というような無限遠のものとしてとどまり続けている。

結城　でも、父の意識もどっかに生きてて。だから若い頃は、『なんで家庭壊しても、何がいいんだ？』と思ったし、もちろん、『何、この人は自分の好きなことやって生きてんの？』。だけど、いざ自分が子どもを持って、普通の社会生活をして、じゃあ全て投げ捨てて、そこのアイヌ文化だけに特化して、その解放運動ができるかっていったら、できないです。

村上　現代で一番激しい運動をした人ですよね。

結城　そうですよね。多分。だから、男としての尊敬がある。その勇気たるや。だってお金も欲しいだろうし。もてたいだろうし。

俺、それが捨てきれてない。だから、純真とか純粋なまま、ばく進するような。絵を描く世界と一緒で、自分がすっと入って、すっと行けたことの喜びって、通じる、通じない別にしてもあると思うんだよね。それが自分の道だと思うし。そういうのは何となく、今もくすぶってる。さっきから言う、何かっていうのは自分の中にある。何かっていうのはそうかもしれないし。あとは、中途半端なんでしょう、自覚が。アイヌ側見ても納得いってないし、日本人側見たって納得いってないのかもしんないけど。かといって理想の社会って何だろうと思うときもあるんだけど。

昔は、座右の銘が究極の中途半端、目指そうと思った。だから、アイヌと日本人の間に入ってやろうと、上の世代と下の世代に割って入ってやろう、ここに人がいたっていいだろうというふうに考えてる。よく何か書いて、いろんなふうに、書かれてます。

でも、今はどうですかね。今、アイヌからちょっと離れたがってるかも。作家としての変な欲望が出てきたっていうのか、『もっと自分の世界観、突き詰めたいみたいな』とも考えつつも、

捨てきれない背負ったものがあって。（19ａ）

「父の意識」。父親に対する愛情と、受け継いだものがある。父に対する違和感を持つと同時に、「純粋なまま、ばく進する」父を尊敬している。結城さんも「自分の中」にアイヌやアートを見出したのだが、それでも「自分の中」で「くすぶってる」「何か」がある。「中途半端」というのは、二つの世界のあいだにまたがる根本的な両義性だ。「自分の中」は一旦は版画表現において見出されたようにも見えるが、おそらくこのような到達し得ない無限遠にある「何か」なのだろう。この葛藤から「今、アイヌからちょっと離れたがってる」というあいまいな結論が導き出される。

5　傍らに神話を持つ

5-1　時代を整理する

版画という「武器」にいたった結城さんの話題は、次第に「自分の中」の探索から時代状況や他のアイヌたちといった外側の世界へと向かっていった。こうしてアイヌ全体の活動と創造性が話題となる。

活動家であった父親の「失敗」について触れたあと、結城さんは父を正当に評価するためには歴史の「整理」が必要であると語った。結城さん自身の「自分の中」の道のりとそのあいまいさや両義性に呼応するように、時代そのものの錯綜を「整理」する。これは父結城庄司の一九七〇年代のアイヌ解放運動をどのように位置づけるのかという文脈で話題になった。

結城　だから俺が言いたいのは、ちゃんと時代を整理して推理してあげないと。この時点のアイヌと今のアイヌは全然違うわけで。あのときの社会の流れが、それこそ貧困に追いやり、部落差別もあり、それこそ沖縄差別だってあったんですよね、七〇年代八〇年代まで。西のほうでは。そういう社会を整理して、どういう流れを持って、どういう人が叫んだのかをちゃんと整理してないんです。

整理されないまま、アイヌ文化を認めるような法律が出来上がるから、ここすっぽり抜けて、アイヌの文化のいいとこばっかりが、こう。でも、みんな失敗するし、みんなぐ、ちゃ、ぐ、ちゃ、になって、それでも声を上げた人たちの流れがあったからこそ届くんであって。(15b)

運動の時代のアイヌもあり、多様な声があり、失敗した活動もあり、失敗にも歴史的な文脈がある。それでも声を上げて活動した人がいるから今がある。なので過去の多様な声を整理しないといけない。父の社会運動(声)が「ぐちゃぐちゃ」になったように、「みんなぐちゃぐちゃ」になっている中で「それでも声を上げた人たち」がいるという「ぐちゃぐちゃ」と「声」のからみ合いがアイヌの世界を作っている。同じ弁証法は父だけでなく結城さん個人の道のりの中でも言えそうだ。

結城　みんな怒ったら、何かムーブメント起こすでしょう。それを反社会的だとかって勝手なその、情報過多の社会だとそうなってしまうけど、ちゃんと一時代の証言として残ってない。だから、『アヌタリアイヌ』も読んだけど、常に「狙われてるんじゃないか」っていう恐怖が少女

たちの中にあったりとか、そういう心の機微を表現する人は誰もいない。(16a)

結城庄司が活動したのと同じ頃、二〇代だった石原の母やいとこ伯母たち若いアイヌ女性が中心となって新聞『アヌタリアイヌ』(一九七三年—一九七六年)を公刊した。反社会的活動をしたわけではないのに、石原の母イツ子は公安警察に追われて転居や転職を余儀なくされている(18)。一九七六年三月の最終号で彼女は「ある時知人に注意をうけた事がある。「先日ネ、お宅の郵便受けを開けて手紙を見ていた男がいたから、何してるのと言ったら遠のいていったけどネ、気をつけないとダメヨ」」と記した。

このような活動は社会の傍らに埋もれている。

結城　整理されてないところが、アイヌの今の弱点じゃないかなと。だから、共に生きたんだってみんな思わないんです。社会の傍らにあった、みんな何となく知ってんです、年配の方は。だって、こういう話をすれば、「いや、同級生がいて」とかっていう。でもその人たちが、じゃあアイヌ文化の解放というものに心を動かしたかっていうと、そうじゃないですよね。(16d)

ここでは「自分の中」から「社会の傍ら」へと主題が変化している。アイヌ「社会の傍ら」でさまざまな出来事や活動があり、大多数のアイヌは「アイヌ文化の解放(=社会運動)」に心を動かすこともなく、傍らの運動を傍観している。整理すべきはまだ言葉にはなっていないそのような経験だ。アイヌと時代との関係は、差別の歴史や自然との共生だけに還元されるものでもない。

社会の傍らに埋もれている人や出来事を聴き取り整理する必要は、アイヌが集まって議会をつくるというアイディアにつながる。

5-2　アイヌ議会

結城　ただ、この間、話したかもしんないすけど、〔アイヌ〕議会〔を作る構想〕、こういう、ばらばらじゃない？〔……〕それをまとめようなんて絶対おかしな話だけど。地域によっても、二風谷みたいにがっちり稼げるし、アイヌ文化ばっちりやれるとこもあれば、サッポロみたいにルーツがばらばらでまとまりきんないところがあって、でも、欲望が渦巻いてるようなところもあれば、〔ウポポイがある〕白老みたいにがっつり国に囲まれた場所もある。財団もあればアイヌ協会もあって、そこの中で意見まとめるのは絶対無理です。

でも、「誰がアイヌなのか」ってのが今、国が僕らに突きつけてて、それを言い切れないアイヌたちがいて、「定義を出せ」とか、いろんなこと言ってくるかもしんないけど、もうずっと考えてて。

〔……〕北欧に行くことがあって、彼ら〔北欧の先住民サーミ〕が、若い世代がどういう社会をつくりたがってるかって言って、整理するのに議会持ったんですよね。

だから有名地域だけの言葉が届くんじゃなくて、三人ぐらいしかいない協会でも、そっから出てきた意見をちゃんと実質的に吸い込んで通るような。それを年に何回か、「今年はこういうこと考えて、こうやって、ああいうふうな行動してます」っていうことをバーンとぶつけていくよ

うなことあれば、アイヌはアイヌの方向が分かるんです。(19b)

あまりに状況が異なるのでアイヌの意見の統一ができるわけではないが、そもそもアイヌが話し合う場がない。多様な人間と団体が話し合う場所をまず設けることで方向性も見えてくる、という主張を結城さんはする。

5-3　先住民族サミット、二〇〇八年

アイヌが話し合う場を持たないということは、アイヌが自らのまなざしで世界をどう見るのかを語らないことへの苛立ちにかかわる。

結城さんは、二〇〇八年に「言い出しっぺ」となってカンパだけで先住民族サミットを開催する。先住民族サミットについては第2章のBさんもボランティアとして参加し、その後に起きた家族との「事故」も含めて転機となっていた。なかなか支援が集まらない中で、ぎりぎりになってから気運が盛り上がったという。

結城　でも、当のアイヌたちが。日本人は盛り上がりました。先住民が集まってサミットするっていうことで。だから、支援金が集まって、二風谷の宿がなくなるぐらい人が来たりもしたんだけど、俺はもう全然ショックで。〔……〕

そっからちょっと、二、三年、力が湧かなかったですよね。終わった後。みんなは「成功した、成功した」って言うけど、俺は自分の考えてる波は起きなかったなと。「先住民って意識を持っ

てほしい」と。みんな何となく分かってはいるけど。「先住民ってなんだよ」と。この環境と生きるとか、自然と生きるとか、かっこいいこと言ってるかもしんないけど、今の自分たちの生き方なりに、それはできることもあるんで。過去に戻れとは言ってないから。だったら、この環境を守るための提言をするとか。いろんなことが多分、この北海道のためにできることがアイヌもできることもあると思うんだよね。（18ａ）

アイヌが「北海道のためにできること」の提言をするような動きがなかったという。先住民族サミットでアイヌから発信する具体的な言葉が生まれなかったことに結城さんは失望する。先住民とは、ここでは植民者（西欧型社会）に対してオルタナティブな可能性を示していく人たちのことだろう。

5-4　傍らに神話を持つ

アイヌから言葉を作る可能性について考えるこの場面で、結城さんは子どものころおばあさんのもとで経験した「神話」と出会う。

結城　ところが、みんな「かわいそうだ」って視点のほうが強いんです。「かわいそうな人たちだから支援してあげる」とか、「マイノリティーだから支援してあげる」とか。そんなんでエンジンかける人もいるかもしんないけど、長くかかる人はいないと思うんです。

そんなことより、自分のポリシー持って。かつて狩りという日常を持っていながら、生き物を殺すなんて現実を持っていながら、傍らには神話を持ってるっていう、こんな豊かな文化ない。

今の人たちはみんなやっぱり、現実、現実で苦しんでるのは傍らに神話がないからだと思ってる。でも今の神話ってのは、趣味であったりアニメであったり何だりっていう、自分の思考みたいのはあるかもしれない。でも、それさえなくなってしまって批判されたら、これ壊れます。アイヌたちもそうだったと思う、多分。ただ殺すだけの文化で、何もなくて、儀式も神話もなかったら、彼らはそんなに崇高じゃなかったと思うんですよね。だから、そういうことを現代的に考えることは一生懸命やってるかもしんないですね、今。（18ｂ）

和人からの「かわいそうだ」というあわれみで支援を受ける受け身の存在としてアイヌは規定されてきた。そうではなく「自分のポリシー」で具体的に提言していく主体的な存在にアイヌがなる必要がある。このとき武器となるのが「傍らに神話」を持つ力だという。

先ほどの「社会の傍ら」はアイヌ社会の傍らで埋もれている社会運動だった。今回は現実世界の傍らで、主体的に意味を生みだす神話的思考が置かれる場所のことだ。日常を生きるアイヌの傍らにあった社会運動から、神話を作る力、先住民として異なる世界を示す力へと焦点がシフトしている。

石原　例えば殺す。その神話っていう形で殺し。どうでしょうか。合ってるか、罪悪感とかがあったら、それをごまかすとか。

結城　そうかもしんないね。ある意味。〔熊〕送るなんて、そういう意識。ただ殺す。ただ食べる。『ここにも命あったよな』って優しい気持ちがあったとしたら。そんなには狩人ってできないかもしんないよね。例えば熊取って、奥から子熊が出てきたとしたら、自分と重ねることも人間の能力だから。じゃあ、この子連れてって、三年ぐらいそうやってイヨマンテなんて。最高の言い訳じゃないかなと思うんだよね。

石原　分かる。

結城　だから、傍らに何を持つのか、よく見てる人たちです。だから、自然の中の姿。鳥が来ても、鳥は神様の使者だから、窓のとこまで来て、『何かしゃべってるな』って考えて生きる〔アイヌ〕の〔思考〕と、「あの鳥すごい」って〔グーグルで〕検索して、「こういう鳥でこういう習性があったのか」って今の時代はなる。〔アイヌは〕『何だろう、この美しい鳥は。きっと神の使者だな』って考える、この心にあるもの。

今のこの年で、その素直さをやってたら、やばいって言われる。でも、作家で神話性があって、俺の一番、子どもの頃ばあさんからもらったものが発揮できるのがここにあるんで、そこはすごい幸せなんでしょうね。(29)

社会的現実の「傍ら」にある自然をアイヌは「よく見てる」。神話はそのような自然へのまなざしから生まれる。同時に自然を消費する人間の「最高の言い訳」でもある。現実を可能にする思考が「傍ら」で生まれるのだ。それゆえ神話は過去の遺産ではなく今生きているものであり、このような生きている神話を結城さんは祖母から受け継いでいた。

5-5　神話の作り方

神話は遠い過去のものではなく、そのつど新たに生まれるものである。

結城　でも、今も昔も神話って、うそじゃないですかね。うそっていうのか、湧いてくるものだと思うんですよね。でも、現実に熊が、僕、あの先人たちの世界、熊がしゃべったとも思えないし。（20b）

「うそ」であることと「湧いてくるもの」であることがつながるのはどういうときだろうか。自然をよく見ているアイヌが、自然の声を神話として形象化する。神話は自然の観察からそのつど自ずと「湧いてくるもの」だ。同時にそれは自然を消費するための「言い訳」として「うそ」である。

結城　例えば、シャチには六人の兄弟がいて、五人とも結構、自分は欲張りで、これ、〔知里〕幸恵さんの〔『アイヌ神謡集』の〕中に入ってるシャチの物語なんだけど、一人だけ末っ子はすごい心が広くて、シャチはチームで狩りをするから。でもその末っ子は心が広くて、「半分ぐらい人間にあげればいいじゃん、クジラ」。だけど周りのお姉さんがみんな反対して、でもそれを通すんだよね。だからシャチがレプンカムイと言って、シャチが現れるとクジラが浜に打ち上げられるんで、浜のほうのアイヌたちはそれを食べることができて、そのカムイになる視点。よく自然を見てるんですよね。

〔……〕今でも全然、作れると思うんですよね。俺はよくやりますけど。（20c）

『アイヌ神謡集』によると、実際にはシャチには一二人の兄と一二人の姉がいる。そして抗議をしたのは姉ではなく、「海のごめ〔カモメ〕」のようだ。ともあれ神話は「うそ」なのだが、「よく自然を見てる」ことで生まれる。自然の動きを描写するものであり、自然自身の声を人間の言葉へと変換する作用である。自然をよく観察した時に湧き出てくるものなのだから、「今でも全然、作れる」。

結城　例えば今年の話題だったら、熊がやたら下りてくると。みんな熊が怖いとか。どんな議論を深めれば〔分かるようになるか〕、森に何もないとか。僕が作った物語の中で、例えば、「いや、腹が減った」と。「腹が減って、減ってしょうがない」と。しょうがねえから降りてきた。そしたらそこにブドウがあって、「ブドウだ。山にブドウがないのに、なんでここにあんだ」ってブドウ食べてたら、ワインのブドウを作ってるワインの人が銃で撃って、「おいおい、近寄んなよ、これ俺のブドウなんだよ」って熊からの視点でしゃべって。でも、向こうからしたらただの畑を荒らす存在なので撃って、『俺は何て愚かな死に方をしたんだ』っていう物語は存在するわけです。熊がなんで降りてくるのかってことを物語にして解説してあげた。物語にして伝えることで、温暖化で山に餌がなくて、人間も今年は暑い、暑いと言いながら生きてるとか。〔……〕なんで俺たちだけがこんな苦労してるんだって言葉を出せるのは、神話しかないんです。〔……〕

人間として、だからって、ホタテいっぱい取れるからホタテいっぱい取るんじゃなくて、ちょっと戒めが働く、ブレーキが働くのは神話だと思います。実はそういうことも必要なんじゃないかと。（20d）

自然をよく見ている人から神話は湧き出る。それは自然を消費する人間の言い訳かもしれないが、自然の側の言い分を言葉に出して人間に抗議できるのも神話である。これが人間の都合による環境破壊を止めるブレーキともなる。

村上　じゃあ別に、過去のものじゃなくて、生きてるというか、今。

結城　だから、今でも神話、作ることはできてるし、アイヌたちが、「ばかな」って言われるかもしんないけど、本当の力を取り戻したのは、神話作りがみんなが始めたときだと。〔……〕僕の言い訳かもしんないけど、要は神話を傍らに持つとか、神話性を持ってるっていうのは、絵描きにとってものすごいプラスなんです。（21b）

先ほどの「社会の傍ら」は社会の片隅に埋もれた運動だった。「神話を傍らに持つ」とは、現代社会の傍らで語る力、創造性、現代に対する批判的な言葉を持つということだ。一見異なる「傍ら」が通じ合ってくる。社会運動であれ神話創作であれ、社会の大きな流れから少し外れた場所で、異なる世界を提示する言葉を生み出す場が「傍ら」だ。

結城　面白いことやる人たちはいっぱい出てきました。自転車にアイヌ模様を描いたりとか。それはあくまでも自分発じゃないもんね。その自分発というのは、心の中の何かが発揮される、その快感こそが、アーティストの宝物だから。言葉でもそうだと思う。物書く人にしても、書いててコピーしてるのはつまんなくて、自分の中に湧いてくるものが、そこに発見があるから、そこで出会うから、筆が乗るんであって。ですよね。だから、そういう。そこも神話性なんですよ

ね。俺から言わせると。（22ａ）

「心の中の何かが発揮される」は先ほどの「湧いてくる」と同義であろう。そしてこの「心の中」は、アイヌ全員に当てはまるものであり、先ほど結城さん自身について言われていた「自分の中」が一般化した姿でもある。しかしこのときの「自分の中」はなんだかわからない行き場のなさではない。むしろ自然を見る目であり表現の源泉である。先ほどは「くすぶってる」「何か」だったものが、ついに創造の源泉としての「何か」になる。このとき「自分の中」は「自分発」の起点となる。アイヌと出会ったときに、「自分の中」がポジティブな源泉へと変質するのだ。「傍ら」が社会の傍らに埋もれた運動と傍らに持つ神話創作の力という両義性を持つのと同じように、「自分の中」は社会の傍らにおける迷いと創造性という両義性を持つに至った。

6　行き場を失っていくアイヌ

6-1　アイヌと自殺

アイヌ社会の多様な声を話し合う議会の設置と神話の回復という二つの可能性が導入された。神話を回復することは、「社会の傍ら」に埋もれたしんどさを反転するための鍵だろう。しかしインタビュー終盤で再度、行き場のなさが話題となった。今度は結城さん自身の家出ではなく行き場を失った何人かのアイヌが登場する。「社会の傍ら」がどこにあるのかを確かめる思考とともに語りは閉じられることになる。

村上　さっき、ちらっと結城さん、ご自身のアートの世界に入っていくから、ちょっとアイヌから遠ざかるっていうふうにおっしゃった瞬間あったけど、でも実はそうじゃなくてってことですよね、まさに。

結城　『ちょっと楽したいな』って思い始めたのが、さっきの言葉。でも、アイヌから逃げることはないか。あるアイヌの青年が、僕が知ってるだけでも二人ほど自殺してる子がいて、痛ましいんだけど。

でも、ある有名な人の子どもが、なぜか僕を好いてくれていて、何度か電話、突然かかってきて、おやじのこと、自分のおやじのことも言うし、自分がアイヌとして、このサッポロに来て、アイデンティティーがどこに持っていいか分かんないことも、多分、葉っぱやってるときだけ〔電話〕来ると思う、特に。いろいろぐあーって話していくんだけど、でも、絵描かしてもうまいし、才能もすごいあったと思うんだけど、発揮できる場所がなかったかな、かなり彼は。それで、自殺する何日か前に、ちょうど阿寒のまりも祭り行ったんだけど、電話がかかってきて。俺もすぐ帰ってあげればよかったかもしんないんだけど。なぜか。（22b）

「今、アイヌからちょっと離れたがってるかも」（19a）と結城さんは語っていた。「『ちょっと楽したいな』って思い始めた」から、「アイヌから逃げる」ことを考えていたからだ。しかしアイヌから逃げられない、と思い直したときに自殺した青年を思い出す。自殺にいたるほどの切実な思いを抱えている青年たちに慕われるがゆえに結城さんはアイヌからは逃げられない。先ほど登場した「整理」されていない「社会の傍ら」のもう一つの姿が自殺だろう。

一人目の青年は「才能もすごいあったと思うんだけど、発揮できる場所がなかった」がゆえに自殺する。結城さんの子ども時代に続き、行き場のなさが再度テーマとなったこの場面では、結城さんの不良時代と同じように「でも」という接続詞が多用されて、ゆらぎが表現される。青年の「葉っぱ（＝大麻）」も今いる場所から逃げる行為だろう。「ある有名な人の子ども」であり、「アイデンティティーがどこに持っていいか分かんない」ところも結城さん自身の若い頃と似ている。

結城　あとは、もう一人の子は、もう今のアイヌ新法が出来上がって、いろんな仕事ができて、表現もできるようになっていくんだけど、それが尻すぼみになってって、そこの地域にいられなくなって、その子もサッポロだけど。どんどん自分で、『うそつきアイヌ』なんて作品もあるんだけど、そういう作品も書き出してくるんだけど、はぐれていくんですよね。最後は東京で電車に飛び込んじゃったけど。

石原　私の親戚？

結城　そう。だから、あいつも行き場所をずっと探してるわけ。俺と同じように。現代〔アート〕的に表現するから、あるときはライバルみたいにして、兄貴、兄貴みたいに慕ってくるんですけど、でも、結局は自分の中の何かを晴らさなくて。だから、もうちょっと頑張ってて、俺ももうちょい、ちゃんと視点があれば、一緒に何かできたのかもしんないなとか思うけど。

だから、そういう行き場の何かを、行き場のない何かを抱えた世代っていうのも、下にはいるんだなって思う。だから俺は、すんなりできてるところが、すごく幸せなとこ、すんなりでもないけど。自分のやりたいことやれてる幸せは、今、感じてますけど。

村上　でも、今のお話って、ある意味、結城さんの若い頃とすごい重なる。そのときに、何回か逃げるっておっしゃって。

結城　いや、僕はもう、しょっちゅう逃げてました。（23a）

もう一人の青年も「行き場」を探すが、見つからない。「行き場のない何か」であり、外部のどこにも見つからないものである。それゆえに、「自分の中の何か」でもある。東京時代に結城さん自身が「自分の中」をもてあましていたが、ここでは自殺した青年が「自分の中の何かを晴らさなくて」と、同じものを抱えている。

青年も「行き場所をずっと探してる」。「自分の中の何かを晴らさなくて」「行き場のない何か」というのは、若い頃の結城さん自身がおそらくは抱えていた「もやもや」「中途半端さ」とつながるだろうとインタビューのときにも村上には感じられていた。実際には結城さんは「逃げた」と語ったわけではなく「逃げたい場所」を探すと語っていた。「行き場所をずっと探してる」のだ。どこかから逃げ出すのではなく、逃げ場を探して東京へと向かうベクトルである。行き場のなさを語るときの表現の多様さとあいまいさも、結城さんが直面していた問題に本質的に関わっている。

結城　結局、〔……〕人間って自分を見つけてほしい生き物なんです。結局、誰かに発見してほしいし。アイヌっていう特別な枠にいたり、そこで傷つけられたりもするんだけども、そん中でも見つけてほしいんですよね。

ところが、完全なそういうものが遮断されたときの怖さって、知ってるわけです。だから、変に生優しいとこもあるんで。彼らは、すごい力強いアイヌじゃなくて情けない先輩としての何かを、シンパシーを感じながら俺のとこに来たのかもしんないし、それは分かっていたんだけど、やっぱり最後までその子らの何かを救ってあげることができなかったというのは、今は感じることはあります。（23b）

「自分を見つけてほしい」という外からやってくるものに対する受け身のベクトルは、「行き場」を探すという能動的あるいは外に向かうベクトルとは逆である。二つのベクトルはどのように両立するのだろうか。外のどこかへと向かうベクトルが、実は自分の中の落ち着かなさと関わり、外から自分がどう見られるのかへと変化する。議論の重心がだんだん移行している。

青年を見つける存在として、「何か」シンパシーを感じる「変に生優しいとこもある」「情けない先輩」として結城さんは現れていたと語る。言い換えると、みんな「自分の中」が見つからずさまよっているのだ。居場所や行き場所は自分自身が落ち着ける場所であると同時に、他者との関係のことでもある。

石原　私、Aお兄ちゃんって子どもの頃にしか会ってなくて、一切、話したことなかったんです。だから、ただ、大学院入って勉強して、私がここにとどまるのって、アイヌの自殺が大きいんです。結局、全部忘れ去ったとしても、自殺に追い込まれる人がたくさんいるし。だからAお兄ちゃんが死んじゃったときも、大学院に入ってたから、そこで『逃れられないんだな』とか、『そうやって一人で死んでくんだな』みたいな、その力ってすごいんです、私にとって。Aお兄ちゃんが最初のきっかけなんですよね。ちょうど大学院に入った頃に……。

結城　俺が北海道戻ってきて、二〇〇〇年に戻ってきて、〔……〕何となくその現代アートみたいな、Aを、「いいじゃんその絵」とか言ってるうちに船造ってんのに。（24a）

石原にとっては取り囲む逃れられない大きな力が問題となり、自分が閉じ込められた場所から逃れられないことが問題となる。自分自身の輪郭は明瞭だ。

結城さんにとっては探しても輪郭がはっきりと分からない「自分の中」の「何か」が問題となり、逃れていくことができる「行き場」が問題となってきた。

結城　そんときにAは釧路に行っちゃったの。ところが、何かの方法が続けば雇ってられるけど、続かなくなったら雇えないってことで、A〔はピリカコタンの船造りのプロジェクトから〕離されちゃって。

あいつ、お父さんとのいきさつもいろいろ持ってるから。お父さんと母さんとのいきさつも持ってて、子どもの頃。でも自分の父親に憧れるから、木彫りや表現っていうものがどっかに。（24b）

この青年の抱えているものは、両親と関わることが暗示される。とくに木彫りの作家であった父親のあとを追う。これも結城さんと似る。

石原　お父さん、そういう人だったんですね。お父さんの情報も、私、ない。

結城　〔砂澤〕ビッキさんと親友みたいな人で、旭川出身で、でもお酒に溺れちゃって、結局、熊〔の木彫り〕が売れなくなってきた時代に、早めに沖縄に行ったんです。沖縄うちなんちゅにみんな受け入れられてはいたんだけど、でもお酒飲みで。Aはちっちゃい頃、親が離婚したときに、お父さんとしばらく暮らしてた。そのときの匂いみたいなのが、彼のものづくりの原点だと思うんだけど。

だから、天理教だったり。住むとこもないから、天理教の宿舎に住んでたりとか。たまに来るんだ、俺んとこに。ちょっとちゃかしたようなことも言いながらも、何となく頼って、北海道帰ってくると。彼もやっぱ、おやじみたいに沖縄に移ったんだよね。喜納〔昌吉?〕さんとこのバーで少しは働いてて。でも何となく、彼も居場所がないのか、また戻ってくる。

サッポロにある沖縄料理店でちょっと働いてたり。「働く」って電話が来れば、そこ行って食べたり飲んだりしたけど。でも最後、東京行ったのは知らなくて、まだいるもんだと思ってたんだけど。どんどん、どんどん孤独に狭められたかもしんない、Aは。(25a)

父と暮らした沖縄の「匂い」が「彼のものづくりの原点」だと結城さんは語った(Aさんの母に村上が確認したところAさんは大人になるまで母と暮らしており、父と暮らしたことはないそうだ。二〇歳を過ぎてから沖縄に惹かれ、滞在しながら絵を制作し、父を探し、そして二十数年ぶりに出会っている)。「匂い」と通じるのは、おばあさんが煮立てるお茶の味を大人になった結城さんが「シケレベ茶」だと知る場面だ。

結城さんの場合も、祖母のもとでシケレベ茶とともに体感した神話が現在の創作のベースにある。父親が住む沖縄に惹きつけられ、しかし沖縄も居場所にはならずにサッポロに戻ってくる。サッポロの沖縄料理店で働く様子は北海道と沖縄という二つの世界のあいだで引き裂かれているようでもある。結城さんの場合は、北海道から関東へ渡ったのちに北海道に戻ってアートとアイヌという居場所を見つけたのだが、そこが異なる。Aさんは、「居場所がないのか」サッポロに帰るがそれでも落ち着けず、いつのまにか東京に転居しそこで命を断つ。この移動の激しさとその果ての自殺自体が行き場のなさを示している。行き場のなさ、居場所のなさは「孤独に狭められ」るという経験だ。

結城　最期、彼が書いた文章、読んだ?

石原　読んでないと思う。

結城　最期、東京で、ある家出の女の子と出会ったんだって。所持金が何百円しかなくて、その女の子としばらく、中野かどっかかな、そうやって話してて。「これやる」って言って、何百円、一〇〇〇円に満たないお金をその子に与えて、その後、自由が丘のほうの踏み切りで飛び込んだみたいで。Aのことを知ってる人が教えてくれたんだよね。

最期、そのこと文章にしてて。だから分かる気がするわけ。もう、ほとんどそのときに、いろんなもん喪失してて、そこにちょっとシンパシー感じるような存在のような女の子が現れて家出、「じゃあ全部これやる」ってあげて、その後に全てなくしてしまったんだ。で、飛び込んだのかな。ショックでね。

だから、今のアイヌのスタイル、ウポポイが全ての答えのようなのは、あんまり好きじゃない。

（25ｂ）

家出のモチーフが再び登場する。Ａさんが行き場を探して東京に向かい、しかしそこでも居場所を見つけられずに死を決意したときに、もう一人の家出少女に所持金を託す。一食分にしかならない額であるから象徴的な意味しか持たない。死ぬ前に少女にお金を渡し、Ａさんの母によると「「生きていたらそのうちいいことあるから」と言ってあげた」と遺書に書き留めたそうだ。そして行き場をなくし、「全てなくしてしまった」青年は電車に飛び込む。行き場を見いだせず孤独に追い込まれた若者の死がウポポイへの違和感につながる。ウポポイは迷っている若者の「行き場」にはならない。

ここで神話さえも宙吊りになる。結城さんの語りの続きは次のものだ。

結城　だから言い訳だよ、神話なんて。自分の居場所としての悩み、傍らに持ってる。でも、みんなそうであってほしいなと思う、理想がある、もちろん。だから、俺がアイヌであるかって言ったら、そのアイヌであることの証明はこういう言い訳だと思う。変わりもんだから、誰も見てないところばっかり見ようとしてるから。何かそういうところはあるかも。ずるさって言えばずるさかもしれん。（26ａ）

自殺した青年を思い出す中で、神話の位置が変化する。自然をよく見るのでも自然破壊への警告でもオルタナティブな世界観の提案でもなく、神話は自分の「傍ら」にある「言い訳」「自分の居場所としての悩み」になる。社会の傍らにある神話が、自分の最後の隠れ家になるのだ。

さきほどの引用での神話は、動物を殺し自然を破壊することを正当化する言い訳だった。しかしここでは「言い訳だよ、神話なんて。自分の居場所としての悩み、傍らに持ってる」というとてもあいまいな自分の存在の言い訳になる。この複雑な表現をどのように理解したらよいか。神話は、自然の代弁ではなく、むしろ居場所を失ったアイヌであることを証明する言い訳だというのだ。神話を生み出す人としてアイヌは自らを証《あかし》だてる。しかしその証だては、現代においては行き場のなさと裏表になっている。

6-2　行き場を失った人の見栄

とはいえ行き場を失ったときに、自殺ではなく踏みとどまる方法がある。結城さんは若い頃働いた工事現場を回想する。

結城　本当Pさんそっくりのアイヌの人がいたんだ。俺はどう見てもウタリだから、「北海道出身なんですか」って聞いて、「そうだよ」とかって、「向こうで仕事失敗して会社つぶしちゃって、こっちに来てんだよね」とかって言ったら、一緒に来てるそのドライバーの人が「ラッパの手真似」やるわけ。その後ろで。俺もうそだと思うわけ。『見栄張ってんだろうな』って思うわけ。でも、そうでもしないと、越えていけない何かが存在し、それは俺でもあるわけ。俺でもあるっていうのか、貧乏と思われたくないとか何とかと思われたくないってことで不良少年になってみたり、それをごまかすために何かいろんなことやってる。それは俺の、俺の、彼の中にも存在するから。

でも、俺は紆余曲折を乗り越えすぎたから、見栄張んないようにって勢いで何か働いてきたからよかったけど、でも、そうやって言ってるような人ってのは会社でもいじめ〔られ〕てるんだろうし、うまくいってないのかもしんないけど。もう小間使いのように働くんだけど。いや、すごい失敗する人でもあったんだけど。でも、聞いたら、俺、ウタリだと思って、「ウタリでしょう」とは言わなかったけど、その人はあまりにも見栄張るんで、間違いなくて。（30b）

アイヌの男性は「会社つぶしちゃって」と大げさに自己卑下するうそをつくことで、逆説的な見栄を張っている。自分の行き場を見つけられずにさまよってきたすえに、見つからずに傷ついている人は見栄を張る。見栄を張るというのは見られたい、見つけてほしいということだ。「俺の、俺の、彼の中にも存在する」と語るときに、結城さん自身も「自分の中」にこのような弱さを見つけることになる。探索されていた「自分の中」の「何か」の最後の答え合わせがここでされていく。

結城さんは見栄を張る人に自分の姿も見る。

結城　そう、〔YouTubeで〕釜ヶ崎の人たちのことは見るの。なんで見んのかな。安心してるっていうか。自分は家出少年で、それこそ寝るとこ、いつも探してて、取っ散らかってるとこに自分がいるんだよね、そこには。見栄張ってるおっちゃんとか、分かるんだよね。見つけてほしいじゃない、あの人。そこは、それ見て安心してるっていうのは、低いもの見て安心してるとか、高いもの見て安心してるとかじゃなくて、そこに俺がいるんだよね。臆病だから酒に溺れず、家族をぶっ壊すこともできず、「何かを背負ってる」と言いながら自分の中にアイヌを持っていて。でもどこが変わりあるかっていうと、それ全部、自分が放棄して、最も自分らしいとこ行ったら俺、変わんないかもしれない。分からんですよ、それは。

見栄っていうのはすごい大事な自分をキープするものでもあるし。無理くり君に対してサービストークみたいにしゃべってる俺も嫌だけど、その釜ヶ崎の人たちのこととかも。葛藤なの、常に俺は。でも、そこの中に答えを見つけることができたときの気持ちよさあるかな。

だから、多原さんとか、いろんな人の話を聞いたと思うけど。あの人らの誠意を、僕はあんまり、ぴんとこないんだよね。遺骨の問題ももちろん大事。女性の権利もすごく大事。でも、何となく疑ってる俺がいる。(27)

「見つけてほしい」。自殺した青年を語ったときにも「人間って自分を見つけてほしい生き物」と言っていた。「見つけてほしい」釜ヶ崎の路上生活者を録ったYouTubeの画面を見る結城さんは「そこに俺がいる」と感じる。

しかし結城さん自身は、「臆病だから酒に溺れず、家族をぶっ壊すこともできず、「何かを背負ってる」と言いながら自分の中にアイヌを持っていて」、という父や他の知人を思い出しながらの葛藤の中で路上生活の人のように持ってるものを捨て去ることで見栄を張るわけではない。「自分の中」に「葛藤」があるのだが、しかし路上の人たちの「そこの中に答え」が見つかる。行き場を失ってすべてを捨てた人が持つ「見つけてほしい」という見栄が、最終的な「自分の中」の「何か」の答え合わせであるかのようだ。

結城　昭和なんて、前も話したかもしれない、いっぱい受け入れ先があった。だから、家出少年がいて、家出少女もいて、不良少年同士、不良少女少年、どうしようもないんだけど、どっかのスナックに行ったら住み込みができて、そこで住むことができて、受け入れ先がいっぱいあったのが昭和。だから釜ヶ崎とか寿町とか行くと、昭和っぽいな、懐かしいなって感じるのは、昔、昭和は光もあったけど闇もあって、すっと行ける。

俺、考えてみたら昭和三九年って、戦争終わってまだ二〇年ぐらいしかたってないわけ。今やっと復興しようという流れがあって、生きてて、その時代の勢いも、ちゃんと考えなきゃ。食えない人とか、盗んででも食おうとか、そういうのに癖になってしまったりとか、いっぱいそういう人たちがいた時代が昭和で。

だから今みたいに、本当にどこも行けない場所つくってるのおかしいなと思うけど。だって、ウポポイなんか誰も生きれないのに、アイヌの聖地みたいに言われてんじゃん。誰でも受け入れればいいのに。むしろ「自分たちは選ばれたもんだ」ぐらいの意識が強くて。(32)

「昭和」は行き場を探している人の隠れ家になるような闇を持った「受け入れ先」がいっぱいあった。釜ヶ崎や寿町といった寄せ場には今でもその匂いが残っている。〈行き場を失った人が、失ったことの見栄を張ることができる居場所〉という逆説的な存在だ。

家出少年は傍らに神話を持つ、あるいは持つことができないかもしれない。行き場のなさ、そして傍らに神話を持つ力、この二つのあいだの振幅は解消されないまま開かれている。

結城さんにとってアイヌとは、かわいがってくれた祖母が生きていた日常と神話であり、想像力のことだ。幼少時に両親が自らのもとから去り、祖母も亡くなったがゆえに故郷に居続けることができなかった結城さんは、行き場を求めて家出し続ける。このとき受けただろう傷について多くは語られなかった。少なくとも神奈川から自転車で北海道に帰ろうとするほどの思いがあったのだ。そして樺太からの移住者であった母の経験、父親の社会運動も含めて、結城さんを取り巻いた出来事はアイヌをめぐる歴史的文脈の中で起きたことである。

二度目の家出先である東京の雑踏は、居場所を持たない人の隠れ家として結城さんを匿いはしたが、自分の中に落ち着く場所を持たなかった結城さんにとって、絵だけが孤独の中での居場所だったのだろう。居場所を持ちえない家出の中での居場所が絵である。大人になってもう一度アイヌと出会い直したとき、祖母のもとで親しんだ神話が創作を支える。アイヌであることは、新たなものを生み出すための源泉となる。しかし、行き場のなさの痕跡はどこまでも消えることがないだろう。

（1）　アイヌ伝承者山本多助の講演で以下の記述がある。「私の生れは春採でございますが、ここも明治十八年（一八八五年）に釧路の要所要所にいたアイヌを五十戸強制移住させられたところでございます」（『アヌタリアイヌ』第一六号、一九七五年五月三〇日）。

（2）　第4章の多原良子さんの語りでは親族の女性が集まったときに、差別を受けることについての「愚痴」が語られていた。

（3）　「大正の末に八雲と旭川で製作が始まった木彫り熊は、昭和一〇年代に急激に普及したものと見られ、このころ白老や阿寒・弟子屈でも熊をはじめとする木彫りが製作・販売されるようになっている」（齋藤玲子「北海道観光案内のなかのアイヌ文化紹介の変遷――昭和期の旅行案内・北海道紹介記事の考察をとおして」『昭和女子大学国

際文化研究所紀要』第六号、二〇〇〇年）。

（4）結城幸司「アイヌ文化の今から未来へ」『キロロアン』財団法人アイヌ文化振興・研究推進機構、二〇〇七年講演録。https://www.ff-ainu.or.jp/about/files/sem1911.pdf：二〇二四年一月一三日最終閲覧。

（5）このような和人との交流が始まるなかで変質しつつ維持されたリアルなアイヌの生活については、北海道博物館・群馬県立歴史博物館・公益財団法人アイヌ民族文化財団編『アイヌのくらし――時代・地域・さまざまな姿』アイヌ民族文化財団、二〇二一年のとくに大坂拓による序を参照。

（6）「家の中には、キリスト教のこうやってやってる油絵があったんです（祖父は先述のように函館聖光会で学んだ）。その横には仏壇があった。すごい面白くて。ベッドに寝てました、子どもの頃から。当時は。そんな中で、僕の見てる光景はそういう、完全にいろんなものが混ざってる家の中だ。

ばあさんは床の間で、いつもきせるでたばこ吸ってるような人だったからかな」（5）。

（7）村上は普段「自死」を用いるが、結城さんの言葉づかいに従う。

（8）結城前掲「アイヌ文化の今から未来へ」。

（9）新井前掲「戦後のナラティブ・ターンから眺めるアイヌの諸運動と和人によるアイヌ研究の相克」。

（10）結城庄司『遺稿　チャランケ』草風館、一九九七年、一五頁。

（11）「ゲイにもてた」という表現は異性愛者がゲイに対して用いるステレオタイプ的な表現であり、ゲイ＝性的に誘惑する人のような偏った考えを引き起こす恐れがあるという注意は必要だろう。

（12）ジョン・ファイアー・レイム・ディアー口述、リチャード・アードス編『インディアン魂（上・下）』北山耕平訳、河出文庫、一九九八年。

（13）先住民作業部会ができたのは一九八二年。

（14）関口前掲『首都圏に生きるアイヌ民族』。

（15）一九六四年に阿寒湖畔でできたアイヌと和人が交流する会。一九七五年以降、東京で活動し会報を発行する（青木俊行「「ペウレ・ウタリの会」の歩み」『普及啓発セミナー報告集』公益財団法人アイヌ文化財団東京会場、二〇〇二年。https://www.ff-ainu.or.jp/about/files/sem1306.pdf：二〇二四年二月二一日最終閲覧）。

(16) サッポロピリカコタン(札幌市アイヌ文化交流センター)のパンフレットに載っている。https://www.city.sapporo.jp/shimin/pirka-kotan/shisetsu/documents/pamphlet2.pdf：二〇二四年一月一二日最終閲覧。
(17) 「アイヌアートプロジェクト」。https://www.artmom.jp/：二〇二四年一月一二日最終閲覧。
(18) 石原前掲『〈沈黙〉の自伝的民族誌』、一一四頁。

第8章

思想的消費とまなざしの暴力

——石原真衣

1　思想的消費と身体

アイヌやアイヌ語に関するかぎり、どんなでたらめな放言をしても責任を負わなくてもすんだというような、アイヌ学界積年の悪弊は、この辺で根絶やしにしておきたいと思ったからである。そういう私の気持は、この本を読んだ若い人々には恐らく察していただけたことと思う。〝アイヌ研究を正しい軌道にのせるために！〟――この本を書いた私の願は、ただそれに尽きるのである。(1)

――知里真志保

いつまで研究を続けるんだ！　謝罪を求めているんじゃない！　もう研究なんてやめてほしいんだ！(2)

――二〇二〇年一月一五日に開催された「北大とアイヌ」を考える連続学習会・第一回「北大アイヌ遺骨副葬品問題の経緯と背景」(於：北海道大学人文・社会科学総合教育研究棟 W309)でのアイヌ男性のコメント

研究という言葉自体は、おそらく先住民族の世界における語彙の中で最も汚い言葉の一つである。多くの先住民族の場で語られると、その言葉は、沈黙をあおったり、悪い記憶を呼び起こしたり、もう分かったというような不信感を含む笑顔を先住民族に浮かべさせる。それは先住民族が研究について詩を書くほど強力なものである。科学研究が植民地主義の最悪の行き過ぎた行為に関与していることは、世界の多くの植民地化された人々にとって、

強力に記憶されている歴史であり続けている。それは今もなお、私たちの人間性の奥底にある感覚を傷つける歴史である。(3)

1-1 序

本章は、アイヌが思想的に消費されることとまなざしの暴力がどのようにつながっているのか、また、それらの構造的暴力の中でいまアイヌたちがいかにまなざし返しているのかを論じる。ここで書かれることとは、植民地主義あるいはレイシズム(4)において、無色透明であり続けながら〈アイヌ〉という記号を消費する「良識派の知識人／支援者(5)」への手紙である。日本のみならず、様々な国や地域で排外主義者と保守政権がゆるやかな結束を遂げ、さらに「ヘイト本」が多くの本屋に並ぶ時代にあって、(6)人種的他者たちが置かれるレイシズムや排外主義の暴力的状況はますます苛烈を極めている。その背景にある国際地政学的な視点、およびグローバルおよびドメスティックに絡み合う政治経済的な観点に関する議論を深化させながら、かつ法制化を進めることは急務である。しかし一方で、そのような差別や犯罪が横行し続ける背景において、マイノリティをサポートしているという自認がある「良識派の知識人／支援者」による不適当な介入および「不理解(7)」、マジョリティ性の無自覚があることをここでは示したい。

1-2 水俣の経験

私自身が思想的消費の暴力を行使してきたことに気がついたのは二〇二二年五月、熊本県水俣市を訪れたときだった。

博士論文を執筆する際、師匠の小田博志先生が、「痛みに言葉を与える仕事をしてください」と言ってくださった。その際、石牟礼道子『苦海浄土』や緒方正人『チッソは私であった』についても示唆してくださった。石牟礼や緒方の書籍を読み、〈水俣〉の思想に触れて、私はそれまで一度も書かれたことがなかったアイヌや子孫の沈黙と痛みを書こうと思った。歴史学も民族学や人類学もメディアも取り扱わなかった――それらの視点からは死角になっている、あるいは棄て置かれた――痛みを書きたかった。

そのようにして完成させた博士論文にその後加筆修正し、刊行された『〈沈黙〉の自伝的民族誌』を読んだサイレントアイヌたちの中には「ここに書かれていることは私の痛みだ」と言ってくれる人びともいた。さらに、アイヌや先住民のみならず、社会において周辺化されている人びとや、「犠牲区域」(8)を生きる人びとからも反響を得た。「痛みに言葉を与える」仕事ができたという自負がそれなりにあった。

「私」が初めていまこの社会に存在することを可能にした同書の刊行は、まさに〈水俣〉を経由した成果だと感じていた。私自身がかつて経験したように文字という記号は「監獄」にもなるが、人間の解放にもなりうるのだということを、〈水俣〉の文学や思想から受け取ったつもりでいた。そして、大きな興奮とともに、博士論文執筆時から五年ほど経過した二〇二二年にはじめて水俣へ降り立った。

水俣を案内してくださったのは、NPO法人水俣病協働センター職員の谷由布さんだ。谷さんとお会いするのは二〇一九年に福島大学で開催された平和学会に登壇して以来だった。「あの水俣にきた」という感慨深さと、谷さんとの再会に胸を躍らせた。しかし、私は水俣病患者の方にお会いしたとき、言葉を失った。話していることが聞き取れない。それを谷さんはいとも自然に、「通訳」してくれる。

そして歩行が困難な患者さんたちを谷さんは介助する。その時言葉を失ったことについて私はしばらく感情を整理できずにいた(9)。

二〇二二年三月に熊本地裁で判決が下され敗訴した水俣病認定訴訟(10)の原告団長である佐藤英樹さんにもお会いした。佐藤さんは「幼い頃からいろいろな症状に悩まされてきたが、それが水俣病と分からなかったというのが事実。誰も水俣病の症状など教えてくれなかった。私たちは最後まで闘う」と述べている(11)。「誰も教えてくれなかった」という佐藤さんの言葉にサイレントアイヌの痛みが重なる。

なぜ、良識派の知識人を含む専門家は、周辺化された人びとの痛みについてその背景を教えてくれないのだろう。それとも専門家であるにもかかわらず、知らないのだろうか。そうであればその学術／行政／文学的営為にどれほどの価値があるのだろう。そしてどうして、「被害者の声」は耳を傾けてもらえないのだろう。

水俣の街中には、「「水俣病」は差別用語」という看板が掲げられている。「水俣病」というイメージがもたらす居心地の悪さについての市民の意見も教えていただいた。様々な立場の人びとが、「犠牲区域」ならではの様々な困難と沈黙に取り囲まれていた。水俣病患者の人たちは、今日も身体を痛めており、痛む身体と共に生きていた。そして患者であるとすら認めてもらえない現状で深い悲しみや苦しみと日々を過ごしている人がいた。その身体の苦しみを目の当たりにしたとき私は〈水俣〉で立ち尽くす。私は思想的に、、、、〈水俣〉を消費し続けてきたのだ。私は〈水俣〉を生きる人びとの身体性の痛みへの想像力をもたず、よって回復に向けたコミットメントもせず、知的遊戯として〈水俣〉を消費したのだと思った。どのようにして、今日その身体が痛むのか、何に悲しみ、苦しんでいるのか、それは、思想や文学が記す文字とは対極の場所にあるような気がした。

1-3　アイヌの身体

　それから私は、痛む身体と共に生きる人びとや犠牲となった場所を思想的に消費することは、当事者の痛みを無視することであり身体性を消去することだと考えるようになった。この視点は、それまで北海道で、アイヌの出自をもつ、ということを公言してきた中で私が感じてきた問題、人種化されたアイヌを思想的商品として消費する人種資本化につらなる問題群となった。[12]〈水俣〉および〈アイヌ〉における思想的消費に共通することは、水俣にしろアイヌにしろその価値がほとんど変動しないことかもしれない。商品価値が下がらない一方で、知識人をはじめとする消費者は、その消費がもたらす弊害、そしてそもそも自分が消費していること自体について思考できず、そのため当事者には適切な対価は支払われない。そうしてどれだけたくさんの外国人が、そして日本人が、〈水俣〉や〈アイヌ〉を通り過ぎたのだろう。対価が支払われない消費だったとしても、当事者たちの現状が回復するのであればまだよい。しかし〈水俣〉でも〈アイヌ〉を取り巻く現状でも、沈黙や痛みは質を変えて継承し続けている。このパラドックスをいかに解明できるだろうか。

　アイヌの身体を問うためには、国民として編入されたはずのアイヌが近代的個人や主体となりえなかったことや、本書の随所に現れている通り、さまざまな力学の作用によって集団としての紐帯をほどかれてきたことを前提とする必要がある。さらにアイヌの文脈において「主体」を議論するときは、植民地主義の被害による傷を世代間継承しているということや、たとえアイヌとしてのアイデンティティをもたずとも逃れ難く集団の歴史性をそれぞれの個人が帯びていることに注目したい。

　先住民政策や先住民研究の先進地域であるカナダ、オーストラリア、ニュージーランドなどでは、政府による先住民のヘルスケアへのサポートが手厚い。先住民の健康状態は、非先住民に比べると圧倒的に課題が多いことはよく知られている。日本では、アイヌに関する包括的な統計データは存在せず、これまでのアイヌ政策において、身体および精神的ケアのための施策がなされたり先住民専門のヘルスケアセンターなどが存在したことはない。文化とアイデンティティ復興のための法律や政策は、自死するほどに追い込まれ、孤独と沈黙のうちに死んでいくアイヌや子孫たちを対象とはしていない。心身が健康なアイヌのみが公の場で可視化されることにより、より弱い立場に置かれたアイヌや子孫はさらに棄て置かれてきたのではなかろうか。

ウポポイは自死するような若者を包摂できるような場所ではないという第7章の結城さんの指摘は厳しい。そして、第6章の新井さんの、研究者や支援者は自分のお気に入りのアイヌを選び、新井さんを「ゴミ」として扱うという言葉は苛烈だ。多数派にとって都合のよい形でのみ、アイヌは消費され、ポジティブなメッセージのみがいきわたる現在のアイヌイメージについてわれわれは何を突き付けられているのだろうか。次では、こうした課題に無自覚的な知識人が行使してしまう暴力を浮かび上がらせてみたい。

2　レイシズムと良識派の知識人の「共謀」

2-1　傍観者としての知識人

多文化主義の最大の問題点を提示したガッサン・ハージは、排外主義者と多文化を推進する人びとは一見両端に位置するようにみえようとも、類似する暴力を内在化していると述べた[13]。このことは、新井さんのインタビューを重ねると大変興味深い。さらに、第5章で述べた排外主義者によるアイヌ民族の否定や消去と、日本のフェミニズムにおけるアイヌ女性の不在に共通の基盤があることともつらなる。ここでは、知識人のいかなる振る舞いがレイシズムと共謀関係を結んでしまうかについて、傍観者という視点から考えたい。

　思想的消費は、シリアスかつロマンティックな——自己陶酔的な——感情を喚起し、消費される人びとや〈場〉への憧憬を持たせる。その行為によって引き起こされる最も深刻な事態とは、当事者が非人称化されることで身体の痛みが不可視化し、その身体がケアの対象から外れてしまうことである。私は水俣に降り立つ前に、水俣病で苦しむ人びとの身体の痛み、患者認定をめぐる裁判の原告として「完敗」する人びとの身体の——当然「こころ」を含む——痛みを知ろうとすらしていなかった。身体の痛みを知らないからこそ思想的消費を続けることが可能となるが、良識的な言説のみでは傍観者として差別や加害に加担すらしてしまう。

　日本におけるレイシズムやヘイトクライムは「良識派の知識人／支援者」を含む「傍観者」によって支えられている。その構造を明らかにすることは、今後の〈アイヌ〉を含む人種的他者に関与するあらゆる学術的営為において最も重要である。自分の学術成果がアイヌをめぐる状況を改善すると思い込む良識派の知識人や、それらの成果によってあたかも現地が権利回復の道を辿っているかのようにみてしまう「傍観者」の振る舞いによって、当事者が当たり前のように生きる可能性や、すべての人間が享受する人権が奪われていないかということをわれわれは注意深く思考し続けなければいけない。

2-2 「彼らにとって、私とか、すごい、ゴミなんですよ」——アカデミズムのなかの先住民女性

私はアイヌ関連の研究に従事する研究者が、アイヌを嘲笑するような物言いをしたり、見下すような振る舞いを舞台裏で繰り返す様子をまなざしてきた。日本最高峰の教育機関の学位をもつ知識人が、強制移住の末にあらゆる継承を奪われてきた七〇代のアイヌ女性が懸命にアイヌ文化を学び直す様子について、「あれは本当の文化じゃないから」と吐き捨てるように言ったのを聞いたこともある。研究者の一人ひとりはもちろん極悪非道人ではないのだが、なぜかことアイヌ研究、とりわけ現在のアイヌを含む研究に従事する研究者の中には以上のような振る舞いをする人間がいる。

こういった非人間的な振る舞いを、倫理的課題として議論することでは解決は見込めない。研究者がもつべき倫理的態度という問題以上に、アイヌをとりまく複雑な政治経済状況に注目したい。アイヌに紐づく国家予算やそれに基づく研究費や組織運営費などの充実、さらに外交の場に参加したり何かと国内外で注目を浴びるといったことが、必要以上に研究者の傲慢さを煽る構造になってはいまいか(14)。また沖縄や在日や部落といった他のマイノリティと比べると、アイヌの出自を公にしている専門家が圧倒的に不在である点も重要だ。政治家や弁護士、研究者といった専門家はマイノリティの回復において不可欠であるが、アイヌの国会議員や、アイヌ関連の訴訟や立法などに携わってアイヌの出自を公にする弁護士や法律家はいない。大学でポストをもつアイヌの出自をもつ当事者は私をいれて三名である。私と他の一名は任期があるためテニュア(終身在職権)の大学教員は一人ということになる。

こういった構造について、和人側は「アイヌの人材が不足している」といい、アイヌ側は「成功するとアイヌであることをやめる」という。しかし私はそうは思わない。私は博士号取得の前後にアイヌ関連組織のささやかなアカデミックポジションにも数回にわたって落ちている。アイヌを扱う専門機関の中で、批評性をもったアイヌや子孫を締め出してきたのは和人たちである。アイヌの権利回復運動にかかわるアイヌ当事者が、私のようにそうした組織の採用試験に落ちたことも伝聞されている。

和人だけが悪いわけではない。私がアイヌの出自をもつ当事者としてメディアや言説空間に登場したときに、しごきのような振る舞いで私を締め出そうとしたのはアイヌたちだった。これまで数々の出てきては消えた、専門性とアイヌの出自をもつ当事者たちを締め出してきたのはアイヌ自身であるように感じる。そうした歪な構造のなかで、和人が気に入るアイヌと和人のみが占拠する空間では、和人側がもつ特権性がモンスターのように肥大する。これが冒頭のエピソードにつながるのかもしれない。和人研究者のパターナリスティックについて今後十分に言語化される必要がある。

新井さんは自分を「ゴミ」と呼んだ。「彼ら」の振る舞いやまなざしの中に、それぞれの研究者や支援者が好むアイヌのあり方ではない新井さんに対する軽視を感じ取っている。Bさんもまた、「〔研究者は〕一生懸命アイヌのこと研究してるけど、『俺はそこには含まれてない』」と云う。一人ひとりの研究者自身は、それぞれの研究の関心に沿い、現在においてはそれなりに倫理的な基準も遵守しながら、アイヌの研究協力者や友人と関係を築いているのだろう。しかし、新井さんやBさんはその研究者や支援者の枠組みから排除されていると感じている。ここにも研究者が無自覚に行使してしまう暴力の構造がある。研究者による当事者の選定は、そこから生成される研究成果によって当事者のイメージを強化および固定してしまう。さらに、研究という権力と不可分の営為においては、そこで固定されたイメージはやはり権力をもつ。このことに研究者側が自覚的でなければ、そうした枠組みから排除されるアイヌ当事者は、自らを「ゴミ」と感じてしまう。

新井さんと私のあいだには、アイデンティティのあり方を除いて、多くの共通点がある。その多くは、アイヌの出自を明らかにし、若い（現在は四〇代と五〇代であるが、出会ったころは三〇代だった）女性として日本のアカデミズムに身を置く困難さにある。私たちは思考のルーツのひとつに佐々木昌雄をもつ。佐々木昌雄は、母や伯母たちが刊行した『アヌタリアイヌ』の思想的指導を担った人物でもある。日本社会に鋭い批判的な視点を突き付ける知識人としては、佐々木以前に知里真志保がいた。しかし、佐々木の著書『幻視する〈アイヌ〉』のように、その全編、あるいは全思想がコロニアルな支配や日本の知識人を、さらに同族のアイヌをも鋭い批判の対象とする著書は知里にはない。新井さんや私が研究の世界に身を置くということは、その佐々木の思想を何らかの形で継承することに他ならない。

さらに、日本のアカデミアにおいて、被植民者によるまとまった批判的領域、あるいは学会のようなものをこれまで醸成しなかった点も重要である。私が専門とする文化人類学においては、日本の人種的他者や被植民者がまとまった形で学会の内側から批判的領域をつくるには至らなかった。他の学会においても大差はないのではなかろうか。そのようなアカデミズムの状況の中で、新井さんと私が、若い、女性の、アイヌの出自をもつ当事者として、批判的な視点をもって研究を展開することは多くの苦労をともなった。いまはまだ暴力と名指されていない多くの出来事が起こり続けている。新井さんと私がここまでなんとか研究を続けている背景には、多くの人びとの尽力やサポートもあるが、やはり新井さんの指導教官である桜井厚氏や、私の大学院の指導教官であった小田博志先生に負うところが大きい。両氏は、私たち二人の背景や、アイヌの出自をもつがゆえのアカデミアの中での苦悩を十分に受けとめ私たちを育んでくださった。

その一方で、私と新井さんのあいだにはアイデンティティのあり方において大きな違いもある。新井さんがアイヌのアイデンティティをもつのに対して、私は自著において、「アイヌでも和人でもない」ということがポストコロニアルの文脈においてどういう意味をもつのかについて議論をしてきた。いまもその「アイデンティティ」のあり方は変わっていない。母方の祖母がアイヌだった、アイヌと和人のマルチレイシャルであることは私にとって事実である。「アイヌを選択しないなら和人になれ」と言われることもあるが、日本のレイシズムは、アイヌの出自をもつ人間を多数派日本人――和人――とはみなさない。結婚差別とヘイトクライム／ヘイトスピーチはその証左である。私はアイヌ民族としてのアイデンティティをもてないが、同時にレイシズムがあるため和人にもなれない。

私はいまでも自分をサイレントアイヌであると思っている。第3章でも触れたが、サイレントアイヌとは、植民地主義的な一五〇年の中で縦の分断(世代間における分断)によって横の分断(他のアイヌとの分断)がもたらされ、その中で三つの沈黙を生きる人びとであった。その三つとは(1)隠蔽、(2)言葉の不在、(3)第三項の排除であった。私はいまもこの第三項の排除を生きている。サイレントアイヌという言葉はそれなりに流通してきたが、多くの場合一つ目の意味で使われている。

私のようなマルチレイシャルは、常に選択の暴力にさらされており、この点は今後の課題となろう。私は「自分がどのような自己認識をもつか」という問いをめぐって人権を常に侵害されている。「アイヌでも和人でもない」という私のあり方を否定するのは和人のみならず、多くのアイヌも同様である。アイヌ民族としてのアイデンティティを強固に押し付ける圧力や暴力の中でも、私は自己認識を変えることはない。特に植民者側が私のあり方を頑なに否定し、それぞれの理解の枠組みに押し込めようとするのは、植民地主義からつらなる現在をなかったことにし、責任放棄と自らの罪悪感の消去をするためにほかならない。言葉と存在することを奪われるサイレントアイヌはポストコロニアルな帰結であり、喪失と「無」の継承、そうしてもなおレイシズムによって殺されるサバルタンでもある。私が「アイヌ民族としてのアイデンティティ」を獲得することを求める人びとは、安易に被抑圧者の回復を宣言し、不正義と植民地主義の過去を消し去りたい欲望に駆られている。私が頑なに自分の在り方にこだわるのは、消滅の力学に抗しているからだ。

そのような自己認識の一方で、本書で述べているような状況や登場してきた人びとなどとの交流を経て、私は明確にアイヌ側に立つことを選択している。「アイヌでも和人でもない」自己認識をもちながら、アイヌに対して行使される過去と現在の不正義に対して異議申し立てをするというポジショナリティは、先住民フェミニストとして結実している。こうしたアイデンティティとポジショナリティは北米などの地域においてはなんら支障がない。世界で最大規模の先住民研究の基盤をもつカナダのブリティッシュ・コロンビア大学では、先住民の教員やスタッフが五〇名以上所属している。全員のプロフィールがホームページで確認できるが、出自の記載は、「公的に登録されたメンバー」「～出身」「～と、～の混血(入植者やマジョリティの出自も含む)」「～(先住民)の祖先をもつ」などさまざまである。例えば、クリストファー・ハマリー准教授は「ハマリー博士は、アニシナベとノルウェー人の混血である先祖をもち、ミネソタのホワイトアースネーションの子孫でもある(Dr. Hammery has mixed Anishinaabe-Norwegian ancestry and is a descendent of the White Earth Nation of Minnesota)」、リンク・ケスラー名誉准教授は、「ケスラー博士の先住民の先祖はオグララ・ラコタである(Dr Kesler's indigenous ancestry is Oglala Lakota)」などと記載されている。帰属意識やアイデンティティについてアイヌか和人かの二者択一を脅迫的に強制されるアイヌを取り巻く環境とは大きく異なる。[15] レイシズムが複雑な磁場のもとで作用する日本では、アイヌか和人かという強固な二元論はゆるがない。不正義をめぐる政治的スタンスを問う際の二元論は必要だが、それがアイデンティティの強制となる場合、暴力であることは明確にしておきたい。そこから零れ落ちる多くのサイレントアイヌは構造にアクセスできないサバルタンとして社会空間を浮遊している。日本の思想的消費の状況がこのようなアイデンティティ強制の暴力を強いることも述べておこう。

2-3　消滅の力学——知識人の振る舞いとレイシズムの行使の共通性

アイヌという身体や顔をもたない記号の幽霊は、身体をもって生きる一人ひとりのアイヌやその子孫を非人称化し、そうして身体——当然精神を含む——の痛みや苦悩に対するケアの契機を遠ざけてしまう。回復の物語を好み、「怨」を手放さない当事者に対して侮蔑的なまなざしを向ける知識人は、自らの思想や思考に都合のいい当事者のみを「I have a アイヌ friend(私にはアイヌの友人がいる)」の論理に位置付け、そうではないアイヌを議論の空間から遠ざける。アイヌに深く刻み込まれているネグレクトや搾取による傷、その結果としての振る舞いへの理解の回路がない。

かつて私自身も、最も周辺化されたアイヌの人たちの怨みを、自分の思考から遠ざけていた[16]。悪意による排除ではなく、様々な諸相で特権をもつ自分が許容できる範囲ゆえだったとも思う。「許容できる範囲」を越えるからといって、それがサバルタンをさらに疎外することの正当化にはならないことは、日々私自身の自分への戒めでもある。ケアされない身体とともに生きざるを得ないアイヌや子孫たちは、時に病み、時に自死し、そして日々レイシズムやヘイトスピーチ／ヘイトクライムによって「殺される」。

私は良識派の知識人が「私は差別をしていない」と言うのを何度も聞いてきた。「私は差別をしていない」という言明は、杉田水脈も使うことからも明らかなように、差別へと加担する典型例の一つだということは、今では多くの人の共通理解だろう。だが、私がこれまで接してきた多くのアイヌの研究およびその関連の研究や問題にコミットするほぼ全ての知識人と支援者が、自らの人種的特権性や思想的消費に無自覚であった。東日本大震災以降の福島で生まれた思想のひとつである「不理解」という言葉が示すように、良識派の知識人は自らがもつ特権性を「わかっていないことがわかっていない」。

排外主義やヘイトクライムは、その暴力の宛先になる当事者の身体のみならず人類文化を崩壊させる点においても深刻である。しかし、社会的に議論を深化させ法制化を進めることができれば、対抗や止める可能性は十分にある。一方で、リベラルな知識人や無自覚な知識人は、自身の暴力性に気がつくことができないという点において、レイシズムに加担しそれを温存させてしまう。この構造は、良識派の知識人が、排外主義者らを「悪」あるいは「愚か」と位置付け、自らをその対極あるいは「良識」的であると位置づけるがゆえに認識されない(17)。

〈アイヌ〉が思想的に消費されることにおいて、最も害悪であるのは、一人ひとりのアイヌや子孫が、傷が世代間継承された身体と共に生きているという現実への想像力が失われてしまうことである。身体をもつ一人ひとりのアイヌや子孫が非人称化されると言い換えてもよいだろう。先住民は、近代における他者と位置付けられ、土地や資源および身体の収奪が可能となった。その他者性は、その後、人類学や社会学、歴史学において好意的で良識的な消費の対象となる。他者を経由して自己を理解することは、近代のみならず、ある程度人類に普遍的な行為であるが、先住民における他者化および他者性にはレイシズムと植民地主義の共謀が深く組み込まれている点を、われわれは留意しなければならない。

アメリカ人法学者のマーク・レヴィンは、日本の多数派が持つ人種的特権性は米国の白人をはるかに凌駕する深刻さであると述べている[18]。本章は、日本の多数派がそれぞれに有する白人性を自覚できていない現状、さらには研究者もまたその白人性を理解していないという点を繰り返し指摘する。その責任を個人化することが本章の目的ではない。社会総体でいかにして帝国主義的および植民地主義的な罪と責任を議論することが可能か、その上で、適切に主語の大きさをアジャスト[19]しながら、個人が――特に良識派の知識人が――持ちうる責任の範囲を問うことが本章の目指す地平である。

誰が無色透明のままでいるのか、誰が主語の大きさを取り間違えているのか、誰が〈アイヌ〉を含む人種的他者を思想的に消費しているのか[20]、誰がレイシズムや植民地主義に関与していないと感じているのか。こうした問いを深化させることで、良識派の知識人や支援者が不本意に行使してしまう暴力や、レイシズムとの共謀を終わらせることができるのではなかろうか。

2-4　アイヌの商品価値と記号化

アイヌは日本の人種的他者の中でも異例に商品価値が下がらない。西洋においてアイヌ民族がまなざされ、学術的な研究対象となった歴史は古い[21]。一方で日本の近代化のプロセスにおいてアイヌは、「他者」――非人間――と位置付けられ、土地や文化や人権を収奪されてきた。所有者がいない無主の地と位置付けられた「北海道」への植民地化のロジックは、アイヌを人間とみなしてこなかったことを示している。収奪の歴史が忘却される一方で、アイヌおよび「アイヌ文化」は、コスメティックな多文化主義のもとで多数派を脅かさない範囲において称揚されるようになり、さらにはダイバーシティ推進やSDGs推進という大義のもとで、アイヌが動員されるようになった[22]。このような現状において、アイヌを含む人種的他者を取り巻く現代的課題に関するあらゆる議論は、日本の植民地主義やレイシズムの構造と接続することなしには不毛なものであることは何度主張されてもよいだろう。

日本において先住民の問題について考えるということは、多数派が今日も享受する特権や資源に深く結びついた人種政治や人種資本について忍耐強く問い続けることを意味する。それは先住民側の同化や被差別体験、ましてや伝統文化の継承といったような、特権性を持つ多数派から切り離された問題ではない。「アイヌの友人がいる」[23]という知識人が、その発言によってそれぞれ何から逃れようとしているのか、さらに、先住民や人種的他者たちがいま毎日経験している暴力を是正するアクションを起こさずに、中立でいようとする姿勢、あるいは学術をもって闘っているつもりの知識人が自らの「白人性」を自覚しないがゆえに、温存あるいは助長されてしまう差別や暴力とはいかなるものであろうか。

アイヌおよび人種的他者の記号化がもつ二つの側面として、

(1)当事者の問題を発見し回復へつなげる回路、

(2)良識派の知識人や支援者の思想的消費のため、あるいはレイシズムやヘイトクライムのために非人称化するツール、がある。

前者の場合、そこには身体と顔をもって生きる一人ひとりの人間がいる。後者には身体や顔を奪われた記号の幽霊がいるのみである。〈アイヌ〉とは、かつてはヨーロッパ、その後は近代日本の自画像のための胸像として、そして現在は、われわれ人類が抱え込んでしまった資本制や国民国家や人新世的課題を問題化するためのツールやトピックとして、商品価値が下落しない記号である。

3　壊れたものを共に直す──共に生きること

It's about rehumanizing us, as a people,
and us, right, as a people, all of us.
人間らしさを取り戻すの
みんな一緒にね(24)

──マルキア・シリル（メディアジャスティス前常務理事）

Police and policies
Patrol philosophies of control
We let go to free them
so we can free us
警察と政治家が
黒人を支配する
彼らの心を解放して
俺たちも自由になりたい(25)

──コモン（アメリカのラッパー）"Letter to the Free"（アルバム『Black America Again』より）

われわれはたえず歩き続けたい、夜となく昼となく、人間とともに、すべてに人間とともに(26)

——フランツ・ファノン

3-1　暴力をまなざすメガネ

ではどうしたらよいのか。思想的消費がはらむ暴力とは、ロマンティックな感情を喚起し、消費される人びとや〈場〉への憧憬を持たせ、当事者が非人称化されることで身体の痛みが不可視化し、その身体がケアの対象から外れてしまうことであった。本書の企てとは、名指されていない暴力に名前をつけ、非対称的な消費の力学をくいとめることだった。アイヌを助けているつもりの「良識派の知識人／支援者」、そして傍観者に対して新しいメガネを提供しようとする強い意志を本書はもつ。

読者が暴力をまなざすメガネを獲得するとき、レイシズムをとめる力が生まれ、過去の不正義の清算という視点も育まれるだろう。暴力をまなざすメガネは次の二点を可視化させうる。

(1)マジョリティは、自身の人種的特権性や先住民からの収奪による利益を享受していること、そして消費行為をいかに認識しているのか、

(2)消費の対価はどのように支払われているか——反差別、反レイシズムあるいは当事者の身体の回復のために当事者が必要としているコミットメントやアクション、ケアがその消費と同時に取られているか——。

「消費されている」という感覚は、いま多くの人種的他者や犠牲区域で共有されはじめ、それらの人びとや地域における連帯は強まっている。その連帯はまなざされてきた者たちのまなざす力をさらに磨き、日本社会を包括的にまなざし返すものとなるだろう。

良識派の知識人や支援者が人種的透明性あるいは消費行為について無自覚であり、にもかかわらず

〈アイヌ〉を含む人種的他者や犠牲区域を消費しているのだとすれば、その暴力性はいかなるものか。われわれが暴力をまなざすメガネを獲得することは、非人間と位置付けられ人種化された人びとの身体の回復につながるのみならず、われわれの思想をさらに深め、シリルが「人間らしさを取り戻すのみんな一緒にね」と、コモンが「彼らの心を解放して　俺たちも自由になりたい」と、ファノンが「われわれはたえず歩き続けたい、夜となく昼となく、人間とともに、すべてに人間とともに」と述べたように、行き詰まりつつある人類総体の回復へとつながるだろう。

3-2　共にまなざす

アイヌはまなざしている。ホワイトコーツの愚行を、良識派の知識人や支援者の偽善を、そしてアイヌを囚われの身にするあらゆる言説を。本書はこうしたアイヌのまなざしを先住民的批評性と呼んできた。かつての神話的世界は先住民にまなざす力を与えてきた。人間とは弱く愚かであること。だからこそ謙虚になるためには自分たちがどうにもできない大きな力を意識すること。そしてそうした精神を守るために飼いならされてはいけないこと。かつてのアイヌの暮らしは徹底的に破壊されてしまったが、姿を変えてその精神は生きている。神話の力は密やかに継承され続けている。それはここで先住民的批評性として立ち現れている。

アイヌの出自を持たなくともアイヌの側に立つことはできる。あらゆるマイノリティ運動はアライによって成立してきた。しかしアイヌにはアライがいない。本書のあらゆる部分で、「アイヌに寄り添っている」つもりの知識人や支援者が、様々な形でアイヌをイメージに押し込め、代理戦争のツールとして利用し、あるいは思想的消費を行使していることを示してきた。アイヌの文脈においてアライになるとは、植民側が享受する利益と過去の不正義についての知識を持ち、アイヌが今日置かれている疎外や傷、トラウマを直視し、現在と未来において先住民としてのアイヌの回復を目指すことを共に達成するということである。

本書を読み通した読者は、アイヌを取り巻く愚行や偽善や消費をまなざす力を身につけているだろう。そしてアイヌのまなざしも感じているだろう。一度発生したまなざしはもう二度と消えることはない。まなざされているという緊張感こそが、一方的に誰かを消費したり、規定したり、従わせたり、まなざしたりすることを自省させる唯一の一歩ではなかろうか。われわれは様々にまなざされている。そのまなざしに気がつけなくなったことこそがわれわれの近代だった。壊れてしまったものがたくさんある。われわれはいま、共に壊れたものを直し、共に生きるための道を開拓するときを迎えようとしている。

（1）知里真志保『アイヌ語入門――とくに地名研究者のために』楡書房、一九五六年、二七六頁。
（2）石原前掲『〈沈黙〉の自伝的民族誌』、一七頁。
（3）Smith, L. T., *Decolonizing Methodologies: Research and Indigenous Peoples*, Zed Books, 1999, p. 1（日本語訳は引用者）。
（4）本章におけるレイシズムとは、「植民地主義を経由して近代化しつつ形成されてきた国民国家に組み込まれた統治を裏打ちし、現代社会にあって、国民権としてしか具現化しない人権の権利主体として国家を最終審級に擬制的に位置付けるイデオロギー」（李孝徳「人種主義を日本において再考すること――差異、他者性、排除の現在」『Quadrante』第二〇号、二〇一八年、一〇四頁）を指す。
（5）鄭暎惠は、「日本人の良識派」に潜むレイシズムについて鋭く言語化している（鄭暎惠「『フィリッピーナを愛した男たち」論争ふたたび」『へるめす』第四六号、一九九三年、九〇―九一頁)。その視点を継承しながら、石原・金城は、「良識派の知識人／支援者」によるマイノリティへの不払い労働(感情労働を含むアンペイドワーク)について議論を深め、連帯や共生概念を問い直す試みをしている(石原真衣・金城カナグスク馨「スキマに居続ける／狭間に立ち尽くす――反―共生宣言!とノイズを立て続けること――対談：石原真衣×金城カナグスク馨」『多元文化交流』第一四号、二〇二二年)。石原真衣・下地ローレンス吉孝「【討議】インターセクショナルな「ノイズ」を鳴らすために」(『現代思想』第五〇巻第五号、二〇二二年、九―二三頁)も参照されたい。

(6)「差別と偏見の荒涼とした風景の向こう側に見えてきたのは、書店に主導権のない仕入れ慣行(多くの場合、取次会社の〝見計らい〟で一方的に書店へ配本される仕組み)と、差別への加担に対する無自覚である。強い信念をもってヘイト本を並べている書店など、実はほとんどない。商慣行や一部の需要を理由に、違和感を持ちつつも、「仕方がない」とばかりにヘイト本が今日も書棚に並ぶ。まさに〝凡庸な悪〟。永江(『私は本屋が好きでした』の著者である永江朗)は「業界はアイヒマンだらけ」だと訴える」(安田浩一「なぜ「ヘイト本」が書店にあふれるのか――関係者を取材してわかった〝凡庸な悪〟：安田浩一が『私は本屋が好きでした』(永江朗著)を読む」『文春オンライン』。https://bunshun.jp/articles/-/32344：二〇二〇年一月一三日配信、二〇二二年一〇月六日最終閲覧)。ヘイトがどのように蔓延するのかについて、ハンナ・アーレントの「凡庸な悪」のような視点を導入することは重要である。本章で触れた拙著『〈沈黙〉の自伝的民族誌』においても、状況や痛みを無化してしまう傍観者について述べている。「差別への加担に対する無自覚」は本章が挑戦した問題群と共に議論を進展させたい。

(7) 第5章でも触れたが、再度説明すると、「不理解」とは「あなたの理解は理解ではないことに気づいてください」だという。「私はわかっていますよ」と言うことが、原発避難問題をめぐっては、様々な暴力につながる可能性がある(山下ほか前掲『人間なき復興』、二六頁)。

(8) 石山徳子は、アメリカにおける先住民を取り巻く状況について、「犠牲区域」という視点を用いている。先住民の場合は、そこに誰も住んでいない――つまり住んでいる住人が「人間」と認識されない――背景を表す(石山前掲『「犠牲区域」のアメリカ』)。本章では石山が提示した「犠牲区域」を近現代日本における問題と捉え、先住民問題に加えて、私がこれまで交流を続けてきた水俣や福島や被差別部落などの地域を含めて思索を進めている。

（9）その後の二〇二二年六月二六日に日本質的心理学会大会外企画／研究交流委員会企画として開催された「沈黙を残す――オートエスノグラフィックな経験をめぐる対話」（於：大阪大学）では、渡部純氏（福島県立福島東高校）と宮前良平氏（福山市立大学都市経営学部）との対談で、私が〈水俣〉で経験したこととそこでの感情について語り合うことができた。

（10）「水俣病　子世代水俣病、認定せず　熊本地裁「症状、他疾患可能性」」『毎日新聞』二〇二二年三月三一日西部朝刊、二五頁。

（11）同前。

（12）人種資本については石原前掲「先住民という記号」を参照されたい。

（13）ガッサン・ハージ『ホワイト・ネイション』保苅実・塩原良和訳、平凡社、二〇〇三年。

（14）「内閣官房アイヌ総合政策室は、各省庁の二〇二四年度アイヌ政策関係予算の概算要求額を取りまとめた。総額は六六億三三〇〇万円で、今年度当初予算比で一四％伸びた」（「総額六六億三三〇〇万円要求　二四年度アイヌ政策関係予算　白老」『苫小牧民報電子版』。https://www.tomamin.co.jp/article/news/area2/56986/：二〇二三年九月二日公開、二〇二四年二月二一日最終閲覧）。

（15）ブリティッシュ・コロンビア大学による教員紹介（https://fnis.arts.ubc.ca/people/faculty/：二〇二四年二月一七日閲覧）。

（16）その痛みを私が感知しえたのは、私自身がヘイトクライムの対象となったからだった。詳細については石原前掲『〈沈黙〉の自伝的民族誌』を参照されたい。

（17）人種的に特権的な立場にいる人びとが、自分の特権性に向き合うことにおいて心が脆い状態になることに関してはディアンジェロ前掲『ホワイト・フラジリティ』を参照されたい。

（18）マーク・A・レヴィン「批判的人種理論と日本法――和人の人種的特権について」尾崎一郎訳、『法律時報』第八〇巻第二号、二〇〇八年、八〇―九一頁。

（19）主語の大きさについては、石原・金城前掲「スキマに居続ける／狭間に立ち尽くす」を参照。主語のアジャストという視点については石原前掲「地球上から消え果た植民地主義？」を参照されたい。

(20) 本章で提起する〈アイヌ〉を含む人種的他者の思想的消費とは、研究成果として論文などにそれらの人びとや地域が描かれることのみならず、それらの人びとや場所の名前等を冠したアカデミックポジションの確保および利用やプロジェクトの実施、研究費の獲得も含む。この提起は、〈アイヌ〉を含む人種的他者を消費することを慎むことへの呼びかけではない。その消費者は、いかに対価を払いうるかについて当事者との深い議論が求められていることを記しておきたい。

(21) 西洋におけるアイヌに関する古典的研究についてはオイルシュレーガー前掲「西洋の民族学的言説にみるアイヌ」を参照されたい。

(22) 海外諸国の先住民リーダーたちによるＳＤＧｓへの批判は、SocialConnection4HumanRights(https://note.com/schr/n/nbafa5aada59：二〇二四年五月三日最終閲覧)および、Indigenous Peoples Major Group for Sustainable Development による報告書(https://www.indigenouspeoples-sdg.org/index.php/english/all-resources/ipmg-position-papers-and-publications/ipmg-reports/global-reports/162-ipmg-thematic-report-for-hlpf-2020/file：二〇二四年五月三日最終閲覧)を参照されたい。

(23) アメリカでは〝I have a black friend〟というフレーズが政治的あるいは自分は差別者ではないという言明のために利用されているという批判がある。

(24) ドキュメンタリー映画『13th(邦題：憲法修正第13条)』より。同映画は、「現代の米国の社会問題に、アフリカ系アメリカ人の〝大量投獄〟がある。黒人が犯罪者として逮捕されやすい事実を学者、活動家、政治家が分析するドキュメンタリー」(Netflixウェブサイト。https://www.netflix.com/jp/title/80091741)であり、現在Netflixおよび下記のリンクで無料閲覧可能である(「現代の「奴隷制」アメリカの監獄ビジネス　黒人「搾取」する産獄複合体の実態」『朝日新聞GLOBE＋』。https://globe.asahi.com/article/14357954：二〇二一年五月二六日更新、二〇二四年二月二一日最終閲覧)。ブラックフェミニズムの提唱者の一人であるアンジェラ・デイヴィスがインタビューに応えている点でも見ごたえがある。前述の下地ローレンス吉孝との対談で述べたように、日本におけるインターセクショナリティに関する今後の議論において、日本人フェミニストが、このようなコンテンツを「黒人側」で観るのか、「白人側」として受け取るのかが問われるだろう。人種的他者として位置づけられるということは、レイシズムと植民地主義およびジェンダーの交差に棄ておかれるということである。

(25) 同前のエンディングソングより。

(26) フランツ・ファノン『地に呪われたる者』鈴木道彦ほか訳、みすず書房、一九九六年、三一二頁。

終　章

まなざしの転換

私の母は文字を知らない。幼いころより食うや食わずの生活の中で、八才よりシヤモの家に子守りにやられたという。

中学を出るまで、私は母の無学をとても恥ていた。学校からの連絡はすべて私が読み汚い字で学校に提出するのがとてもみじめだと思っていた。中学校卒業後私が美容師の修行をしていた時、私のところに舞い込んだ母からの一通の手紙が今まで母に対して持っていた偏見をとりのぞいてくれた。

二枚の便箋に

「他人の家というのはつらいけど、いつか自分のなかで、その時の苦労が生きる時があるから頑張りなさい」

という内容の手紙を読むのに、私は何十分もかかりながら、とめどなく涙が流れました。母から文字を奪ったのは、母のせいじゃない。あまりに貧乏だったから、八才の母は、すでに働き手であったのだ。自分の娘に、たどたどしい文字で手紙を書かねばならない母は、どんなにつらいことであったろうかと……。

——石原イツ子「部落を訪ねて　感動した識字学級」『アヌタリアイヌ』第一七号、一九七五年八月二〇日

1　アイヌがまなざす

1-1　現代アイヌを取りまく状況の中での本書の位置付け（石原・村上）

本書が何を描き出したのかを振り返ってみたい。

アイヌのミュージシャンOKIは、アイロニカルに現在の状況をまなざしている。

民族の中身は一筋縄ではいかない。支持政党だって、自民、公明、共産、れいわとさまざま。まじめにこつこつ努力している人もいれば、あわよくば助成金でも流用してウハウハしたい輩もいる。酒やタバコに溺れる人も飲まない人もいる。アイヌ文化は自然崇拝というより先祖崇拝が強い。人類学者に盗掘された遺骨を元ある場所にかえせという人もいれば、いや、かえって来なくていいという人もいる。一方あまり気にしてない人もいる。アイヌ文化に関わらないアイヌもたくさんいる。親が言わないからアイヌだとはわからないまま一生を送る人もいる。日本は国家だけどアイヌに国家はない、そういうとハッとする人がいる。(1)

アイヌ全てに共通する立ち位置などなければ共通する意見もない。アイヌの文化にも運動にも関わらないがアイヌだという自覚を持つ人もいれば、出自を知っていても自分がアイヌであるとは思っていない人も、そもそも自らの出自を知らない人もいる。

本書に登場する皆さんの共通点は、釧路出身の結城さん以外は日高地方にルーツを持つということと、状況へと積極的にコミットした経験を持つことだ。日高地方は、平取と二風谷をはじめとしてアイヌが集住していた地域だが、強制移住や遺骨盗掘を大規模に経験している土地でもあり、多くの集落が貧困に苦しんできた。また、北海道内そして明治時代以降に限っても、地方によって運動や団体との関わりは大きく異なる(例えば日高地方は萱野茂をはじめとして中央との関係が深かったが、旭川の人たちはより独立志向が強いという)。文化にせよ言論にせよ運動にせよ、積極的に関わっている人はアイヌの出自を持つ人の中でもごく少数だ。特に、出自を語ることがない人たちは、そもそも「アイヌ」とというアイデンティティを持つとは限らず、本書とはまったく異なるまなざしを持つだろう。この点で、「アイヌ」と本書の議論はアイヌを代表するものではなく、かなり偏った個別の表現である。アイヌの出自を持つ人による他のまなざしもあることは強調したい。

道内に住んでいる人と道外に住んでいる人とでも、置かれている状況が大きく異なる。これは村上が頻繁に北海道を訪れるようになって驚いたことだ。北海道においてアイヌをめぐって働く磁場は非常に強く、道外からは想像が難しいと思う。アイヌの出自を持つ道内の人たちは知らぬ間にこの磁場の中に囚われて、磁場のもとで息苦しく生活している（少なくとも村上にはそのように感じられている）。実は道外の人に見えないだけではない。道内にのみ暮らして磁場に巻き込まれ続けているアイヌの出自を持つ人にも、自分を縛り続けているこの磁場の存在はわからないようだ。生まれてからサッポロにしか居住経験がない石原も、自分を拘束している磁場に気づいていなかった。本書の結城さんと新井さんは関東で暮らした経験が長い。そのことが磁場を相対化し、彼らの立ち位置と語りに明らかに影響している。つまり状況を相対的・俯瞰的に眺め、ときにアイロニカルなまなざしを向ける。

まなざされる対象としてさまざまな人が「アイヌ」という単色のイメージで固定されてきた。しかし当然のことながら実際のアイヌの出自を持つ人たちはカラフルである。そのうえアイヌの中の男女差別や日本人女性が持つマイノリティ女性への無理解といったまなざしの屈折もある。本書で登場する語りも、そのうちのごく一部のものでしかない。人種化されたアイヌと植民地化した日本のあいだには、きわめて錯綜した事態が生じている。〈アイヌのまなざし〉とは、視界が無際限に乱反射し拡散していくことでもある。

1-2　まなざしの乱反射(石原・村上)

アイヌの出自を持つことを意識した途端に何らかの理不尽、困難や生きにくさを抱えてしまう。そしてその困難は一五〇年来の社会的な問題に由来している。このことを踏まえた上で、本書の語り手たちが見る世界は、日本のマジョリティが思い描く世界とどのように異なるのだろうか。

結城さんも新井さんも、父や祖父が著名な活動家だった。過去の運動の挫折について自覚的である。挫折をなかったことにも美談にもせず、まっすぐに見据え、その中でアイヌの運動家たちがなにを叫んでいたのかを聴きとっている。そして結城さんの語りでも登場する『アヌタリアイヌ』がある。石原から見ると、まるで青春のような若い女性たちの歩みは、少なくとも刊行に関わった石原の母にとって苦い思い出として残っている。その苦さは成功とは程遠く、彼女にとって挫折といってもよいだろう。挫折の経験は、繊細でするどいまなざしへと結実する。先住民的批評性を持つ背景に、さまざまな挫折をまっすぐ見つめ相対化する視点があるのは偶然ではないだろう。

アイヌをめぐる大きな言説に包囲され回収されずに乱反射する視点の存在は、例えば結城さんの場合には転々と世界を移動してきたことから浮かび上がる。「逃げたい場所」や「自分の居場所」を探していた結城さんは東京でアイヌと出会い、その後北海道へ戻る。不良少年や、モッズの世界、ディスコやバブル時代の不動産業を経て「アイヌに戻っていく」歩みは、その後の結城さんのありかたに大きな影響を与えている。さらに、子どもの頃祖母が与えてくれた神話の世界は、結城さんの現在に現代アートの世界と、「社会の大きな流れから少し外れた場所で、異なる世界を提示する言葉を生み出す場」(第7章)をもたらしている。アイヌへのまなざしの中で安住せずに、自らの世界から日本社会やアイヌ自身をまなざす力となっている。

北海道で生まれ育って住み続けている木村さん、Bさん、多原さんの場合、アイヌが背負いこまされている困難と植民地支配について、日本人は自らが理解していないということすら気づいていないことに対する苛立ちがある(この「不理解」への苛立ちは石原も共有している)。どこに傷があるのかマジョリティ側は鈍感であること、傷の原因は傷つけたマジョリティ側の社会構造にあること、そのことにマジョリティ側が気づいていないこと、これらのことが多重に傷つける。村上自身、気づかずに石原を傷つけてしまう場面があり、このことを痛感した。それゆえに皆さんの語りは日本社会のゆがみをそれぞれの仕方で照らし出す。日本人が持つマジョリティ性ゆえの死角が照らし出されるのだ。

関東での生活が長い新井さんと結城さんの場合は少し事情が異なる。マジョリティへの苛立ちよりもアイヌにかかわる世界(および新井さんの場合は和人のアイヌ支援者)に対する苛立ちの方が語りの中には強く現れた。二人は、アイヌの出自を持つ人が独自の表現をどのように作っていくかという問いと、その言葉が生まれにくいということへのもどかしさに力点を置いていた。

ところで第8章にあるように石原自身はアイヌの出自を持つが自身がアイヌであるとは考えていないため、アイヌであることを石原に押し付けるアイヌへの苛立ちも持つ。つまり石原自身は、インタビューの語り手たちとは異なる立ち位置にいる。このことは本書の村上の担当部分でも問題になる。語り手たちは全員「アイヌ」を用いるが、石原は「アイヌの出自を持つが、アイヌであるわけではない」。それは植民地主義による消滅の力学に抗することでもある。それゆえ「アイヌは」と書くことは不適切になる場面もあった。どのような表記をするのか、そのつど慎重な選択を迫られる。

マジョリティ側の不理解と、アイヌ側の表現の困難は裏表の関係にある。強固なラベリング・先入観が押し付けられている中で、理解されていないことすら理解されない、あらゆる言葉が通じない、そういう環境のもとでは、言葉を発する権利が奪われるだけでなく、表現として成立する言葉が存在しなくなる。

このような状況の中で、アイヌたちはアイヌを消費する研究者、差別状況をないことにする知識人（なかでも第8章では知識人女性）、暴力を見過ごす傍観者たちをまなざしている。本書ではこのまなざしに先住民的批評性という名前をつけた。マジョリティ側が持つ不理解を照らし出すまなざしだと言い換えてもよいだろう。そしてアイヌのまなざしは、今度はまなざされた多数派日本人のまなざしに変容がもたらされることを促す。

1-3　年表としての歴史と、一人ひとりのまなざしから大きな歴史へとどうつなぐか（村上）

インタビューでは生活の中に埋め込まれるように歴史上の大きな出来事が語られた。皆さんの語りでは生活のリアリティから年表に載るような歴史的出来事が連続していることが特徴的である。どの方の語りも「歴史」が、日々の日常生活からどのように立ち上がるのかを示す。

遺骨返還運動やヘイトスピーチ、人類学会での糾弾、アイヌ文化振興法といった年表に位置づけられる大文字の出来事は、他の人の目に触れることはない日々の衣食住の襞の中に位置づけられたときに具体的な意味を持ってくる。

年表に載る大文字の歴史は、語り手の皆さんの生活と人生全体そして先祖の生活から受け継いだもののから湧き出てきた。かつ現在の生活の中からまなざされて歴史は意味づけられている。このような生活と歴史の結びつき方を示す方法として、自由な語りがある。どのようにつながるのかは語り手本人のまなざしからしか分からないものであり、そのつながりはインタビューの瞬間に思いついたことによってかろうじて記述しうるような偶然に支配されているからだ。

例えば、木村さんとBさんとでは遺骨返還へと関わるきっかけも、コミットの仕方も異なる。とりわけどのような生活背景のもとで遺骨と向き合っているのかが大きく異なる。

差別が厳しい時代に育った中卒の木村さんは林業と牧畜業で身を立てたのち、現役引退後の活動として、マスコミにも名前を出して豪放磊落な性格そのままに遺骨返還運動に取り組んでいる。それに対して、実家から離れたサッポロという都会で一人暮らしをするサラリーマンであるBさんは仕事の中で遺骨問題と出会うのだが、親族の遺骨の探索にあたっては仕事とも切り離しながら思い詰めた仕方で向き合っている。背景の生活は大きく異なるのだが、木村さんにとっての差別の経験、Bさんが感じ続けたアイヌであることをめぐる違和感は、遺骨返還運動という大文字の歴史へのきっかけとなる日常生活だ。

新井さんは二〇一四年前後にカウンターの運動に関わるが、その背景には祖父が貝沢正であるという家族背景、関東で育った生活、国会議員事務所での勤務経験、研究者としての知識と分析がある。多原さんもまたアイヌの有力者の家で生まれ育った。国連での反差別の活動がきっかけで、自分自身が国会議員からヘイトスピーチの標的になり、全国的な注目を集めつつ活動は新しい段階へと展開している。多原さんの反差別運動と、新井さんがカウンターに関わった背景にある文脈は大きく異なる。少し距離をおいて状況を眺める位置にいながら、しかし当事者であるという生活を踏まえたうえで、二人は政治と出会っている。

このように大文字の出来事の背景にある生活を描いたこと、あるいは日常生活の流れを起点として大文字の出来事を描いたこと、このことも本書の一つの側面だろう。

2　身体に刻まれた歴史

2-1　半世紀をまたぐ(村上)

本書は、ある意味では一九七〇年代にアイヌの世界で起きたいくつかの動きを現代において継承したものでもある。この時代は、結城さんの父親である結城庄司による過激な運動をはじめとして、アイヌが主体的に発言を開始した時期でもある。そうした動きの一つにすでに何度か登場した『アヌタリアイヌ　われら人間』がある。一九七三年から一九七六年にかけて若いアイヌ女性たちを中心に手弁当で、合併号も含めて二〇号発刊された新聞である。編集を担った彼女らが積極的に当時を振り返ることはない。しかし時代の熱気を伝える同紙を通読すると、いくつかの基層をなすテーマがあり、それが現在に連なっていることがわかる。

一つは、創刊号の特集座談会から継続して取り上げられる伊達火力発電所建設への反対運動、それが提起するエコロジカルな視野である。先住民からの土地の収奪という植民地的暴力が、環境を破壊する資本主義の論理と密接にリンクしていることを伊達のアイヌ漁民たちは直観的に理解していた。同様のことは例えば貝沢正が率いた二風谷ダム闘争でも起きた。高度経済成長期の工業地帯計画のために作られたダムによって二風谷の村と畑が水没したが、結局工業地帯は作られずに無用のダムだけが残った。

二つ目は、旧土人保護法をめぐるアイヌの中での議論である。これがアイヌ新法の要求へとつなが

り、一九九七年のアイヌ文化振興法にいたる流れを作ることになる。
紙上では、北海道庁による「アイヌ福祉対策」や給与地実態調査という法的・制度的な権利回復の議論、そのなかで露呈するアイヌ間の大きな意見の違いが話題となる。一枚岩では決してないアイヌ社会と、日本がステレオタイプ的な単純化したイメージを押し付けることとは矛盾ではなく、同じ社会の裏表だということがウタリ協会と道庁の政治交渉を論じる同紙の論調から分かる。
三つ目は、過去の世代をどう継承するのかという問題だ。ほぼ毎号掲載された編集同人によるエカシ・フチ(長老)の訪問記には伝承者の森竹竹市や砂沢クラが登場し、近文の土地返還運動を率いた荒井源次郎の寄稿が寄せられたりもする。
四つ目は初めは目立たないもののだんだんと顕著になり、第一二号(一九七四年九月一〇日)の「特集=〈差別〉と〈偏見〉」で明白になる差別問題の提起である。平村芳美は第一二号の編集後記で「一、三の人に原稿を頼んだが、言葉や文字にできない部分こそ最も書きたいんだと言ってきた。踏まれた痛みを一度も踏まれたことのない人間にわからせようとする作業はほとんど不可能に近いとも言える」と記した。そして第一三号で石原イツ子は「だが、決して敵はシャモではない。敵対するのは

〝アイヌ〟なる〝殻〟に閉じ込めた、侵略当時の状勢と今なお変わりなき状勢である。思えば長い年月ではあるがまだまだ続く差別であろう」と書く。

他にも同紙では、各地のアイヌ関連の催しの取材、そして和人研究者や文化人に対する批判的な言及があり、結城庄司をはじめとする社会運動や論争についても少し遠くからまなざし記録する。また被差別部落など国内のマイノリティとの交流や、海外の先住民との連携を模索する動きもある。

五〇年前に議論されていたこれらのすべては姿を変えて本書でも問題になる。当時提起された問いが現代に引き継がれている。そして何よりもアイヌ自身の声とまなざしを記録するという課題を本書は引き継いでいる。

2-2　逆境の継承（村上）

本書に登場する語り手たちにおいては、自らのルーツへと遡る探究心とそれと相反するような上の世代からの伝承の拒否という矛盾した二つの力が働く。その背景には、上の世代が置かれた逆境がある。木村さんや多原さんと同世代である刺繡家で社会運動家のチカップ美恵子は一九五〇年代の子ども時代を次のように回想している。

わたしの両親はアイヌである。酒に酔った父が暴れると母はいつも近所の家に逃げこむ。一番小さかったわたしと弟を連れて。しかしときには置いてきぼりにされる。そんなときは、兄たちと一緒に布団に潜りこんでジッとしている。〔……〕

父は、兄たちを逆さ吊りにして虐待していたことがあった。兄たちは泣き叫んでいた。それはとてもおそろしい光景で、わたしは、それを見たときおそろしさに足がすくんでしまった。その父も和人社会でいじめぬかれた弱者だった。とばっちりはすべて家族にくる。〔……〕
　のんだくれで乱暴者だった父について母は、「戦争に狩り出されて、戻ってからどうしようもないのんべいになった」と口ぐせのように言っていた。伯父も「天皇の赤子とか、日本人にしてやると言われて戦争に狩り出されたんだ」と言っていた。出征兵士動員のため、兵隊に仕立てられ、戦場に送りこまれ、そこで激しい差別を受けたのだろう。戦争という地獄を見て戻ったとき、何に怒りをぶっつけたらよいのかもわからず、手軽に買える安い〈焼酎〉に心のよりどころをもとめ、外に向けられない怒りを家族に乱暴することで気をまぎらせていたのだろうか。(3)

何世代にも渡る、傷、困窮、まなざしは、そのつど親から子へと身体的、心理的に伝えられてきた。強制移住や差別だけでなく戦争体験も覆いかぶさる。ところが特徴的なことは本書の登場人物の多くが、「親は自分の苦労を語らなかった」と振り返ることだろう。傷は言葉によっては伝承されていない。ときには理不尽な暴力という仕方で、ときには生活の破綻によって、ときには親の苦労を繰り返させまいとする熱心な教育を通して、あるいは重苦しい沈黙を通して、親の世代が受けた傷は継承された。言葉による傷の理解、そして社会・国家レベルの不条理の構造の理解をともなわないがために、過去の継承はなんだかはっきりしない生きにくさとして経験されていることも多かっただろう。うまくいかないこと、気分が落ち込むことを自分のせいにしてしまう人も少なくなかっただろう。本書の語り手の一部はもしかするとインタビューで言葉を紡ぐ中で、自分の抱えた何かの背景に横たわる構造に気がつくこともあったかもしれない。

少なくない人々が経験したアルコール依存や自死は一九世紀から知られている。個人の生きにくさとして経験され、世代間で繰り返されたことがらは植民地支配の帰結でもある。石原は、『〈沈黙〉の自伝的民族誌』の中で、「浦河べてるの家」の向谷地生良が、浦河に赴任して初めて訪問した、アルコール依存の父親が暴れる家庭との出会いを引用している。向谷地は家族の喧嘩を止めようとして殴られる。

頬の痛みを通して一〇〇年以上にわたって繰り広げられてきたアイヌの人達のこの苦しみの現実の一端を知ったときに、たちはだかる巨大な壁を前にして、ちっぽけな自分がその中でへたり込んでいるような感じがした。そのことがあってから私達は子供たちに「なあ、みんな。君達の父さんも、叔父さんも、爺ちゃんもみんな酒で倒れたように、もしかしたら酒で苦労するかもしれないよ。でも、そうなってもう駄目だと思わないで、いつでも相談に来るんだぞ」と語るようになった。「この子たちを〝アル中〟にしない」という立場から「〝アル中〟になってもいいよ」ということを私自身が受け入れられたとき、私は、ほんとうの意味でこの子供たちと心が通じ合えたような気がした。(4)

自分自身も周囲もなすすべがない逆境、歴史的社会的に強いられた逆境の中に閉じ込められた人たちがいる。安全に生きる場所を奪われ、アルコールでつかの間の遮蔽幕を作ることすらできないときには死を強いられることになるだろう。

身体の不調として表現される傷が世代を越えて伝承されるということは、小児期逆境体験（ACE

s)研究の進展の中で明らかにされてきた。(5) 親の不和による面前での暴力やアルコール依存、抑うつを経験した子どもの世代にも影響が出ることが広く明らかになっている。(6) ACEsは、あくまで統計的な相関関係として歴史的トラウマや社会的困難が個人の健康問題や人生の不調へとつながっていることを示した。つまり原因と結果として証拠立てることは不可能であるが、あきらかに関係がある。

アイヌの歴史の中ではアルコールと結核や天然痘といった感染症が大きな問題だった。『アヌタリアイヌ』第八号(一九七四年二月二〇日)で、平村芳美が、故郷の荷負にいる萱野喜太郎さん(一九一〇年生まれ)の話を聞きにいく場面を引いてみたい。荷負は第1章の木村さんが祖母の代から住む土地であり、石原の親族も住んでいた。

私(平村)が小学生のとき社会科の先生が日本で一番結核患者が多いのは北海道で、そのなかでも平取が一番多いのだといまいましそうに言ったのを覚えている。そしてその平取の結核病棟の大多数がアイヌ系のものが占めていることを知って私は子供のときとても不名誉なことだと思いさえした。実にアイヌのなかに結核は多かった。

「おれが、結核という怖しい言葉を聞いたのはシャモが入ってきてからだよ、最初に家の者がシャモの家に住み込みで働いたんだ、そしたら半年もしないうちに体の調子が悪いとして帰ってきてな、まもなく死んだのよ、考えてみればあれが結核の菌をコタンへ植えつけた最初になるんだ。それからおれの家を中心に次々と結核が蔓延してな――金も無いから病院にかけることもできん、だから家で寝かしておくだけだ、家も狭いし、今度は子供たちがバタバタと寝込んでな――おっかあ(萱野さんの妻)をはじめ、子供は八人のうち五人まで結核で死んでしまったさ」

植民者である日本人によって持ち込まれた感染症によって人口が激減する事態は、植民地で起きる出来事の典型であり公衆衛生の問題だが、世代を越えてその影響が引き継がれる困難でもある。長い間課題となってきた、教育や就労における困難の背景には制度的な不備と合わせて、このように個人の身体に刻み込まれた傷がある。

本書に登場する皆さんは、過去の世代の出来事を引き受けた上で個別の仕方で応答を試みている。はっきりしない過去の世代の経験を引き受けた上で、このあいまいさに向けての積極的な探究もなされる。木村さんの遺骨返還運動も多原さんのヘイトスピーチに対する抗議活動も、過去の世代が受けた差別に対する応答の試みだ。とりわけ顕著だったのはBさんと結城さんだ。

Bさんは先祖が強いられた強制移住の中での困窮を、遺骨の探索の中で発見していく。Bさんが感じてきた孤立や生きづらさの根っこに、先祖の困窮と、伝承が不可能なほどの困窮ゆえの沈黙が控えていると気づいていく。母親や親戚が頑なに語るまいとする中で、過去の重さに気づくのだ。そして文化も経験も伝承されなかった中で、理由はわからないが何かが生きにくい、なぜか孤立するというありかたが、実は上の世代の経験の反復であることが明らかになっていく。遺骨に促されて、調べ歩き人と会う中で、先祖の歩みをなぞることになるのだ。

困難の裏面にはかつての日本人から受けた暴力と現在の日本人研究者の無責任の連続性があるわけだが、そのことに行き当たったときにBさんはいらだちを隠せない。加害者も被害者も、言語化されない習慣の水準で身振りを反復しているが、そのことを誰も自覚していないがゆえに上の世代の傷が姿を変えて反復されるのだ。

結城さんの場合、祖母が言葉で説明することなく生き続けていたアイヌの伝統や風習、神話の世界をともに生きた経験がある。幼少期の身体的経験と祖母と共有した想像力の働き方が、美術家としての創作活動の中に生きている。(過去からの伝承ではなく)新たな創造性の源として神話がそのつど創造される。神話的世界とは、自然に対するまなざしや想像力の使い方といった、身体的な世界経験のことだ。

同時に結城さんは、母親と父親がいなくなったことで経験した孤独に駆動され、少年期から青年期にかけて家出を積み重ねる。「自分の中」の行き場のなさの中に子ども時代に経験したさまざまな不在が刻み込まれている。樺太からの引揚者であった母、宣教師に教育された祖父から引き継いだ文化資本を持つ社会運動家の父、祖母が身体化していたアイヌの世界という複数のルーツを引き受けることで、伝統文化の復興からも社会運動からも距離をとった、「社会の傍ら」にあるアイヌへと目を向ける思想にいたるのだ。

逆境の経験は世代をまたがって、社会状況を隠蔽しつつも含み込みつつ伝承され、行為や生き方、生きにくさの中に現象する。具体的なありようは本文で詳述されたが、この点は村上のかつてからの問題意識だった。近年歴史的トラウマに注目が集まっているが、しかし身体的に継承される世代を越えた記憶は、何も心理学的な意味でのトラウマに限定されるわけではない。漠然とした生きにくさや対人関係の不調もまた過去の世代が経験した理不尽を反映している。

ネガティブな影響だけではない。自分が支援者になることで親や祖父母の世代の逆境に応える場合もある。(7) 結城さんのように芸術表現の道を選ぶ人もいれば、新井さんや石原のように言葉を作る人もいる。本書の語り手たちは、過去の世代の苦境と理不尽を今現在においてそれぞれ独特である行為を通して引き受けているのであり、過去の世代の継承が行為へのエネルギーとなっているとも言える。

2-3　境界／バウンダリーの侵食(石原)

虐待体験は人間がもつバウンダリーを壊すという。

石原は、近代において〈まなざされる者〉たちが被ったことは、まさに、このバウンダリーの崩壊だったと考えている。近代における先住民とは、未開で劣った文明化されるべき民たちであった。先住民の土地は、無主の地、処女地、などと呼ばれた。強力な軍事力を持った国家はその土地への侵食を植民地主義などとはみなさず、先住民を教条的に近代化してあげただけだった。わかってないから教えてやる。まだ人間でもなく、主体でもない、動物に近い先住民を近代国家の国民／臣民と同様に、植民国家の言語を習得させ、名前を変え、教育を受けさせ、「われわれ」に近い人間に仕立てる。そうした試みはまさに、虐待の加害者の被害者に対する心理構造と気持ちがよいほどに重なっている。

征服され、バウンダリーが壊されたことによる弊害とは、自分にとっての他者がわからなくなることだ。そしてバウンダリーが壊された人間は、他者との距離が取れないために自分の安全を守ることができなくなる。他者からの侵食を暴力と認識できないことで、頻繁に侵食されるようになってしまう。だからこそ、虐待の被害者による回復とはまず、バウンダリーを回復することだった。

一五〇〇年というポストコロニアル状況を経て、アイヌ自身のバウンダリーは幾度となく壊れてきたのかもしれない。文化的に同化し、多くの人間がアイヌとしてのアイデンティティを失い、もはや自分はただの日本人である、と感じているアイヌの子孫はおそらく多い。そうしたアイヌや子孫たちにとって、〈日本人〉とアイヌのあいだに境界は存在していないのかもしれない。しかし実際はどうか。

境界がないのなら、なぜ、結婚差別や家族内差別が起こり、なぜ、ヘイトスピーチ／ヘイトクライムが起こるのか。アイヌの側の境界がなくなったとしても、多数派からアイヌへのまなざしにおいて境界は決してなくなっていない。そしてバウンダリーは侵食される。このパラドックスは問われなければいけない。

2-4　アイヌを取り巻く自死　1（村上）

第8章で石原が論じたように、本書は社会から場を奪われ殺される経験、自死、先祖の遺骨、という複数の「死」に取り憑かれている。世代間の逆境の引き継ぎの中には、死が埋め込まれている。そしてこの自死はすでに一〇〇年来続いているという意味で歴史的トラウマの一部となっている。

ジョン・バチェラーは〔一八七七年に〕初めて北海道に到着した時、アイヌが「冷え冷えとするような憂愁に沈んだ顔つきをしていることに注目せざるをえなかった」。半世紀後、スコットランド出身の医師でアマチュア民俗学者でもあったニール・ゴードン・マンローは、次のように述べた。

「故意の自殺が聞かれます。近年、これは増加しています。私は二〇年ほどの間に、この地域で半ダースもの事例を聞いてきました。これは主に絶望した女性たちで、現状によって引き起こされた非常に不快な生活に耐えることができませんでした。その現状とは、アルコール依存症、赤貧、周辺からの非難、うつ病、そして古い社会秩序の解体が合わさったものです(8)」。

一九三〇年代に北海道に移住したマンローはすでにアイヌの自死について言及している。カナダやアメリカ、オーストラリアにおいて先住民のアルコール依存と自死が非常に多いことは知られている。(9)本書において明示的に自死が主題となったのは結城さんにおいてであった。自死した青年たちは、行き場のなさから放浪する中で社会に存在可能な場所を見出せず孤独の中で死へと追い込まれている。貧困や差別だけが問題なのではなく、理解されず、語りだす言葉を奪われ、安心して存在することができる場所を失う。

自死は直接的にはその人が抱えている苦境の表現だが、しかしそこには世代を越えて影響する経験とその社会的な背景がある。遺骨の盗掘にしてもヘイトスピーチにしても、(本来「人間」という意味をもつ)アイヌの「人としての存在」を抹消しようとする暴力である。存在の場所が奪われ、言葉が奪われ、過去と未来が奪われている帰結が死である。死へと追い込まれた人たちに突き動かされるようにして、本書に登場した皆さんは語っている。

2-5　アイヌを取り巻く自死　2(石原)

アイヌの出自を持つということは、たとえ当事者が出自を自覚しなくとも、あるいはアイヌとしてのアイデンティティを持っていなかったとしても、生まれながらに刻まれ継承される外傷体験を抱え込むということに他ならない。それをポストコロニアル状況とよぶこともできる。第1部ではアイヌ遺骨問題を起点に死者に突き動かされるアイヌたちについて論じた。第3部に登場する結城さんの父である結城庄司は、同級生の自死によって突き動かされる。そして同様に、結城さん自身も、自分よりも若い世代の自死に接して、アイヌの世界に繰り返し引き戻される。

生まれながらにして刻まれた外傷体験をなかったことにするのではなく、痛みと共に自らの語りや言葉を創造することにより、一人ひとりが状況への介入をする。本書で登場する五名のアイヌたちは、まなざし返す力とそれぞれの言葉を持っている。傷はその人の本質的なものを成し、それは行為することとパラレルな現象なのである。私たち知識人が、饒舌に空々しい言葉を陳列することとは異なり、木村さん、Bさん、多原さん、新井さん、そして結城さんは、その傷と経験から、その人にしか持ちえない言葉と世界をまなざすメガネを獲得している。

このことを先住民的批評性と呼ぶとき、石原がこの五名にインタビューを依頼したかった理由が浮かび上がる。知識人が使用するあらゆる言葉には権力が染みついている。本書で繰り返し述べてきたように、言葉の権力に無自覚な知識人たちはさまざまな形でアイヌを損なってきた。そこに潜む暴力をまなざす力がなければ、アイヌは常に「同じテーブルにつけば対等に話ができていると思っている」知識人の言説に取り込まれ、主体であることから疎外されてしまう。そうした暴力をいかに回避できるかが本書のチャレンジでもあった。

殺されてきたアイヌたちが、死者と出会い、死者を弔い、生きることを志向する。それはアイヌたちの自死をくいとめる力になる。たくさんのうたりが自死し、彼ら――そう、そのほとんどが男性だ――を弔うことすらも奪われてきた。本書で登場した人びとが先住民的批評性としてのまなざしを獲得しえたのは三つの死――殺されること、遺骨の死、自死――に絡めとられた人間であることと不可分でもある。よってこの三つの死は分かちがたく結びつく。そして石原も死によってアイヌの世界と結びつく。五人の語りや、石原がこれまで書いてきた論考の中に、逃れ難く死のモチーフが繰り返されていることに注目してほしい。

死者を生者の世界に位置付けて生きることによって、生者が生きる社会をつくりなおす。(10)「なぜ私に至ったか」について自分の感覚や感情と経験の記憶に沈潜し、そこから言葉を生み出す。そうすることによって、多重にアイヌを幽閉する言説を学び捨て、まなざし返すアイヌたちによるその軌跡を本書では提示できただろう。

当事者にとってそれは回復かもしれないが、当事者たちをまなざすとき、外部の人間がそれを回復と呼んではいけない。植民地主義／植民地支配とは強姦のような振る舞いであるとするならば、その強姦によって得た資源や国家の安全などを含む「利益」を今日も享受する一人ひとりの多数派日本人のために、その強姦の被害を今日も被る先住民があらゆる努力をしながら、交通可能な言葉を創造することは、まぎれもない不当なアンペイドワークである。植民地主義によって今日も色濃く存在する外傷体験について、その被害に置かれた一人ひとりにとっての回復はその当事者によってしか表明できないものなのだ。

（1）石原編著前掲『アイヌからみた北海道一五〇年』、二一〇頁。
（2）第3部と終章の地の文では、アイヌ語に由来する地名であることを強調するために「サッポロ」と表記した。
（3）チカップ美恵子前掲『風のめぐみ』、三八―三九頁。
（4）向谷地生良「当事者研究とソーシャルワーク」、熊谷晋一郎編『みんなの当事者研究』金剛出版、二〇一七年、三七頁（石原前掲『〈沈黙〉の自伝的民族誌』、七二頁で引用）。
（5）三谷はるよ『ACEサバイバー――子ども期の逆境に苦しむ人々』ちくま新書、二〇二三年。
（6）ジュダ・オウドショーン『非行少年に対するトラウマインフォームドケア――修復的司法の理論と実践』野坂祐子監訳、明石書店、二〇二三年。

（7）　村上靖彦『子どもたちがつくる町――大阪・西成の子育て支援』（世界思想社、二〇二一年）の「スッチさん」、村上『「ヤングケアラー」とは誰か――家族を〝気づかう〟子どもたちの孤立』（朝日選書、二〇二二年）の「Aさん」「Dさん」は上の世代の逆境体験を継承しつつ支援者になった人たちだ。

（8）　シドル前掲『アイヌ通史』、八八頁。

（9）　例えば、ロドルフォ・スタベンハーゲン「先住民族の人権と基本的自由に関する国連特別報告者報告――カナダの先住民族の状況」（E/CN.4/2005/88/Add.3）角田猛之訳、『ノモス』第四九号、二〇二一年。

（10）　小田亮は、東日本大震災の後、以下のように述べた。「死者を「弔う」時間も奪い、死者をも取り残さないと維持できないシステムこそが、私たちが生きているシステムなのだ。死者を「弔う」こととは、一人一人の死者の単独性＝代替不可能性を保持しつつ、死者と生者の共同体のなかの役割関係のなかに死者を置き直すことで、代替可能な役割からなる社会をも維持していく実践なのではないか」（小田亮『利他学』新潮選書、二〇一一年、一〇頁）。

あとがき　交差する場所をひらく

本書は先住民と植民側の共著である。出会い損ねてきた両者が交差する。ハイブリッドな視点は何をもたらしているだろうか。石原が担当した章は、日本人によって植民化された先住民という立ち位置から書かれている。村上が担当したインタビュー分析の章は、アイヌの語り手が、石原と村上に向けて語り（新井かおりさんのみ村上が単独でインタビューした）、それを村上が分析している（そのうえで分析結果は石原と語り手による検討を経ている）。そしてつねに二人で議論をしながら書いた原稿でもある。

マジョリティ男性であるとともに、北海道を植民化した側であり、その利益を現在も享受している人間が、被害を被った人たちについて書くことはどのような権利によるものか。この問題は加害の側の問題であり、そもそも書くことが再度の暴力にならないための条件はどのようなものか。

村上は、〈語り手がどのように世界をまなざしているのか、ともに見ようとする視点〉で分析する。しかし語り手の皆さんが私そして日本に対して感じているいらだちのポイントを、村上が直観的に理解できるわけではない。何度も推敲するなかで、そして石原と議論するなかで漸進的な接近は試みているが、それでも理解は完全ではないだろう。

例えば、語りのなかでBさんと多原良子さんは「アイヌを隠す」と語った。他方で、他の人は「隠す」という言い方はしていない。たとえ同じ出自にかかわる内容が問題になっているとしても、使われていないときには「隠す」という言葉は使わない方がよいと石原から指摘を受け、他の方については「公にしない」と改めた。出自が明かされないことをそれぞれの人は別の言葉で考え抜いており、しかも明瞭に語られているとも限らない。その場合には「隠す」という言い方には違和感を覚えるかもしれない。村上はこの点に無神経だった。人によって同じ出来事の考え方、受け止め方、言葉の選び方は大きく異なり、同じ人でも文脈の変化に応じて傷つきのポイントは変化する。

分析はつねに他者にラベルを貼り歪め消費する暴力を孕む。不備にもかかわらず、ご協力いただいた五人の皆さんに心から感謝申し上げる。

私自身は、日本による植民地化の歴史について無知であり、アジア諸国はともかくアイヌに対して侵略者の末裔であるという自覚をもっていたわけではなかった。出版直後の『〈沈黙〉の自伝的民族誌』と出会って以降いくつかの書物を読み、本書のインタビューで皆さんに教わり、世界と歴史がどのように構成されているのかを発見し、自分自身の立ち位置を自覚していく途上にある。とくに石原と議論を重ねるなかで、石原にとって日々生活し、この主題について書くことそのものが、たえず傷を確認し言語化する営みであり、「自傷行為」であるのを目の当たりにしてきた。私自身が「不理解」ゆえに傷つけたことも何度かある。石原のテキストのなかで「不理解」「アンペイドワーク」という言葉が登場するのは、生傷を訴える場面だ。私がこのことを自覚したとしても記述の不備が免責されるわけではないが、この緊張感は全ページを貫いている。

執筆を進めるなかでアイヌをめぐる社会状況は大きく変化しつつある。第4章のインタビュー分析を終えた直後、多原さんの訴えに対して二〇二三年九月七日、法務局が杉田水脈衆議院議員による人権侵犯の認定を行った。さらに二〇二四年四月五日、日本文化人類学会によってアイヌへの謝罪が行われた。しかしヘイトスピーチは変わらずに続いている。このような情勢のなかで本書は出版される。

本書は著者二人で計画を立て、草稿の見通しが立ってから岩波書店の押川淳さんにご相談した。岩波書店はアイヌ関係書籍の出版にかねてから熱心であり、リチャード・シドル『アイヌ通史』と『思想』二〇二二年一二月号「特集＝北海道・アイヌモシㇼ――セトラー・コロニアリズムの一五〇年」の編集者である押川さんにぜひお願いしたかったのだ。

本書は『アイヌ通史』が描いた植民地化の歴史を、アイヌとアイヌの出自を持つ人たち自身の声で現在から照らし出すものであり、二冊は対になっている。そして、『アイヌ通史』の訳業が献呈された石原誠は、石原真衣の父だ。人と人のつながりが歴史を紡ぐのであり、そのなかで本書も編まれている。

二〇二四年春の大阪にて

村上靖彦

謝辞

死者に操られ、文字を刻み続けた私は、気が付くとこんなにも遠くまできてしまった。私は個として書いたことなど一度もない。死の共同体と、自然や環境と不可分の共同体が、ずっと私に言葉を紡がせている。さまざまな意味で人類が損なわれてしまった現在において、被植民者である私にとって書くことや語ることは自傷行為でありアンペイドワークだ。書くたびに私は命をこぼし続け、それ故にそれぞれのテキストは私にとっての遺書である。

デビュー作でオートエスノグラフィ（一人称の視点による民族誌）という方法論を選択してしまった若かりし頃の私は、色とりどりの暴力に遭遇した。それは知の権力への反逆をする私を殺すための暴力だった。学術の世界の最底辺で、先住民であり、若い女性である私がたった一人で実戦する闘いは、命をこぼし続けることと同義だった。「客観性に欠ける」「一人の事例を研究とは言わない」「これは研究ではない」と偉いおじさんやおじさんみたいな中年女性研究者に言われてきた作品は、その後賞を受賞し、版を重ね、学際的に読まれている。反逆が遂行される。知的言説空間はぐにゃりと変形しているのかもしれない。暴力を行使したのは、主に日本の文化人類学者、先住民に関与する研究者、そして言語学者だ。私は生涯その一人ひとりの顔と、その一つひとつの出来事を絶対に忘れない。

しかしその一人ひとりが悪人であるわけではない。暴力の知識人たちは、「先住民的批評性」との邂逅によって驚いたのだった。それはまさに、まなざしの構造の問題であったし、一人ひとりが知の権力の奴隷であるだけだった。彼／彼女らは私を感情的だと言ったが、ヒステリックな反応をしたのはむしろ彼／彼女らだった。遥か以前にこの経験をしている西洋学術界と比して、日本の学術界の脆弱性がここに露呈する。この時まで、まなざしは一方的にしか存在しなかったし、観察者／知識人は無色透明で、観察される者／先住民とは好きなように塗り絵をしていいオモチャだった。あるいは、先住民とはパターナリスティックに手を差し伸べてあげる弱者や子どものような存在であったり、宗主国の知識人がまたもや利益を得るための道具としての情報提供者《インフォーマント》であって、オモチャだった存在が同じ立ち位置から知識人として異議申し立てを言うはずなどなかった。しかしそれは、敬愛する人類学者の故デヴィッド・グレーバーらによる書籍が記すように、かつて近代西洋の知識人が、先住民知識人の知のあり方に度肝を抜かれたことを鑑みれば、先住民が女性化・幼児化されている極めて限定的な時間をわれわれは生きているのかもしれない。かといって、われわれは暴力は免罪しない。知識人や専門家の死角や節穴を鏡に自己の知的形成をした私に行使される暴力は、ホワイトコーツの世界において正当化された暴力だ。本書は、そうしたまなざしや知の構造とそこで正当化されている暴力を名付け、明らかにする第一歩であることを自負している。

死に吸い込まれない日などなかった数年前の私に、生きるための居場所を与えたのは村上靖彦だった。村上は、刊行されたばかりの私のデビュー作を、さまざまな形で評価し、取り上げてくれた。アイヌに関心を持たず、つまりアイヌを思想的に消費することで利益を得る知識人ではなく、かつ日本の学術空間を牽引する一人である村上が、拙著を学術的に評価してくれたことがどれほど「先住民（野蛮）知識人」の救いとなったか。それは、かつてイエズス会が、先住民／野蛮知識人の知を評価したことと等しく同じである。私は村上によって居場所を得ることができた。村上のような、宗主国の超エリート知識人が、底辺で損なわれ続けている人間のリアルなエスノグラフィに触れ、触発され、自己のポジショナリティを自覚してくれることは、絶望的な現在におけるわずかな希望である。

もはやインタビューを受けた当時（『ぼくはウーバーで捻挫し、山でシカと闘い、水俣で泣いた』KADOKAWA、二〇二二年所収）よりもさらに超売れっ子になった斎藤幸平氏との出会いにも救われた。売れっ子の顔をみてやろうと邪な気持ちで引き受けたインタビューのあと、多忙な斎藤氏が限られた時間で求めたのは、北大医学部の駐車場でみすぼらしく棄て置かれているプレハブのような「アイヌ納骨堂」の前で手を合わせることだった。二一世紀の有機的知識人は、思想と研究と実践／実戦に矛盾がない人間なのだった。アイヌや先住民を食い物にして地位を得てきた日本の知識人たちは、来道の際アイヌ納骨堂やアイヌ遺骨に手を合わせてきただろうか。そして日本人人類学者は、それぞれのフィールドで、自身がコロニアリストであり、レイシストであることを先住民たちに伝えてきただろうか。私が生涯において成し遂げた仕事とは、村上や斎藤氏のような優れた知識人に、あるべき知のあり方の一つを伝承できたことである。

本書で登場するうたり（同胞）たちは、和人の知識人の世界のみならずアイヌの世界でも敵だらけだった私を支えてくれた人びとだ。私はこの五名を等しく尊敬している。それは、近代なるものが強いた社会的秩序を、自らのまなざしで乱反射し、新しい知のあり方を提示しているからに他ならない。いかに自分の言葉やまなざしや知が空虚なものであるか、この知の巨人たちに教えてもらって今の私が在る。先住民の語彙の中で「最も汚い言葉の一つである」研究なるものに協力いただいたみなさんの好意を私は決して忘れない。

私が誰にも承認されていなかった時間——when I was nobody——に、私の仕事の価値を見出してくれた小田博志先生と、アラスカのクリンギット古老のボブ・サム、友人の髙野紀子さんには変わらぬ感謝を述べたい。私の一番の伴走者である「和人の友人」の越後亜美ちゃんと、NHKディレクターの中田実里氏のおかげで、私の暮らしはなんとか生者の領域にとどまることができている。最近は多くなったために名前を挙げることができないが、志を同じくする研究の仲間のみなさんにも感謝している。会津藩の末裔であり「侵略者の子孫」である父には、私のどんな問題行動をも「主体性がある」と言って愛しみ、人類史上稀な自己肯定感を育んでくれたことに感謝と最大の愛を贈りたい。

なお、私が担当した章の初出はそれぞれ下記の通りである。いずれも大幅に加筆と修正を施した。

第3章「先住民を不可視化する暴力」『平和研究』第六一号、二〇二四年、二三―五一頁。

第5章「Ain't I a Woman?／「私」は女ではないの?」『臨床心理学　増刊』第一五号(大嶋栄子・信田さよ子編『あたらしいジェンダースタディーズ』)、二〇二三年、一〇九―一一四頁。

第8章「思想として消費される〈アイヌ〉」『思想』第一一八四号(特集=北海道・アイヌモシリ)、二〇二二年、五七―六八頁。

私がどこかにたどり着いたのだとすれば、それは、名もなきアイヌの女たちが人間の尊厳を捨てて守り抜いた命のおかげである。女たちが自分の顔も名前も文化も棄て、血や身体を棄て、物語や歴史を棄ててでも守り抜いた命は、今日ここで、何かを生み出している。「平取のばあちゃん」、「ママ」、伯母たち、そして名も残さず死んでいった全てのアイヌの女たちの犠牲の上に本書は生み出されている。

本書は死者に捧げられる。近代化／文明化の果てに何度でも殺された死者たち／遺骨たち／自死者たちはわれわれに呼びかけ続けている。

近現代なるものの奴隷となり下がったわれわれ人類は、その呼びかけにふりむくことができるだろうか。

神話的空間／空の上で、ハイボールとワインの献杯とともに

二〇二四年四月二六日

石原真衣

石原真衣

1982年北海道サッポロ市生まれ．アイヌと琴似屯田兵(会津藩)のマルチレイシャル．北海道大学アイヌ・先住民研究センター准教授．文化人類学，先住民フェミニズム．著書に『〈沈黙〉の自伝的民族誌(オートエスノグラフィー)』(北海道大学出版会 2020，大平正芳記念賞)，編著書に『アイヌからみた北海道150年』(北海道大学出版会 2021)，『記号化される先住民／女性／子ども』(青土社 2022)など．

村上靖彦

1970年東京都生まれ．大阪大学人間科学研究科教授・感染症総合教育研究拠点(CiDER)兼任教員．現象学．著書に『摘便とお花見』(医学書院 2013，日本学術振興会賞)，『子どもたちがつくる町』(世界思想社 2021)，『ケアとは何か』(中公新書 2021)，『「ヤングケアラー」とは誰か』(朝日新聞出版 2022)，『客観性の落とし穴』(ちくまプリマー新書 2023)，『すき間の哲学』(ミネルヴァ書房 2024 近刊)など．

アイヌがまなざす――痛みの声を聴くとき

2024年6月13日　第1刷発行
2024年8月26日　第2刷発行

著　者　石原真衣《いしはらまい》　村上靖彦《むらかみやすひこ》

発行者　坂本政謙

発行所　株式会社 岩波書店
〒101-8002 東京都千代田区一ツ橋2-5-5
電話案内 03-5210-4000
https://www.iwanami.co.jp/

印刷・精興社　製本・松岳社

ISBN 978-4-00-061641-6　Printed in Japan